朝鮮總督府 第Ⅰ期

『普通學校國語讀本』原文 下

(卷五～卷八)

김순전・박제홍・장미경・박경수・사희영
編

제이앤씨
Publishing Company

朝鮮總督府編纂

普通學校國語讀本

卷五

朝鮮總督府編纂

普通學校國語讀本

卷六

朝鮮總督府編纂

普通學校國語讀本

卷七

朝鮮總督府編纂

普通學校國語讀本

卷八

≪總 目 次≫

卷五 (3學年 1學期, 1914)

目 次

卷六 (3學年 2學期, 1914)

目 次

卷七 (4學年 1學期, 1915)

目 次

巻八 (4學年 2學期, 1915)

目 次

序文

1. 조선총독부 편찬 『普通學校國語讀本』 원문서 발간의 의의

베네딕트 앤더슨은 '국민국가'란 절대적인 존재가 아니라 상대적인 것이며, '상상된 공동체'라 하였으며, 이러한 공통체 안에서 국민국가는 그 상대성을 극복하기 위하여 학교와 군대, 공장, 종교, 문학 그 밖의 모든 제도와 다양한 기제들을 통해 사람들을 국민화 하였다. '근대국가'라는 담론 속에서 '국민'이란 요소는 이미 많은 사람들에 의해 연구되어져 왔고, 지금도 끊임없이 연구 중에 있다. 근대 국민국가의 이러한 국민화는 '국가'라는 장치를 통해 궁극적으로는 국가의 원리를 체현할 수 있는 개조된 국민을 이데올로기 교육을 통하여 만들어 내는 데 있다.

교과서는 무릇 국민교육의 정화(精華)라 할 수 있으며, 한 나라의 역사진행과 불가분의 관계를 가지고 있다. 따라서 교과서를 통하여 진리탐구는 물론, 사회의 변천 또는 당시의 문명과 문화 정도를 파악할 수 있음은 물론, 무엇보다 중요한 한시대의 역사 인식 즉, 당시 기성세대는 어떤 방향으로 국민을 이끌어 가려 했고, 그 교육을 받은 세대(世代)는 어떠한 비전을 가지고 새 역사를 만들어가려 하였는지도 판독할 수 있다. 이렇듯 한시대의 교과서는 후세들의 세태판독과 미

래창조의 설계를 위한 자료적 측면에서도 매우 중요하다 생각된다.

이에 일제강점기 조선의 초등학교에서 사용되었던 朝鮮總督府 編纂『普通學校國語讀本』(1912~1915) 원문서를 정리하여 발간하는 일은 한국근대사 및 일제강점기 연구에 크게 기여할 수 있는 필수적 사항이다. 이에『普通學校國語讀本』의 원문서 출판은 그동안 사장되었던 미개발 자료의 일부를 발굴하여 체계적으로 정리해 놓는 일의 출발로서 큰 의의가 있을 것이다. 이로써 한국학(韓國學)을 연구하는 데 필요한 자료를 제공함은 물론, 나아가서는 1907년부터 1945년 8월까지 한국에서의 일본어 교육과정을 알 수 있는 자료적 의미도 상당하다고 할 수 있다. 특히 1960년대부터 시작된 한국의 일본학 연구는 1990년경에 연구자들에 회자되었던 '한국에서 일본연구의 새로운 지평열기'에 대한 하나의 방향 및 대안 제시로 볼 수도 있을 것이다.

지금까지 우리들은 "일본이 조선에서 어떻게 했다"는 개괄적인 것은 수없이 들어왔으나, "일본이 조선에서 이렇게 했다"는 실제를 보여준 적은 지극히 드물었다. 이는 '먼 곳에 서서 숲만 보여주었을 뿐, 정작 보아야 할 숲의 실체는 볼 수 없었다.' 는 비유와도 상통하며, 때문에 그러한 것들의 대부분이 신화처럼 화석화되었다 해도 과언이 아닐 것이다.

따라서 강점 초기 조선아동용 일본어 입문서인『普通學校國語讀本』에 대한 재조명은 '일본이 조선에서 일본어를 어떻게 가르쳤는가?'를 실제로 보여주는 작업이 될 것이며, 아울러 이 시대를 사는 우리들이 과거 긴박했던 세계정세의 흐름을 통하여 오늘날 급변하는 세계에 대처해 나갈 능력을 키울 수 있으리라고 본다. 이를 기반으로 당시 한국 근대화 과정의 요소요소에 스며들어 있는 일본문화의 여러 양상을 중층적 입체적 구체적으로 파악하고, 새로운 시점에서 보다 나은 시각으로 당시의 모든 문화와 역사, 나아가 역사관을 구명할 수 있는 기초자료로 활용되기를 기대한다.

2. 근대 조선의 일본어 교육

1) 일본의 '國語' 이데올로기

근대에 들어와서 국가는 소속감과 공통문화에 대한 연대의식과 정치적 애국심을 바탕으로 강력한 국민국가의 형태로 나타나게 되었고, 외세의 침입으로부터 국가를 보호하기 위해 국민을 계몽하고 힘을 단합시키데 국가적 힘을 결집하게 된다. 그리하여 국가가 필요로 하는 국민을 만들기 위해 공교육제도를 수립하고, 교육에 대한 통제를 강화하여 교육을 국가적 기능으로서 편입시키게 된다.

국가주의는 국민(nation)의 주체로서 구성원 개개인의 감정, 의식, 운동, 정책, 문화의 동질성을 기본으로 하여 성립된 근대국민국가라는 특징을 갖고 있다. 국가주의의 가장 핵심적인 요소는 인종, 국가, 민족, 영토 등의 객관적인 것이라고 하지만 公用語와 문화의 동질성에서 비롯된 같은 부류의 존재라는 '우리 의식'(we~feeling) 내지 '自覺'을 더욱 중요한 요인으로 보는 것이 일반적이다. 여기에서 더 나아가 '우리 의식'과 같은 국민의식은 국가를 위한 운동, 국가 전통, 국가 이익, 국가 안전, 국가에 대한 사명감(使命感) 등을 중시한다. 이러한 국민의식을 역사와 문화 교육을 통하여 육성시켜 강력한 국가를 건설한 예가 바로 독일이다. 근대 국민국가의 어떠한 특정한 주의, 예를 들면 독일의 나치즘(Nazism), 이탈리아의 파시즘(Fascim), 일본의 쇼비니즘(Chauvinism)은 맹목적인 애국주의와 국수주의적인 문화, 민족의식을 강조하고, 이러한 의식을 활용하여 제국적인 침략주의로 전락하고 있는 것도 또 하나의 특징이다.

'Ideology'란 용어는 Idea와 Logic의 합성어로서 창의와 논리의 뜻을 담고 있다. Engels와 Marx의 이념 정의를 요약하면, "자연, 세계, 사회 및 역사에 대해 가치를 부여하고 그 가치성을 긍정적, 부정적으로 평가하는 동의자와 일체감을 형성하여 그 가치성을 행동으로 성취하는 행위"[1]라는 것이다. 따라서 Ideology란 '개인의 의식 속에 내재해 있으면서도 개인의식과는 달리 개인이 소속한 집단, 사회, 계급, 민족이 공유하고 있는 <공동의식>, 즉 <사회의식>과 같은 것'이라 할 수 있다.

일본의 교과서는, 메이지 초기 <自由制>, 1880년 <開申制(届出制)>, 1883년 <認可制>, 그리고 1886년 <検定制>를 거쳐, 1904年 <國定教科書>에 이른다.

메이지 유신 이후 주목할 만한 변화를 보면, 정치적으로는 <國民皆兵制>(1889)가 실시되고, <皇室典範>(1889)이 공포되어 황실숭상을 의무화하는가 하면, <大日本帝國憲法>(1889)이 반포되어 제국주의의 기초를 마련한다. 교육적으로는 근대 교육제도(學制, 1872)가 제정 공포되고, <教育勅語>(1890)와 「기미가요(君が代)」(1893) 등을 제정하여 제정일치의 초국가주의 교육체제를 확립해 나간다.[2]

일본어의 口語에 의해, 우에다 가즈토시(上田萬年)가 주장했던 '母語 = 國語' 이데올로기는 보다 구체화되었다. 그러나 그 중핵은 학습에 의해서만 습득할 수 있는 극히 인위적인 언어였음에도 불구하고

---

1) 高範瑞 외 2인(1989),『現代이데올로기總論』, 학문사, pp.11~18 참조.

2) 黃惠淑(2000),「日本社會科教育의 理念變遷研究」, 韓國教員大學校 大學院 博士學位論文, p.1

근대일본의 여러 제도(교육, 법률, 미디어 등)는, 이 口語에 의해 유지되어, 母語 = 國語 이데올로기로 확대 재생산되기에 이르러, 오늘날에도 일본어 = 국어는 일본인에 있어서 대단히 자명한 사실인 것처럼 받아들여지고 있다.

일본은 국가신도(國家神道)를 통하여 일본인과 조선인에게 천황신성사상의 이데올로기를 심어주려 하였다. 만세일계의 황통이니, 팔굉일우(八紘一宇)니, 국체명징(國體明徵)이니, 기미가요(君が代) 등으로 표현되는 천황에 대한 충성심, 희생정신이 일본국가주의의 중심사상으로 자리잡게 된 것이다. 즉, '명령과 절대복종'식의 도덕성과 충군애국사상을, 교육을 통해서 심어주고자 한 것이 '국가주의'에 의한 일본식 교육이었음을 알 수 있다.

2) 조선후기 교육제도의 변화와 일본어 교육

근대조선에 있어서 일본인에 의한 일본어 교육은 1891년 6월 경성에 개설된 日語學堂에서 시작된다. 교장 겸 교사로 부임한 오카쿠라 요시사부로(岡倉由三郎)[3]에 의한 이 日語學堂의 설립 목적은 한일교섭의 통역자를 양성하기 위한 것이었다. 이어서 청일전쟁 이후 인천에 官立仁川港外國語學校, 경성에 日語學校, 부산에 開成學校 등이 세워지고, 1899년에는 平壤, 京城, 城津에 일본어 학교가 설립[4]되

---

3) 岡倉由三郎(1868~1936) 明治, 大正, 昭和期의 영어학자. 오카쿠라 덴싱의 동생. 1891년 조선정부로부터 초청받아 일본어학교를 창립. 1896년부터 1925년까지 東京高師 英語科主任 역임.

4) 이는 일제가 발행한 문서에 의한 것으로 다소 오류가 있다. "일제는 동학혁명을 좌절시키고 청일전쟁에서 성공한 후 조선에 친일적인 갑오개혁 정부를 세워 과거제를 폐지하고 새로운 소학교 교과서 편찬을 결의했다. 고종황제는 1896년 <교육입국조서>와 더불어 신학제를 시행하며 소학교를 설립했지만 이는 모두 일본의 세력을 배경으로 일본 교육칙어와 학제를 모방하여 교육의 기준을 정한 것이었다. 그리고 갑오개혁 정부가 의무교육의 실시를 결정한 것은 성급한 정책이었고 예산

어 일본어교육은 점차 한국 땅에 뿌리내리게 된다.

갑오개혁 전후로 우리 민족의 근대교육에 대한 인식은 크게 변하였다. 부국강병을 위한 시무책 일환인 교육입국론(教育立國論)이 점차 파급되면서, <교육입국조서(教育立國詔書)>와 함께 <소학교령>, <사범학교령>, <실업학교령> 등 근대교육 시행을 위한 법령이 반포되었다. 이어 정부는 서울과 주요 지방도시에 관공립소학교를 설립하는 등 근대교육 시행에 노력하였다. 격변하는 세계정세의 흐름을 염두에 둔 지배층은 구교육으로 인한 '허명(虛名)'의 교육을 버리고 신교육에 의한 '실용(實用)'의 교육으로 나아갈 의지를 밝혔다.

초등교육의 제도적 기반은 1895년 7월 19일 <소학교령>이 공포되면서 마련되었고, 같은 해 8월에는 <소학교규칙대강>을 공포하여 소학교의 구체적인 대강을 제시하였다.

<소학교령> 제1조에는 "소학교는 아동신체의 발달에 유의하여 국민교육의 기초와 그 생활상 필요한 보통지식과 지능을 授함을 本旨로 함"으로서 교육목적을 제시하고 있다.

이 시기 정부에서 제시한 소학교 교육목적은 동양의 유교적 전통이념에 서구의 실용적 이념을 받아들여, '오륜(五倫) + 실용성 + 공공성 = 국민적 인재 양성'이라는 도식으로 나타난다. 이는 이전의 '소수 인재양성'에서 점차 '다수 인재양성'으로 교육시스템이 변화해 가는 것으로, 초등 기초 보통교육이 도입되는 과도기 양상으로 볼 수 있다.

또한 소학교의 기초교육과정 시스템인 학제(學制)를 제정함으로서 의무교육의 틀을 마련한 지배층은 <소학교령> 제2조에 따라 소학교

과 교원의 부족 그리고 교과목에 있어 한문과 習字의 교수는 서장과 다를 바 없었다"고 일제는 평가했다.(大藏省管理局編(2000), 『日本人の海外活動に關する歴史的調査』, 東京 : 紀伊國屋書房, pp.3~4 참고)

를 설립주체별로 정부설립의 관립, 부(府) 혹은 군(郡) 설립의 공립, 그리고 민간인 설립인 사립으로 나누었다.

日本語는 1895년 <소학교령>기 까지는 단순 외국어로 취급되다가, 통감부 설치 이후 독립된 교과로 선정되면서 시간도 국어(조선어), 산술과 함께 주당 6시간이 배정되어 <보통학교령> 하에서 주요 교과로 부상하게 된다.

1907년 학부에서 출판한 『普通學校學徒用日語讀本』은 내용 전체가 모두 일본어로 되어 있다. 삽화를 넣어 학습자의 흥미를 이끌고자 하였고, 외국어로서 일어를 일본의 문화와 함께 쉽고 빠르고 정확하게 습득할 수 있도록 생활에서 흔히 사용되는 단어, 절, 문장으로 이야기를 꾸며 한 단원을 전개하고 있다. 편제는 일상생활, 자연과학, 새로운 문명, 날씨 등의 다양한 주제로, 이야기를 통한 바른 어법의 연습이 이루어질 수 있도록 세심하게 난이도를 고려하여 문장이 구성되어 있다.

이 밖의 일본어 교과서로는 『대속성 3개월 일어독습서』(육종면, 1909)와 『독습일어정칙』(정운복, 1909)이 있었다. 두 책이 모두 일본어를 외국어로서 접근하지 않고 우리말에 단어를 대응시키면 일본어 문장이 될 수 있다는 전제 하에 1과부터 마지막 과까지 같은 난이도로 다양한 문장을 제시하고 있다. 두 교과서가 다루는 주제 역시 정치, 법률, 학교, 산업, 지리 등 인문사회 전반에 걸친 다양한 것들로 편찬의 의도는 초급자를 위한 것이나 초등용 교과서로 보기는 어렵다.

3) 統監府시대 學部의 교육법령

한국에서는 갑오경장(1894)에 이어 1895년 1월의 <홍범14조>를 기반으로 하여, 같은 해 2월 2일 발포한 고종의 <교육입국조서>에 덕육(德育) → 체육(體育) → 지육(智育)의 전인적 발달을 도모하는 교육의 필요성을 강조한 이후, 최초의 사범학교인 '한성사범학교'가 설립된다. 그러나 <을사늑약>으로 말미암아 1906년 일본인 교육 참여관의 감독 아래, 한국의 교육은 일본인의 간섭과 의도에 의해 편성되었다. 이에 따라 사범학교에서 배출된 한국인 교사는 신교육에 대한 학식과 경험이 부족하다는 표면적인 이유와 '新學制'라는 명분을 내세워 보통학교에 일본인 교사를 파견, 임용함으로 한국교육을 일본인의 통제 아래 두려는 그들이 의도를 드러내기 시작한다.

한국의 근대교육에서 새로운 학제에 의해 편찬된 교과서 중, 『新訂尋常小學』(권1～권3)은, 1896년 대한제국의 學部에서 고용한 일본인 보좌관 다카미 히사시(高見龜)와 아사카와 마쓰지로(麻川松次郎)의 기획에 의해 편찬된 『朝鮮語讀本』이다.

1905년 교과서 편찬위원회를 설치한 학부는 먼저 보통학교 교과서 편찬작업에 착수, 1906년에 보통학교용 교과서 일부를 만들어 보통학교의 개교와 더불어 이를 사용하려 하였다. <교과용도서검정규정(教科用圖書檢定規程)>을 제정하여 학생용과 교사용의 교과용 도서는 우선적으로 학부에서 편찬한 것으로 하였다.

1906년 2월에 통감부(統監府)가 설치되어 <보통학교령>이 발포됨에 따라 더욱 박차를 가하게 되는데, 이토 히로부미(伊藤博文)가 통감으로, 참여관으로는 교사 출신 시데하라 다이라(幣原坦)의 사임(辭任)에 이어, 미쓰치 주조(三土忠造)가 취임하게 된다. 그리고 관료 출신인 다와라 마고이치(俵孫一)는 學部의 차관으로, '文明的인 教育'을 내세우며 주로 교과서 편찬에 관여하면서 1907년 조선인 교육의 행정권을 장악하였다. 그러나 전국 각지에서 조선독립을 외치는 상황에서, 통감부가 목표한 '동화교육'은 쉽게 표면화 될 수 없었다. 때문에 '문명적 교육'을 시행한다는 구실로 '文明的인 教育'의 기치를 내세웠지만, 그 실상은 조선인의 자주적인 민족교육을 탄압하면서 조선에 대한 교육적 지배라 할 수 있을 것이다.

이 시기 통감부에서 교육제도를 정비한 주요 法令制定은 <표 1>과 같다.

<표 1> 統監府 시대 한국에서의 교육법령

년 월 일		교 육 법 령
1906	8월 27일	普通學校令
	8월 31일	師範學校令, 外國語學校令, 高等學校令
1908	4월 2일	高等女學校令
	8월 26일	私立學校令
	8월 28일	學部令, 公立私立學校認定에 關한 規定, 教科書用図書檢定規定公布
	12월 29일	成均館官制
1909	4월 27일	實業學校令
	7월 9일	實業學校令施行規則, 高等女學校令施行規則, 師範學校令施行規則, 高等學校令施行規則, 外國語學校令施行規則

학부는 1909년 4월에 <보통학교령>을, 같은 해 7월에 <보통학교령시행규칙>을 개정하여 보통학교의 교육과정과 교과목의 매주 교수시수를 개편하였다. 개편된 보통학교 교육과정과 교수시수는 1906년의 것과 거의 비슷하나 내용에서 주목할 것은 「국어」와 「한문」 두 과목을 「국어 및 한문」 한 과목으로 통합하고 시간수도 남자 10시간, 여자 9시간으로 조정하였다. 이는 <보통학교령>기에는 여성교육의 중요성을 강조하고 있음에도 불구하고, 수업시수를 달리 배정한 것은

아직은 여성교육에 대한 인식이 낮았음을 의미한다.

<보통학교령> 제2장 제6조에 의하면 보통학교의 교과목은 수신, 국어, 한문, 일어, 산술, 지리, 역사, 이과, 도화, 체조의 10개 과목으로 설정하였으며, 여학생은 수예를 더하고 사정에 따라 창가, 수공, 농업, 상업 중 한 과목 혹은 몇 과목을 반드시 더 하도록 하였다. 종래의 <소학교>는 <보통학교>로 개칭되었고, 수업연한을 4년으로 하였으며, 보통학교 교과에 日本語가 필수과목으로 추가[5]되었다. 또한 지리, 역사의 경우도 실제로 시간수는 별도로 배정되어 있지 않고, 국어와 일어 교과에서 역사나 지리와 관련된 내용을 포함하여 다루도록 하였다.

학부는 국정교과서를 직접 편찬할 뿐 아니라 사립학교 교과용 도서의 질적 개선을 도모한다는 명분 아래 민간인 저작 교과용 도서를 검정하였는데, 그 실상은 교육내용을 규제할 목적을 가지고 있었다. <교과용도서검정규정>(학부령 제16호, 1908. 8.28)을 보면, 공사립보통학교의 교과용 도서는 '① 학부에서 편찬한 것, ② 학부대신의 검정을 받은 것, ③ 이상에 해당된 도서가 없을 경우 학교장이 학부대신의 인가를 받아서 다른 도서를 쓸 수 있다.'는 규정에 합당해야 했다. 또한 <사립학교령>(1908. 8) 제16조에 <사립학교교과서에 대한 규정>도 앞의 <교과용도서검정규정>에 준하는 내용이 제시되어 민족의식, 배일사상을 고취하는 내용은 배제하도록 통제하였다.

학부가 편찬한 보통학교 교과서는 1909년 5월 당시 『수신서』 4권, 『국어독본』 8권, 『日語讀本』 8권, 『圖畵讀本』 4권, 『漢文讀本』 4권, 『理科書』 2권 등, 총 7종 41권이었다.

---

5) 朴英淑(2000), 「解題 第一期『普通學校國語讀本』について」, 朝鮮總督府編纂『普通學校國語讀本』所收. 참고

<보통학교령>기의 한국과 일제는 '구국'과 '식민지화'라는 서로 병행할 수 없는 다른 목적을 위한 교육을 우선 수단으로 선택하였다. 이에 따라 우리 민족은 민족운동세력과 친일 또는 부일세력으로 대립하는 새로운 이중구조에 놓이게 된 것이다.

4) 합병후 조선의 교육제도와 일본어 교육

일본어 교육은 식민지 조선이라는 식민지의 특수한 상황에서 풍속미화의 동화정책 중에서도 가장 기본적인 수단으로 중요시되었다. 이는 말과 역사를 정복하는 것이 동화정책의 시작이요 완성이라는 의미이다.

1910년 8월 29일, 한국이 일본에 합병되며, 메이지천황의 합병에 관한 조서(詔書)는 다음과 같다.

> 짐은 동양의 평화를 영원히 유지하고 제국의 안전을 장래에 보장할 필요를 고려하여……조선을 일본제국에 합병함으로써 시세의 요구에 응하지 않을 수 없음을 염두에 두어 이에 영구히 조선을 제국에 합병하노라…下略…6)

일제는 한일합방이 이루어지자, <大韓帝國>을 일본제국의 한 지역으로 인식시키기 위하여 <朝鮮>으로 개칭(改稱)하였다. 그리고 제국주의 식민지정책 기관으로 <朝鮮總督府>를 설치하고, 초대 총독으로 데라우치 마사타케(寺內正毅)를 임명하여 무단정치와 제국신민교육을 병행하여 추진하였다. 따라서 일제는 조선인 교육정책의 중점

---

6) 教育編纂會(1964), 『明治以降教育制度發達史』 第十卷 p.41(필자 번역, 이하 동). 朝鮮教育研究會(1918), 『朝鮮教育者必讀』, pp.47~48 참고

을 '점진적 동화주의'에 두고 풍속미화(풍속의 일본화), 일본어 사용, 국정교과서의 편찬과 교원양성, 여자교육과 실업교육에 주력하여 보통교육으로 관철시키고자 했다. 특히 일제 보통교육 정책의 근간이 되는 풍속미화는 황국신민의 품성과 자질을 육성하기 위한 것으로 일본의 국체정신과 이에 대한 충성, 근면, 정직, 순량, 청결, 저축 등의 습속을 함양하는데 있었다. 일본에서는 이를 <통속교육위원회>라는 기구를 설치하여 사회교화라는 차원에서 실행하였는데, 조선에서는 이러한 사회교화 정책을, 보통학교를 거점으로 구상한 점이 일본과 다르다 할 수 있다.[7]

조선총독부는 한국병합 1년 후인 1911년 8월 24일 <朝鮮教育令>[8]이 공포되어 본격적인 일제 통치하의 교육이 시작된다. 초대 조선총독 데라우치 마사타케(寺內正毅)의 교육에 관한 근본방침에 근거한 <朝鮮教育令>은 全文 三十條로 되어 있으며, 그 취지는 다음과 같다.

> 조선은 아직 일본과 사정이 같지 않아서, 이로써 그 교육은 특히 덕성(德性)의 함양과 일본어의 보급에 주력함으로써 황국신민다운 성격을 양성하고 아울러 생활에 필요한 지식 기능을 교육함을 본지(本旨)로 하고……조선이 제국의 융운(隆運)에 동반하여 그 경복(慶福)을 만끽함은 실로 후진 교육에 중차대한 조선 민중을 잘 유의시켜 각자 그 분수에 맞게 자제를 교육시켜 成德 達才의 정도에 따라야 할 것이며, 비로소 조선의 민중은 우리 皇上一視同仁의 홍은(鴻恩)을 입고, 一身一家의 福利를 향수(享受)하고 人文 발전에 공헌함으로써 제국신민다운 열매를 맺을 것이다.[9]

---

7) 정혜정・배영희(2004),「일제 강점기 보통학교 교육정책연구」,『教育史學 研究』, 서울대학교 教育史學會 편, p.166 참고

8) 教育編纂會(1964), 위의 책, pp.60~63

이에 따라 교사의 양성에 있어서도 <朝鮮教育令>에 의하여, 구한말 고종의 <교육입국조서>의 취지에 따라 설립했던 기존의 '한성사범학교'를 폐지하고, '관립고등보통학교'와 '관립여자고등보통학교'를 졸업한 자를 대상으로 1년간의 사범교육을 실시하여 배출하였으며, 부족한 교원은 '경성고등보통학교'와 '평양고등보통학교'에 부설로 수업기간 3개월의 임시교원 속성과를 설치하여 <朝鮮教育令>의 취지에 맞는 교사를 양산해 내기에 이른다.

데라우치 마사타케가 제시한 식민지 교육에 관한 세 가지 방침은, 첫째, '조선인에 대하여 <教育勅語>(Imperial rescript on Education)의 취지에 근거하여 덕육을 실시할 것.' 둘째, '조선인에게 반드시 일본어를 배우게 할 것이며 학교에서 教授用語는 일본어로 할 것.' 셋째, '조선인에 대한 교육제도는 일본인과는 별도로 하고 조선의 時勢 및 民度에 따른 점진주의에 의해 교육을 시행하는 것'이었다.

이와 같이 데라우치 마사타케의 <朝鮮教育令>에 의한 교육은, 일상생활에 '필수(必須)한 知識技能'을 몸에 익혀 실세에 적응할 보통교육을 강조하는 한편, 1911년 11월의 「일반인에 대한 유고(諭告)」에서는 '덕성의 함양'과 '일본어 보급'을 통하여 '신민양성의 필요성'을 역설하기도 했다.

<제1차 朝鮮教育令>과 <普通學校施行規則>에 의해, <普通學校教科課程>이 정해졌다. 보통학교 교육연한은 <제1차 朝鮮教育令>에서 알 수 있듯이 보통학교 3~4년제, 고등보통학교 4년제, 여자고등보통학교 3년제이다. 이는 일본인 학교 교육연한과 다른 교육정책(1912년 3월 府令 제44호, 45호에 의하여 일본인 초등학교 6년제, 중학교 5

---

9) 教育編纂會(1964), 앞의 책, pp.64~65

년제, 고등여학교 5년제)으로, 복선형 교육제도였다고 할 수 있다.

보통학교의 교과목 중에서 일본어가 차지하는 위치는 다음 <표 2>와 같다.[10]

<표 2> 보통학교 교과과정 및 매주 시간수

教科目 / 學年	1	2	3	4	計
修身	1	1	1	1	4
國語(日本語)	10	10	10	10	40
朝鮮語 及 漢文	6	6	5	5	22
算術	6	6	6	6	24
理科			2	2	4
唱歌,體操	3	3	3	3	12
圖畵					
手工					
裁縫 及 手藝					
農業初步					
商業初步					
計	26	26	27	27	106

<표 2>를 보면 「日本語」는 「國語」로, 「韓國語」는 「朝鮮語」로 명칭이 바뀌었음을 알 수 있다. 「國語(일본어)」는 읽기(讀方), 해석, 회화, 암송, 받아쓰기(書取), 작문, 습자를 그 내용으로 하며, 매주 수업시간수는 1학년부터 4학년까지 10시간씩 배정하여, 전 학년을 통틀어 총 수업시간의 약 38%를 차지하고 있다. 일본어가 「朝鮮語 及 漢文」 과목에 비해 2배 정도의 교육시간이 배정된 것을 감안하면 당시 교육정책이 일본어 교육에 보다 역점을 두고 있었다는 것을 알 수 있다.

10) 朝鮮敎育會(1935), 『朝鮮學事例規』, pp.409~410. 注 : 空欄은 元本대로

또 통감부시대의 보통학교 교과목으로 역사, 지리가 있었던데 비해 조선총독부의 <朝鮮教育令>에 의한 <보통학교 교과과정>에는 역사, 지리에 대한 내용을 『普通學校國語讀本』에 포함하여 일본어로 교육하였다.

3. 조선총독부의 보통학교 교육정책

조선총독부는 1911년 8월 <제1차 조선교육령>을 발포하고, 같은 해 10월 보통학교, 고등보통학교, 여자고등보통학교 규칙의 제정에 따라 교과서 편찬사업을 착수했다. 그러나 이는 1905년 2월부터 일본인 시데하라 다이라(幣原坦)가 學部의 고문인 학정참여관(學政參與官)으로 들어와 『日語讀本』 등의 발간에 이어 다른 교과의 교과서 편찬 착수의 연장이라 할 수 있다. 1906년 2월에 통감부가 설치되고 <보통학교령>이 발포됨에 따라 더욱 박차를 가하게 되는데, 시데하라 다이라는 교과서 편찬 지연 및 행정력의 무능으로 이토 히로부미(伊藤博文)에 의해 동년 6월 해임되고 미쓰치 주조(三土忠造)를 학정참여관으로 임명(囑託)하여 교과서 편찬을 단행했다.[11] 1908년에 미쓰치 주조는 각 교과목에 대한 통일된 교과서를 출판하여 당시 존재한 약 10여개의 공립보통학교에서 사용케 했다. 그리고 <사립학교령>을 발포하여 이전의 '불량한 교과서'를 점차 정부 편찬의 교과서로 사용하도록 하였고, 다른 교과서를 사용할 때는 <교과용도서검정규정>에 의하여 학부의 인가를 받도록 하였다.

---

11) 정재철(1985), 『日帝의 對韓國植民地教育政策史』, 일지사, pp.193~210

그 당시 통감부 학부에서 시행한 「教科書의 內容에 關흔 調査」를 보면 가장 중요한 심사기준은 '조선과 일본의 관계 및 친교를 저해하거나 비방하는 배일사상' 내용의 유무[12]에 있는 것으로 당시의 교과서정책은 <허가제>에서 <인가제>로, 다시 <검정제>로 하여 최종적으로 <국정교과서>로 규제해 가는 교육정책을 취한 것이다. 즉 <허가제>에서 <인가제>로, 다시 <검정제>로 최종적으로 <국정교과서>로 교육을 규제해 간 것이다.

또한 종래의 『일본어독본』을 『국어독본』이라 하고 반대로 『국어독본』은 『언문독본』이나 『조선어독본』으로 개칭[13]한 일제는 구학부가 편찬한 교과서뿐만 아니라 검정 및 인가한 교과서에 대해서도 시정하도록 지침을 하달하였다. 이는 주로 황실에 관한 사항, 국호, 연호 및 축제, 제도에 관한 것, 한국과 일본 간의 역사적 사실에 관한 것에 대한 수정지침으로, 일제는 1911년 2월 舊 學部 검정 및 인가 교과용 도서에 대한 「教授上의 注意 幷 字句訂正表」[14]를 제정, 반포하였다. 이 「教授上의 注意 幷 字句訂正表」에 나타난 일제의 교수정책은 다음과 같이 요약할 수 있다.

---

12) 학부(1909. 3), 『教科書의 內容에 關흔 調査』

13) 「朝鮮學童과 教科書」, 《每日申報》, 1910. 11. 2, 2면

14) 舊學部検定並ニ認可ノ図書ハ其數甚多ク、今般韓國併合ノ結果教材並ニ字句ノ不適當トナルニ至リタルモノ少カラザレドモ、各種各冊ニ就キ教授上ノ注意並ニ字句ノ訂正ヲナスハ殆ト其煩ニ堪ヘザルノミナラズ、教授者ノ參考トシテ却テ不便ノ點多カルベシト思惟スルニ付、此種ノ圖書中ニ顯ハルル不適當ナル事項ヲ概括列擧シ、之ニ對シテ一般的注意ヲ與フルコトヽナセリ、故ニ或特殊ノ教材ニ對シテハ的確ニ當篏マラザル場合往々之アルベシト雖モ、教授者ハ宜シク下ニ揚クル各事項ニ關スル注意ヲ熟讀シ、之ニ準據シテ教科書中ノ不適當ナル記事並ニ字句ヲ訂正教授シ、教育上遺算ナカランコトヲ要ス。教授上ノ注意並ニ字句訂正表 內務部學務局 : 「第二舊學部検定及認可教科用圖書ニ對スル教授上ノ注意」『植民地朝鮮教育政策史料集成』第18巻- 第四集 教科書編纂關係資料-龍溪書舍(1990), pp.10~15(각주 20번까지 동일자료)

첫째, **황실에 관한 것**

조선인으로 하여금 대한제국의 황실 대신 일본 황실을 봉대(奉戴)하도록 하고 일본의 황국신민임을 인식시키는데 중점을 두게 했다. 그 상세한 지침은 다음과 같다.

① 한일합병의 결과로 조선인이 봉대할 황실은 대일본 천황폐하, 황후폐하 및 황족인 것.

② 역사 교과서 중에 前 한국 황제폐하에 대하여 '금상폐하'라는 경칭을 사용한 것이 있으나 금일 이후로는 대단히 부적절하므로 사용하지 말 것.

③ 역사 교과서 중에 현재 천황폐하에 관한 기사에 '일본 천황께서는' 등으로 기술하여 경칭을 사용하지 않은 것이 있는데, 이런 경우엔 반드시 '폐하'라는 경칭을 부가하여 '일본국 천황폐하께옵서는'과 같이 정정 교수할 것.

④ '本朝' 또는 '我朝' 등의 말을 사용한 여러 교과서가 있으나 이는 모두 '李朝'로 고칠 것.[15]

둘째, **국호에 관한 것**

① 역사, 지리, 독본 등의 교과서에 '이조 태조가 業을 創하여 국호를 조선이라 정하고 광무 원년에 至하여 <大韓>'이라 개

---

15) **第一 皇室ニ關スル事**：學部檢定並ニ認可ノ圖書中、前韓國皇室ニ關スル記事ヲ揭グルモノアリ、斯ル教材ハ今日其儘之ヲ教授スベカラザルハ言ヲ俟タズ、教師ハ宜シク左記各項ノ趣旨ニ依リ訂正教授スベシ。一、日韓併合ノ結果、朝鮮人ノ奉戴スル皇室ハ大日本　天皇陛下、皇后陛下並ニ皇族ナルコト、二、歷史等ノ書中、前韓國皇帝陛下ニ對シ「今上陛下」ナル敬稱ヲ用ヒタルモノアレドモ、今日ニ於テハ全然不適當ナルニツキ使用スベカラザルコト。三、歷史等ノ書中、現在ノ天皇陛下ニ關スル記事ニ「日本國天皇陛下께셔ᄂᆞᆫ」ナド記シテ敬稱ヲ用ヒザルモノアリ、斯ル場合ニハ必ズ「陛下」ナル敬稱ヲ附加シ、「日本國天皇陛下께ᄋᆞᆸ셔ᄂᆞᆫ」ノ如ク訂正教授スベキコト。四、「本朝」又ハ「我朝」等ノ語ヲ用フル所諸書ニ之アルモ總テ「李朝」ト改ムベキコト。

칭한 일을 기술한 것이 많으나, 이를 교수할 경우에는 국호는 1910년 8월 29일 <칙령 제318호>로써 폐지되고 '朝鮮'이라 칭하기로 정한 것을 알게 할 것.

② 종래의 교과서 중에는 대한제국, 한국, 또는 我國, 我韓, 本國 등의 명칭을 사용한 것이 많은데, 조선은 이미 대일본제국의 일부가 됨으로써 이러한 명칭을 개정 교수함이 긴요함.[16]

셋째, **연호에 관한 것**

역사 교과서에 전 한국 황제의 즉위와 함께 융희(隆熙)라 改元한 일을 기술한 것이 있는데, 이와 같은 것을 교수할 경우에는 구한국의 연호 隆熙는 1910년 8월 29일로 폐지되고 앞으로는 메이지(明治)의 연호를 사용함이 당연한 것을 알게 할 것.[17]

넷째, **축제일에 관한 것**

① 독본 등의 교과서 가운데 개국기원절 또는 건원절에 관한 교재를 게재한 것이 있는데 구한국 경축일은 이미 폐지되었은즉 지금부터는 이러한 교재는 교수치 말고 대일본제국 국민으로서 당연히 제국의 축제일을 준수할 것을 가르치며, 또한 본서의 부록으로는 <축제일 약해>를 달아 축제일에 관한 일

---

16) **第二 國號ニ關スル事**：一、歷史、地理、讀本等ノ書ニ於テ李朝太祖業ヲ創メ國號ヲ朝鮮ト定メ、降テ前太皇帝ノ光武元年ニ至リ改メテ大韓ト稱セシコトヲ記スルモノ多キモ、斯ル事項ヲ教授スル場合ニ於テハ該國號ハ明治四十三年八月二十九日勅令第三百十八號ヲ以テ廢止セラレ朝鮮ト稱スルコトニ定メラレタルヲ知ラシムベシ。二、從來ノ教科書中ニハ「大韓帝國」、「韓國」、「我國」、又ハ「本國」、「我韓」等ノ名稱ヲ用フルコト頻ル多キモ、朝鮮ハ既ニ大日本帝國ノ一部ナルヲ以テ此等ノ名稱ヲ適當ニ訂正教授スルコト緊要ナリ、然レドモ此種ノ例ハ殆ト枚擧ニ邊アラザルヲ以テ左ニ數例ヲ揭ケテ訂正ノ標準ヲ示スニツキ、教師ハ此等ヲ參考シテ適宜ノ措置ヲナスヲ要ス。(擧例中訂正ノ字句ハ括弧ニ入ル)

17) **第三 年號ニ關スル事**：歷史等ノ書ニ於テ前韓國皇帝ノ卽位ト共ニ隆熙ト改元セラレタル事ヲ記スルモノアリ、斯ル事項ヲ教授スル場合ニハ、舊韓國ノ年號隆熙ハ隆熙四年八月二十九日限廢止セラレ、同日ヨリ以後ハ明治ノ年號ヲ用フベキコトヲ知ラシムベシ。

반 주의와 각 축제일의 요령을 교수할 것.

② 독본 중에 구한국 국기에 관한 교재를 게재한 것이 있으나 이 역시 교수치 말고 지금부터는 마땅히 일장기가 국기임을 알게 할 것과 축제일에는 일장기를 세워 성의를 표하도록 가르칠 것.18)

다섯째, 제도에 관한 것

구한국의 중앙 정부조직 및 지방행정 제도를 게재한 도서가 적지 않은데, 이 교재는 이제 교수 불가함. 교사는 마땅히 1910(明治43)년 9월 30일 <칙령 제354호> 조선총독부관제, <칙령 제357호> 조선총독부 지방관 관제 등에 기초하여 현재의 정치기관 일반을 교수함이 타당하며, 그 대요는 「학부편찬 보통학교용 교과서에 관한 주의」 중에서, 『국어독본』 권5 제9과 「정치 기관」에 대하여 부여한 주의 각 항을 참조할 것을 요함.19)

여섯째, 과거 日本과 朝鮮 간에 발생한 歷史上 사실에 관한 것

역사 지리 등의 교과서 중에 '왜구'라 칭하던 일본의 조선 침략, 몽고 및 고려의 일본 원정, 임진란의 기사 등을 다소 기재한

---

18) **第四 祝祭日ニ關スル事**：一、讀本等ノ中ニ開國紀元節又ハ乾元節ニ關スル教材ヲ掲載スルモノアリ、然レドモ舊韓國慶祝日ハ既ニ廢止セラレタルモノナレバ、自今此等ノ教材ハ教授スルコトナク、大日本帝國國民トシテ當然帝國ノ祝祭日ヲ尊守スベキコトヲ教ヘ、日本書ノ附錄トセル祝祭日略解ニ依リ祝祭日ニ關スル一般ノ心得ト各祝祭日ノ要領トヲ授クベシ。二、讀本中ニ舊韓國國旗ニ關スル教材ヲ掲クルモノアリト雖モ、之レ亦教授スルコトナク、自今宜シク日章旗ヲ以テ國旗ト心得ベキコト、並ニ祝祭日等ニ日章旗ヲ立テ、誠意ヲ表スベキコトヲ教フベシ。

19) **第五 制度ニ關スル事**：舊韓國ノ中央政府組織並ニ地方行政制度ヲ掲載スル圖書少カラザルモ、斯ル教材ノ今日ニ於テ教授スベカラザルハ言ヲ俟タズ、教師ハ宜ク明治四十三年九月三十日勅令第三百五十四號朝鮮總督府官制、勅令第三百五十七號朝鮮總督府地方官官制等ニ基キ簡明ニ現時ノ政治機關一斑ヲ教授スベシ、其大要ハ學部編纂普通學校用教科書ニ關スル注意中國語讀本卷五第九課「政治ノ機關」ニ就キ與ヘタル注意各項(第七頁)ヲ參照スルヲ要ス。

것이 있는데, 이러한 교재를 가르칠 경우 교수자는 신중하게 주의하라고 지시하고, 결코 과장된 언사를 사용하는 사항을 가르치는 일이 없어야 함은 물론, 피교육자의 사정, 학년 등에 따라 역사 또는 지리 수업에서 어쩔 수 없이 필요한 사항에 한하고, 오로지 일본인과 조선인 간의 감정을 해치는 사항의 수업은 피하고, 기타 예와 같이 임진란의 義士를 들어 義勇을 교육하는데, 이것도 다른 예화로 대신할 것이며, 또 가끔 지리서에 있는 임진란 등의 유적 등에 대하여도 당시의 교통산업 등에 관한 사항을 설명하는데 힘쓰는 등, 교수상의 주의에 끊임없이 진력할 것.[20]

일곱째, 축제일을 준수하도록 가르칠 것

대일본제국 국민된 자는 제국의 축제일을 준수하여 국민된 성의를 표함은 당연한 도리이며 청년학도의 교육상에 있어서, 그리고 일반대중을 상대로 풍속교화에 중요한 관련을 갖는 것인즉, 교직에 종사하는 자는 일본제국 축제일의 의의를 알게 하여 교육상 소홀함이 없게 해야 할 것이라 하였다.[21]

---

20) 第六 舊時日本朝鮮間起歷史上事實ニ關スル事：歷史地理等ノ書中ニ昔時倭寇ト稱セシ日本邊民ノ朝鮮侵略、蒙古及高麗ノ日本入寇並ニ壬辰亂(文錄慶長ノ役)記事等ヲ多少記載スルモノアリ、此等ノ教材ヲ教授スル場合ニ於テ教授者ハ最モ愼重ノ注意ヲ以テシ、決シテ誇張ノ言辭ヲ用ヒ杜選ノ事項ヲ教フル等ノコト有ルベカラザルハ勿論、被教育者ノ種類學年等ニ應シ、歷史又ハ地理ノ教授トシテ必要止ムヲ得ザル範圍ニ止メ、徒ラニ內地人朝鮮人間ノ感情ヲ害スルニ過ギサルガ如キ事項ハ之ヲ教授スルヲ避クベシ、其他、例ヘハ壬辰亂ノ義士ヲ假リテ義勇ヲ說クノ類ハ他例ヲ以テ之ニ代ヘ、又往々地理書中ニ擧ケラレタル壬辰亂等ノ遺跡ノ如キモノニ就キテハ、寧ロ其地點ノ現在ニ於ケル交通産業等ニ關スル事項ヲ說敍スルニ力ヲ用フル等、常ニ適當ナル教授上ノ注意ヲ怠ルベカラズ。

21) 大日本帝國國民된者ᄂᆞᆫ均히帝國의祝祭日을遵守ᄒᆞ야, 國民된誠意를表홈은當然ᄒᆞᆫ義이며, 且靑年學徒의教育上은勿論이어니와一般風教上至重ᄒᆞᆫ關係를有ᄒᆞᆫ者인즉, 苟히教職上에從事ᄒᆞᄂᆞᆫ者ᄂᆞᆫ帝國祝祭日의意義를悉知ᄒᆞ야教育上疏漏홈이無케홀지니라. 축제일로는 四方拜(1월 1일), 元始祭(1월 3일), 孝明天皇祭(1월 30일), 紀元節(2월 1일), 神武天皇祭(4월 3일), 天長節(11월 3일), 神嘗祭(10월 17일), 新嘗

이러한 지침을 볼 때『普通學校國語讀本』을 비롯한 모든 교과 내용에 많은 부분을 할애하여 특히 강조된 점은 일본 國體의 인식과 天皇家에 대한 충성심을 불어넣어, 조선 아동을 황국신민으로 길러내는데 보다 역점을 두었음을 짐작할 수 있다.

4. 第一期『普通學校國語讀本』의 표기 및 배열

조선총독부 편찬 第一期『普通學校國語讀本』은 조선 아동을 대상으로 조선총독부에 의해 편찬된 초등교육과정 일본어 입문교과서이다. 1912년부터 1915년에 걸쳐서 출판된, 흑회색의 양장본으로 된 8권의 출판사항은 <표 3>과 같다.

<표 3> 第一期『普通學校國語讀本』의 출판 사항

朝鮮總督府 第Ⅰ期 『普通學校國語讀本』 1912~1915년							
卷數	출판년도	사이즈		課	頁	정가	학년 학기
		縱	横				
卷一	1912	22	15	47	80	6錢	1학년 1학기
卷二	1913	22	15	31	91	6錢	1학년 2학기
卷三	1913	22	15	30	110	6錢	2학년 1학기
卷四	1913	22	15	28	110	6錢	2학년 2학기
卷五	1914	22	15	28	126	6錢	3학년 1학기
卷六	1914	22	15	29	126	6錢	3학년 2학기
卷七	1915	22	15	29	108	6錢	4학년 1학기
卷八	1915	22	16	31	118	6錢	4학년 2학기
				253	879		

祭(11월 23일), 春季皇靈祭(春分日), 秋季皇靈祭(秋分日)가 있다.「教授上의 注意 幷 字句訂正表」, 附錄「祝祭日 略解」, 《每日申報》, 1911. 3. 2. 3면

第一期『普通學校國語讀本』은 각 학년에 2권씩 4학년까지 8권으로 되어 있으며, 전 학년에 걸쳐 상당히 많은 분량을 학습하게 되어 있다. 교과서는 통감부 시절 초기에는 공립학교 아동에 한하여 무상으로 지급되었으나, 1909년 5월 이후는 무상지급에서 대여(貸與)로 바뀌었으며, 1911년에 제정된 <普通學校施行規則>에 의해 1913년부터는 신규편찬(新規編纂)의 교과서에 대해서는 자비구입 하도록 했다.(학부편찬 교과서는 10~12錢에 비해, 第一期『普通學校國語讀本』은 약 절반 정도인 각 6錢의 저가로 보급했다.)

第一期『普通學校國語讀本』의 특징은, 띄어쓰기가 없는 일본어 표기에서 저학년(1, 2학년)용에 <띄어쓰기>가 채용된 점이다. <띄어쓰기>를 한 이유는, 모어(母語)를 달리하는 조선 아동이 처음 일본어로 된 교과서를 접하는데 있어서 쉽게 접근할 수 있게 하기 위함이었을 것이다.

또한 第一期『普通學校國語讀本』은 식민지 초기 교과서로서, 대만(臺灣)에서 일본어교육의 경험을 참고하여 가나표기법(仮名遣)은 표음적(表音的)이고, 교수방법은 직접법(直接法) 방침으로 편찬되었기 때문에, 학년이 올라갈수록 학습한자수(學習漢字數)가 많아지는 경향을 볼 수 있다. 이는 통감부시대 學部 편찬『普通學校學徒用日語讀本』(1907~1908)과, 합병 직후 1911년 이를 정정해서 쓴 조선총독부 편찬『訂正普通學校學徒用國語讀本』각 권의 初出漢字와 비교해 보아도, 앞의 두 텍스트가 한자 사용에 있어서 단계를 쫓지 않은데 비해, 조선총독부의 第一期『普通學校國語讀本』은 조선아동의 학습단계를 고려하여, 5~6권(3학년 1, 2학기용)이, 7~8권(4학년 1, 2학기용)에 비해서 초출한자가 많다. 그것은 앞에 서술한 바와 같이 수업연한 3년제 학교를 고려하여, 주요교재를 완결한다는 교과서 편찬 방침에 따른 것으로 생각된다.

특히 第一期『普通學校國語讀本』에 일본의 國定一期『尋常小學國語讀本』보다 한자가 3배 이상이나 학습된 요인은, 취학 전 교육 또는 보습교육으로 서당교육을 거쳐 초등학교에 입학하는 사람의 비율이 높았기 때문이다. 또 이 시기의 역사, 지리교과서가 없었기 때문에 일본어 교과서로 학습함에 따라서, 역사, 신화, 설화의 인물, 천황과 인명, 지명과 같은 고유명사 등을 많이 포함하고 있음을 알 수 있다.

5. 보통학교 교과서와 교육상의 지침

1914년 일제가 제시한 보통학교 교과서 편찬 일반방침은 앞서 제정, 선포되었던 「敎授上의 注意 幷 字句訂正表」의 지침을 반영함과 동시에 기본적으로 <조선교육령>과 <보통학교규칙>에 준거를 둔 것이었다. 이에 따라 교과서 기술에 있어서도 「朝鮮語 及 漢文」을 제외하고는 모두 일본어(國語)로(일본어가 보급되기까지 사립학교 생도용을 위해 수신서, 농업서 등 特種에 한하여 별도로 朝鮮譯文을 作한다) 기술하여 언어를 일본어로 통합하였고, 1911년 8월에 조선총독부가 편찬한 『국어교수법』이나, 1917년에 주로 논의되었던 교육상의 교수지침에서도 '풍속교화를 통한 충량한 제국신민의 자질과 품성을 갖추게 하는 것임'을 명시하여 초등교육을 통하여 충량한 신민으로 교화시켜나가려 하였다.

1906년부터 조선어, 수신, 한문, 일본어 과목의 주당 수업시수를 비교해 놓은 <표 4>에서 알 수 있듯이, 수업시수는 1917년 일본어 10시간, 조선어(한문) 5~6시간이었던 것이, 1938~1941년에는 수신 2시간, 일본어 9~12시간인 것에 비해 조선어는 2~4시간에 불과하며 선택과목이었다. 그러다가 1941~1945년에는 조선어는 누락되고 수신(국민도덕 포함) 및 일본어가 9~12시간으로 되어 있다. 이는 일본이 창씨개명과 태평양전쟁으로 징병제도가 실시되면서 민족말살정책이 점차 심화되어 가는 과정으로 이해될 수 있다.

초등학교에는 合科的 성격의 「國民科」, 「理數科」, 「體鍊科」, 「藝能科」, 「實業科」라는 5개의 교과가 있었는데, 그 중의 「國民科」는 修身, 國語, 國史, 地理의 4과목으로 이루어져 있다. 國語, 國史, 地理의 合本的 텍스트로, 「國民科」의 4분의 3을 입력한 교과서『普通學校國語讀本』의 내용 역시 「修身」 교과서와 같이 품성의 도야, 국민성 함양을 목표로 하고 있다. 또한 「朝鮮語 및 漢文」 교재도 「普通學校國語讀本」과 마찬가지로 일본천황의 신민에 합당한 국민성을 함양케 하는데 치중하고 도덕을 가르치며 상식을 알게 할 것에 교수목표를 두고 있다. 각 시기에 따른 학년별, 과목별 주당수업시수는 아래 <표 4>와 같다.

<표 4> 조선에서의 수신・조선어・한문・일본어의 주당 수업시수

학년	통감부(1907)				제1기(1911)			제2기(1922)			제3기(1929)			제4기(1938)			제5기(1941)
	수신	조선어	한문	일어	수신	국어	조선어및한문	수신	국어	조선어	수신	국어	조선어	수신	국어	조선어	국민과 수신, 국어
1	1	6	4	6	1	10	6	1	10	4	1	10	5	2	10	4	11
2	1	6	4	6	1	10	6	1	12	4	1	12	5	2	12	3	12
3	1	6	4	6	1	10	5	1	12	3	1	12	3	2	12	3	2, 9
4	1	6	4	6	1	10	5	1	12	3	1	12	3	2	12	2	2, 8
5								1	9	3	1	9	2	2	9	2	2, 7
6								1	9	3	1	9	2	2	9	2	2, 7
합계	4	24	16	24	4	40	22	6	64	20	6	64	20	12	64	16	62

*제1기(보통학교시행규칙, 1911. 10. 20), 제2기(보통학교시행규정, 1922. 2. 15), 제3기(보통학교시행규정, 1929. 6. 20), 제4기(소학교시행규정, 1938. 3. 15), 제5기(국민학교시행규정, 1941. 3. 31)

끝으로, 朝鮮統監府 및 朝鮮總督府의 관리하에 편찬 발행하여, 조선인에게 교육했던 일본어 교과서를, '統監府期'와 '日帝强占期'로 대별하고, 다시 日帝强占期를 '1期에서 5期'로 분류하여, '敎科書名, 編纂年度, 卷數, 初等學校名, 編纂處' 등을 <표 5>로 정리하였다.

<표 5> 朝鮮統監府, 日帝强占期 朝鮮에서 사용한 日本語敎科書

<table>
<tr><th></th><th colspan="4">日本語敎科書 名稱</th><th>編纂年度 및 卷數</th><th>初等學校名</th><th>編纂處</th></tr>
<tr><td>統監府期</td><td colspan="4">普通學校學徒用 日語讀本</td><td>1907~1908 全8卷</td><td>普通學校</td><td>大韓帝國 學部</td></tr>
<tr><td rowspan="7">日帝强占期</td><td colspan="4">訂正 普通學校學徒用國語讀本</td><td>1911. 3. 15 全8卷</td><td>普通學校</td><td>朝鮮總督府</td></tr>
<tr><td>一期</td><td colspan="3">普通學校國語讀本</td><td>1912~1915 全8卷</td><td>普通學校</td><td>朝鮮總督府</td></tr>
<tr><td>二期</td><td colspan="3">普通學校國語讀本</td><td>1923~1924 全12卷</td><td>普通學校</td><td>(1~8)朝鮮總督府
(9~12)日本文部省</td></tr>
<tr><td>三期</td><td colspan="3">普通學校國語讀本</td><td>1930~1935 全12卷</td><td>普通學校</td><td>朝鮮總督府</td></tr>
<tr><td>四期</td><td colspan="3">初等國語讀本</td><td>1939~1941 全12卷</td><td>小學校</td><td>(1~6)朝鮮總督府
(7~12)日本文部省</td></tr>
<tr><td rowspan="2">五期</td><td>ヨミカタ</td><td>1~2학년</td><td>4권</td><td>1942 1~4卷</td><td rowspan="2">國民學校</td><td rowspan="2">朝鮮總督府</td></tr>
<tr><td>初等國語</td><td>3~6학년</td><td>8권</td><td>1942~1944 5~12卷</td></tr>
</table>

第一期『普通學校國語讀本』은, 당시의 편수과장 오다 쇼고(小田省吾)와 편수관 다치가라 노리토시(立柄敎俊), 장학관(視學官) 이시다 신타로(石田新太郎)에 의해 편찬되었다. 이 第一期『普通學校國語讀本』은 정치적 목적에 의하여 조선 아동을 대상으로 편찬된 초등교과서로, 일본정부가 바라던 바, 즉 교과서를 통하여 조선인을 천황의 신민답게 육성하려는 교육목표에 의한 초등학교용 교과서라 할 수 있을 것이다.

전남대학교 일어일문학과 김순전

≪朝鮮總督府編纂 第Ⅰ期 普通學校國語讀本 編著 凡例≫

1. 권1은 1학년 1학기, 권2는 1학년 2학기, …… 권8은 4학년 2학기로 한다.

2. 원본의 세로쓰기를 편의상 좌로 90도 회전하여 가로쓰기로 한다.

3. 신출단어 및 자형비교의 상란과 좌란은 각각 좌란과 하란으로 한다.

4. 방점(傍點)은 <짙은색>으로 표기한다.

5. 반복첨자 기호는 가로쓰기이므로 반복 표기하고 밑줄로 표시한다.

6. 본서 목차 ( )안과 본문내용 하단의 숫자는 원본 쪽수를 표기한 것임. 예를 들먼 행 끝의 (1-5)는 '普通學校國語讀本 原文書 卷一'의 5쪽을 의미함.

7. 한자의 독음은 ( )안에 가나로 표기한다.

8. 대화문과 지문 스타일은 각 기수마다 다르므로 각 기수의 원문대로 표기한다.

9. 편지, 수필 등은 인용문으로 처리한다.

朝鮮總督府編纂

普通學校國語讀本 卷五

第3學年 1學期

朝鮮總督府編纂

普通學校國語讀本 卷五

【緒　言】

一、本書ハ普通學校第三學年前半期ノ國語科教科書ニ充ツルモノナリ。

二、本書ノ各課ハ、其ノ練習ト共ニ、凡ソ三四時間ヲ以テ教授スベキ豫定ナレドモ、教師ハ、便宜、斟酌ヲ加へ、生徒ノ能力ニ適セシメンコトヲ圖ルベシ。

三、本書ヲ教授スルニハ、國語ヲ以テ説明ヲ加へ、且ツ實物・動作・繪畫等ヲ利用シ、生徒ヲシテ十分ニ其ノ意義ヲ理會セシメ、尙ホ言語或ハ文章ヲ以テ、明瞭ニ之ヲ表出セシムベシ。

四、本書ノ各課ヲ教授スルニハ、本文ノ讀方・解釋等ニ入ル前、必要ニ應ジテ、該課ノ内容ニ關シ、豫メ國語ニテ問答又ハ説明ヲナスベシ。 (1)

五、新出語ハ總ベテ之ヲ上欄ニ掲ゲ、且ツ新出文字ニハ●點ヲ附シ、讀替文字ニハ一線ヲ附セリ。

六、練習問題ハ、本書ニ掲グルモノノ外、必要ニ應ジテ、之ヲ補フベシ。

七、教師ハ本書所載ノ言語ヲ授クルヲ以テ足レリトセズ、機ニ臨ンデ之ヲ補ヒ、生徒ノ語彙ヲ富マサンコトヲ務ムベシ。而シテ既ニ授ケタル言語ハ、爾後、絶エズ之ヲ使用セシムベシ。

八、卷末ノ附錄ハ、生徒ヲシテ、豫習・復習ノ際、之ヲ利用セシムベシ。 (2)

大正三年一月　　　　朝　鮮　總　督　府

目 錄

普通學校國語讀本 卷五

第一課、新學年

新學年 三年生 入學してから **葉**	**今月**から、また**新學年**が**始**って、**私**は**三年生**になりました。**月日**のたつのは、まことに**早**いもので、**私**が**此**の**學校**に**入學**してから、もう**二年**たちました。 **今**は**春**で、**美**しい**花**がさいて**居**ますけれども、**此**の**花**がちって、**木**の**葉**がしげるのは、(5-1) もうすぐです。**夏**になって、**暑**い**暑**いといっ 

降り出します	て居る中に、じきに秋が來て、朝夕は涼しくなります。そうして冬にはいって、少し寒くなったと思うと、すぐ雪が降り出します。月日は、まことに、早くたって行きますから、
ゆだん	ゆだんはできません。(5-2)
此の頃 時候 面白い	私は、此の頃のように、時候がよくて、野山の景色が面白い時でも、學校を休んで、遊びには行きません。又、これから後、暑くなっても、寒くなっても、雨が降っても、雪が
缺席しまい	降っても、決して缺席しまいと思います。
國語 算術 むずかしく 理科 一層 勉强して 豫習 復習 おこたらない	此の學年からは、國語や算術などもむずかしくなりましたし、理科もふえましたから、私は一層勉强して、豫習や復習をおこたらないようにします。(5-3)
兩親	そうして先生や兩親のいいつけをよく守って、よい人になるようにします。

練習

一、**新學年**はいつ**始**りましたか。

二、**月日**のたつのが、**大層早**いことをお**話**しなさい。

三、**此**の**生徒**はどうしようと**思**って**居**ますか。それを**文**にお**作**りなさい。

四、**次**のことばを**讀**んでごらんなさい。

學年。　**學校**。　**國語**。　**國旗**。

一年生。　**一層**。(5-4)

第二課、春が來た

	春が來た、　春が來た、
	どこに來た。
里	山に來た、　里に來た、
	野にも來た。
咲く	花が咲く、　花が咲く、
	どこに咲く。
	山に咲く、　里に咲く、
	野にも咲く。(5-5)
	鳥が鳴く、　鳥が鳴く、　どこで鳴く。
	山で鳴く、　里で鳴く、　野でも鳴く。

一きり	**練習** 一、「春が來た」の歌を、そらで、いってごらんなさい。 二、此の歌の意味を、一きりづつ、お話しなさい。 三、次のことばの意味のちがいをお話しなさい。そうしてそれを用いて、四つの短い文をお作りなさい。 (イ)咲きました。(ロ)咲かせました。 (ハ)散りました。(ニ)散らしました。(5-6)

第三課、朝鮮の地勢

地勢 **住**んで居ます ことに 地理 大概	**私**どもは**朝鮮**に**住**んで**居**ますから、ことによく、**其**の**地理**を**知**って**居**なくてはなりません。**朝鮮**も**一々**まわってみるのは、よういでありませんが、**地圖**で**見**れば、**大概分**ります。これから**朝鮮**の**地勢**を**學**びましょう。
境	**北**の**境**には、**大**きな**川**が**二**つあって、**一**つは**西**に、**一**つは**東**に**流**れて**居**ます。(5-7)

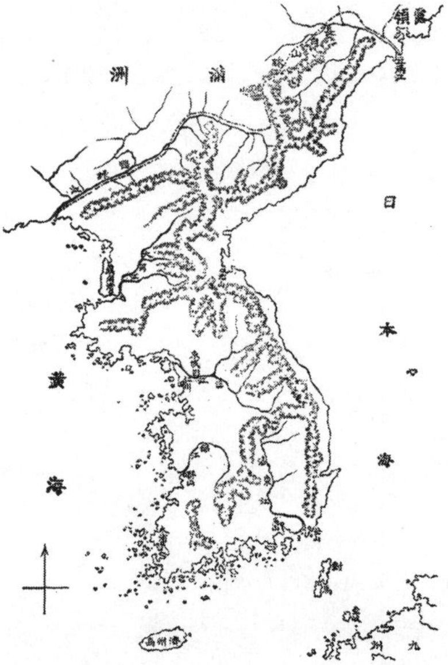

(5-8)

鴨綠江 豆**滿**江 里 大同江 **漢**江 **洛**東江 **錦**江 水**源**地方 長白山**脈** 白頭山	**西**に**流**れて**居**るのは**鴨綠江**で、**東**に**流**れて**居**るのは**豆滿江**です。**鴨綠江**は**日本第一**の**大**きな**川**で、**長**さが**百八十里**もあります。**此**の**外**、**大同江**・**漢江**・**洛東江**・**錦江**なども、**中々大**きな**川**です。 **鴨綠江**と**豆滿江**との**水源地方**に、**長白山脈**があって、**其**の**山脈中**に、**白頭山**という**高**い**山**があります。 **白頭山**から**分**れて、**南**の**方**に**走**って**居**る**山脈**があります。(5-9)
かたよって つらぬいて 居ます 大**體** 平地 平野 樣子	**此**の**山脈**は**東**の**方**にかたよって、たてに**朝鮮**半**島**をつらぬいて**居**ます。 それで**朝鮮**の**土地**が、**大體**、**東**と**西**とに**分**れて**居**ます。**東**の**方**はせまくて、**大**きな**川**もありませんし、**平地**も**少**のうございます。けれども**西**の**方**には、**大**きな**川**があって、**平野**も**多**くあります。 **又**、**海岸**の**樣子**も、**東**の**方**と**西**や**南**の**方**とでは、(5-10)

出入 良い 元山 はんたいに しぜんと 馬山 木浦 群山 仁川 鎭南浦 濟州島	よほどちがって居ます。東の海岸は出入が少なくて、良い港は元山ばかりですが、西と南との海岸は、これとはんたいに出入が多く、其の上、近くに島がたくさんあって、しぜんと良い港がいくつもできて居ます。釜山・馬山・木浦・群山・仁川・鎭南浦などは、皆良い港です。 濟州島は南の方にあって、朝鮮第一の大きな島です。(5-11) **練習** 一、朝鮮の北の境は、どうなって居ますか。 二、朝鮮の山脈は、どうなって居ますか。 三、朝鮮には、どんな港がありますか。 四、濟州島のことをお話しなさい。

第四課、日本武尊(ヤマトタケルノミコト)

日本武**尊** 景行天皇 ソムキマシタ 武**勇**ナ 皇子 **征伐** オツカワシナサイマシタ ワズカニ 十六**歲** オウセ 勇ンデ ヒソカニ 少女 スガタ **賊** 頭 手下 **集**メテ サカモリ カクシ持ッテ居ラレタ 手早ク オ**拔**キニナッテ オサシコロシニナリマシタ	**景行天皇**(ケイコウテンノウ)ノ**御時**、**九州**ノワルモノドモガ、ソムキマシタ。 ソコデ**天皇**ハ、**日本武尊**ト**申**ス**武勇**ナ**皇子**ヲ、(5-12) **征伐**ニオツカワシナサイマシタ。**尊**ハ、**其**ノ**時**、ワズカニ、**十六歲**デイラッシャイマシタガ、**天皇**ノオウセヲ**受**ケテ、**勇**ンデ**九州**エオ**渡**リニナリマシタ。ソウシテヒソカニ、**少女**ノスガタヲナサレテ、**賊**ノ**家**ニオ**出**デニナリマシタ。 チヨウド**賊**ノ**頭**(カシラ)ハ、**手下**ヲ**大勢集**メテ、サカモリヲシテ**居**マシタガ、**女**ダト**思**ッテ、ユダンヲシテ**居**マシタ。スルト**尊**ハ、(5-13) カクシ**持**ッテ**居**ラレタ**劒**ヲ**手早**クオ**拔**キニナッテ、**賊**ノ**頭**ヲオサシコロシニナリマシタ。

降参シテシマイマシタ	 ソコデ**手下**ノモノドモハ、**皆恐**レテ**降参**シテシマイマシタ。(5-14) 

再ビ	其ノ後、又、東ノ方ノ國デ、多クノワルモノガ、ソムキマシタノデ、尊ハ再ビ天皇ノオウセヲ受ケテ、征伐ニオ出デニナリマシタ。スルト途中デ、(5-15)
ナギ立テテ 燃エテ行キマシタ カナワナイデ	ソコノワルモノドモガ、野原ニ火ヲツケテ、尊ヲヤキ殺ソウトシマシタ。尊ハ劍ヲオ拔キニナッテ、草ヲナギ立テテ、コチラカラモ、火ヲオツケニナリマシタ。ソウスルト、火ガアチラノ方エ燃エテ行キマシタノデ、ワルモノドモハ、カナワナイデ、ニゲテシマイマシタ。
オ平ゲナサイマシタ	ソレカラ尊ハ、ダンダンオ進ミニナッテ、ワルモノドモヲ、ノコラズ、オ平ゲナサイマシタ。(5-16)
	練習 一、日本武尊ハ、ドンナニシテ、九州ノワルモノドモヲ御征伐ナサイマシタカ。

アヤマリ	二、**日本武尊**ガ、**東**ノ**方**ノ**國**ノワルモノドモヲ、**御征伐**ニナッタ**時**ノコトヲ、**文**ニオ**作**リナサイ。 三、**次**ノ**文**ニアヤマリガアルナラバ、オ**直**シナサイ。 **尊**ハワルモノドモヲ**御征伐**シマシタ。 **尊**ハ**海**ヲオ**渡**リマシタ。 アナタハ**御勉強**シマシタカ。 四、**次**ノコトバヲオ**讀**ミナサイ。(5-17) **天皇**。 **皇子**。 **皇室**。 **武勇**。 **賊**。 **劍**。 **九州**。 **少女**。

第五課、雲雀(ヒバリ)

雲雀
カヾヤイテ
居マス
ソヨソヨト
麥畑
姿
段々
何時

空ガ晴レ渡ッテ、日ガカヾヤイテ居マス。暖カイ風ガ、ソヨソヨト吹イテ來マス。

今、兄ト弟トガ、麥畑ノソバニ立ッテ、話ヲシテ居マス。(5-18)

弟　「ニイサン、空デ鳥ガサエズッテ居ル樣デスガ、姿ハ見エマセン。アレハ何デショウカ。」

兄　「アレハ雲雀デス。ゴランナサイ、今、アソコカラモ、一羽上リマス。サエズリナガラ、段々、高く上ルデショウ。」(5-19)

弟　「アヽ、モウ見エナクナッテ、シマイマシタ。雲雀ハ、何時マデ

	モ、アンナニシテ、サエズッテ居マスカ。」
	兄　「ソウデハアリマセン。サエズルダケ、サエズルト、マタ下リテ來マス。下リルノハ、マコトニ早クテ、落チル樣ニ見エマス。」
何處	弟　「雲雀ハ何處ニ巢ヲ作リマスカ。」(5-20)
直グ	兄　「野原ヤ麥畑ナドニ、巢ヲ作リマス。ソウシテ、空カラ下リル時ニハ、決シテ巢ノアル所ニハ下リマセン。ケレドモ上ル時ニハ、巢カラ直グ飛ビ立チマス。」
殘ッテ居マス	弟　「雲雀ノ子ハ、親鳥ガ空エ上ッテモ、巢ノ中ニ殘ッテ居マスカ。」
弱イ	兄　「ソウデス。雲雀ノ子ハ、マダ羽ガ弱イカラ、空エ上ルコトハデキマセン。親鳥ガ歸ッテ來ナイ時ハ、ドンナニカ、待ッテ居ルコトデシヨウ。」(5-21)

練習

一、此ノ日ハドンナ天氣デシタカ。ソレヲ文ニオ作リナサイ。

二、雲雀ハ、ドンナニシテ、サエズッテ居マスカ。

三、雲雀ハ何處ニ巣ヲ作リマスカ。

四、此ノ地方ニスンデ居ル鳥ノ名ヲ、知ッテ居ルダケ、イッテゴランナサイ。 (5-22)

第六課、茶ト桑

桑 タケ	木ノ葉ノ中デ、大層、役ニ立ツモノハ、茶ノ葉ト桑ノ葉トデス。茶ノ葉デハ茶ヲコシラエ、桑ノ葉デハ蠶ヲカイマス。  茶ノ木ハ、暖カイ土地ニソダツモノデ、内地ヤ臺灣ニハ、大層ヨクデキマス。木ノタケハ、アマリ高クアリマセンガ、葉ハヨクシゲッテ、枝ガ見エナイホドニナリマス。(5-23) 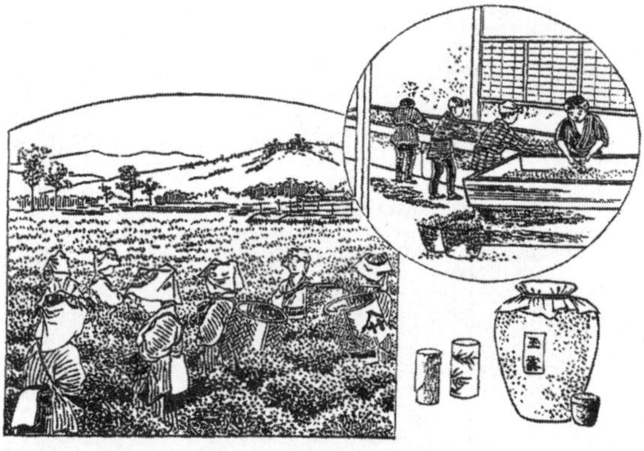

芽 ツミ取ッテ ムシテ モンデカラ カワカス センジテ 路 傍 ヘリ 宅地	春、新シイ芽ガ出タ時、ツミ取ッテ、コレヲムシテ、手デモンデカラ、カワカスト、茶ニナリマス。ソレヲセンジテ、飲ムノデス。 桑ノ木ハ、路ノ傍ヤ畑ノヘリヤ、宅地ノスミナドニ植エテモ、(5-24)
	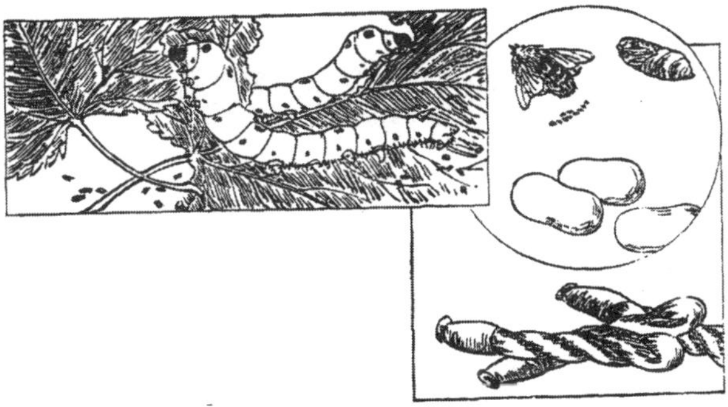
桑畑 キザンデ食 ワセ ヤ、 マ、 與エマス	ソダチマスガ、タクサン蠶ヲカウニハ、桑畑ヲコシラエナケレバナリマセン。蠶ガマダ小サイ時ニハ、桑ノ葉ヲキザンデ食ワセ、ヤヽ大キクナレバ、一枚ノマヽデ與エマス。大キイ蠶ガ、一ショニ、桑ノ葉ヲ食ウ時ハ、チョウド、雨ノ降ル様ナ音ガシマス。(5-25)

繭 生絲 養蠶 輸出シマス 適シテ居マス	**蠶**ノ**繭**カラハ、**生絲**ガ**取**レマス。**內地**デハ**養蠶**ガ**盛**ンデ、**外國**エモ、タクサン**生絲**ヲ輸**出**シマス。**朝鮮**デハ、マダ**養蠶**ガ**盛**ンデアリマセンケレドモ、コレカラ、**段々**、**盛**ンニナルデショウ。**朝鮮**ノ**土地**・**氣候**ハ、**桑**ニモ**養蠶**ニモ、ヨク**適**シテ**居**マス。 **練習** 一、**茶**ノ**木**ハ**何處**ニヨクデキマスカ。 二、**茶**ノ**木**ハドンナモノデスカ。 三、**茶**ハドウシテコシラエマスカ。ソレヲ**文**ニオ**作**リナサイ。(5-26) 四、**桑**ノ**木**ハ**何處**ニ**植**エマスカ。 五、**桑**ノ**葉**ハドウシテ**蠶**ニ**食**ワセマスカ。 六、**內地**ノ**養蠶**ノコトヲオ**話**シナサイ。 七、**朝鮮**ノ**養蠶**ノコトヲオ**話**シナサイ。 八、**次**ノコトバヲ**本字**デオ**書**キナサイ。 カイコ。　マユ。　キイト。 タイワン。　チョウセン。

第七課、生物と無生物

生物	**獸**・**鳥**・**魚**・**蟲**などを**動物**といいます。(5-27)
無生物	すべて**動物**は**心**があって、**自由**に**動**くこと
動物	のできるものです。**魚**や**蟲**の**樣**なものは、
自**由**に	**下等**な**動物**ですが、それでもいくらか、**心**
下等な	のはたらきがあります。
いくらか	
	獸や**鳥**になりますと、ずいぶん**智慧**のある
數えられます	ものもあります。**人**も**動物**の**中**に**數**えられ
萬物	ますけれども、**他**の**動物**とはちがって、**心**
	のはたらきがかくべつすぐれて**居**て、**萬物**
長	の**長**であります。(5-28)

(5-29)

植物	**草**や**木**などは**植物**で、**動物**の**樣**に、**心**がありません。**又**、**自由**に**動**くこともできないものです。
之	**動物**と**植物**とは、**生**きて**居**るものですから、**之**を**生物**といいます。
鑛物	**金**・**石**・**土**・**水**などは、すべて**鑛物**であります。**鑛物**は**動植物**とちがって、**生**きて**居**ないものですから、**之**を**無生物**といいます。
世界 動物界 植物界 鑛物界	それですから**世界**の**萬物**は、**生物**と**無生物**(5-30)とに**分**けることもでき、**又**、**動物界**・**植物界**・**鑛物界**の**三**つに**分**けることもできるのです。 **練習** 一、**動物**とはどんなものですか。 二、**植物**とはどんなものですか。 三、**世界**の**萬物**は、どう**分**けることができますか。それを**文**にお**作**りなさい。 四、**知**って**居**るだけ、**鑛物**の**名**をあげてごらんなさい。 五、**次**の**本字**に**假名**をおつけなさい。 **動物**。 **荷物**。 **品物**。 **萬物**。 **萬年**。 (5-31)

第八課、少女の答

いなか 果物 更に	昔、或る國の王様が、國內をおめぐりになって、いなかの學校え、お出でになりました。王様は生徒がよくできるのをごらんになって、大層お喜びになりました。そうして机の上にある果物をお取りになって、 「これは何界のものであるか。」 と、生徒にお問いになりました。 すると一人の少女が直ぐに (5-32) 「それは植物界のものでございます。」 と、お答え申し上げました。 王様は、更に、一つの金貨をお出しになって、 「それなら、これは何界のものであるか。」 と、おたずねになりました。 其の少女はまた 「それは鑛物界のものでございます。」 と、お答え申し上げました。 そこで王様は (5-33)

然らば	「然らば、我は何界のものであるか。」
	と、お問いになりました。
	王様は、心の中で、きっと「動物界のもの。」
	というであろうと、思っておいでになった
	のです。
	けれども少女はお答をいたしません。王様
失禮	を動物界のものと申し上げては、失禮であ
	ると考えたから、何とお答え申し上げてよ
	いか、分らなかったのです。(5-34)
向って	そこで王様は少女に向って
	「こんどは分らぬか。」
やさしく	と、やさしく、おっしゃいました。
	少女は王様のお顔を見上げて、
天界	「陛下は天界のお方でいらっしゃいます。」
	と、お答え申し上げました。
おぼえず 進み寄って	王様はおぼえず進み寄って、少女の頭をお
おなでになって 賢い	なでになって、其の賢いことを深く感心な
	さいました。(5-35)

練習

一、**王樣**が**學校**えお出でになって、お**喜**びになったわけをお**話**しなさい。

二、**王樣**は、初に、**何**とお**問**いになりましたか。**少女**は**何**とお**答**え**申**し**上**げましたか。

三、**次**に、**王樣**は**何**とお**問**いになりましたか。**少女**は**何**とお**答**え**申**し**上**げましたか。

四、**終**りに、**王樣**は**何**とお**問**いになりましたか。**少女**は**何**とお**答**え**申**し**上**げましたか。

五、**王樣**が**少女**の**答**に**感心**されたわけを**文**にお**作**りなさい。(5-36)

第九課、織物

呉服屋 並べてあります	**呉服屋**に、**色々**な**織物**が、たくさん、並べてあります。

木綿織 **麻織** **絹織** 毛織 じょうぶ 直段 やすい 麻絲	**木綿織**も、**麻織**も、**絹織**も、**毛織**もあります。**木綿織**は**木綿絲**で**織**ったものでございます。じょうぶで、**直段**がやすいから、**多**く**着物**などにこしらえます。(5-37) **麻織**は**麻絲**で**織**ったものでございます。**軽**くて**涼**しいから、**夏**の**着物**には、かくべつ、よろしうございます。

	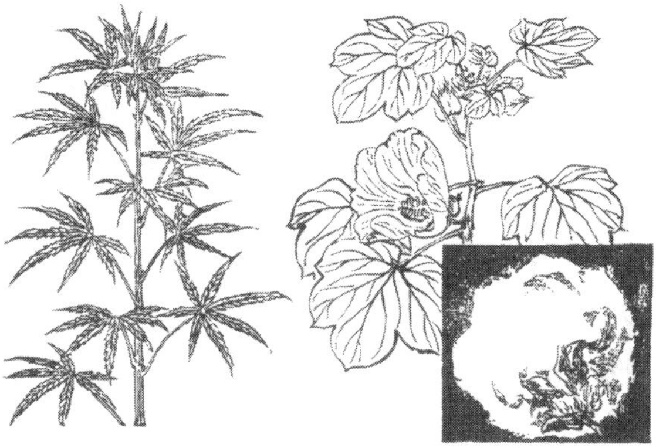
絹絲	**絹織**は**絹絲**で**織**ったものでございます。**美**しくて、**軟**らかですから、(5-38)
上等な	**多**く**上等**な**着物**などにこしらえます。けれども**直段**は**高**うございます。

羊 洋服 大抵	毛織は多く羊の毛で織ったものでございます。洋服は、大抵、これでこしらえます。
	冬になると、我々は綿入を着ます。(5-39)
こらえられません	綿入でなければ、寒くてこらえられません。
眞綿	着物に入れる綿には、木綿の綿と、絹の綿とがあります。絹の綿は之を眞綿(まわた)といいます。眞綿は軽くて暖かいけれども、直段が高うございます。
	練習
	一、木綿織のことをお話しなさい。 二、麻織のことをお話しなさい。 三、絹織のことをお話しなさい。 四、毛織のことをお話しなさい。(5-40) 五、織物は何でこしらえますか。それを文にお作りなさい。 六、綿のことをお話しなさい。

第十課、道ブシン

道ブシン	ゴランナサイ、**人**ガ**大勢**ハタライテ**居**マス。
道バタ ヤブ 刈リ**拂**ッテ 居ル **掘**リ取ッテ 居ル クボンダ ナラシテ居マス **砂**利	**道**バタノヤブヲ**刈**リ**拂**ッテ**居**ル**人**モアリマス。**道**ノ**石**ヲ**掘**リ**取**ッテ**居**ル**人**モアリマス。**一人**ハ、クボンダ**所**ニ、**土**ヲウズメテ**居**マス。**又**、**一人**ハソコヲナラシテ**居**マス。(5-41) アチラカラ**砂利**(ジャリ)ヲ**運**ンデ**來**ル**人**モアリマス。

通行 不便	コレハ**道**ブシンヲシテ**居**ル**所**デス。 **道**ガワルクテ、**通行**ニ**不便**デスカラ、(5-42)

村	**村**ノ**人々**ガ**皆出**テ、コンナニ**道**ブシンヲスルノデス。**此**ノ**村**デハ、**人**ガ**皆道**ブシンニ**出**ルノニ、**自分**バカリ**出**ナイデ、**遊**ンデ**居**ルモノハアリマセン。**又**、**人**ガ**道**ブシンニ**出**テ、**精出**シテ**働**クノニ、**自分**バカリ**煙草**ナドヲノンデ、**休**ンデ**居**ルモノモアリマセン。
精出シテ **働**ク 煙草	
	此ノ**人**タチハ、**何**デモ**村**ノタメニナルコトニハ、**力**ヲアワセテ**働**キマス。**先日**モ**皆**ガ(5-43)**村**ノ**山**エ**行**ッテ、**木**ヲ**植**エマシタ。
<u>マスマス</u> **繁昌**スル	**此**ノ**村**ハ、<u>マスマス</u>、**繁昌**スルデショウ。
	練習
	一、**人々**ガドンナコトヲシテ、**働**イテ**居**マスカ。
心ガケ	二、**此**ノ**人**タチノ**心**ガケノヨイコトヲオ**話**シナサイ。
	三、「イクラカ」「**手早**ク」「**精出**シテ」ヲ**用**イテ、**三**ツノ**短**イ**文**ヲオ**作**リナサイ。

第十一課、應神天皇(オウジンテンノウ)

應神天皇 御孫 國威 及ビマシタ 御政治 安ラカニ	應神天皇ハ日本武尊ノ御孫デゴザイマス。(5-44)天皇ノ御代ニ、我ガ國ハ大層盛ンニナリマシテ、國威ガ遠クマデ及ビマシタ。ソウシテ御政治ガヨロシクテ、人民ハ安ラカニ暮シテ居マシタ。
高麗 百濟 任那 移ッテ行ッタ 時トシテハ 次第ニ	其ノ頃朝鮮ハ高麗(コマ)・百濟(クダラ)・新羅・任那(ミマナ)ナドニ、分レテ居マシタガ、內地エ移ッテ行ッタ人ガ、ヨホドタクサンアリマシタ。時トシテハ、一度ニ、何千人モ移ッテ行ッタコトガアリマス。ソウシテ內地デハ、ソレゾレ土地ヲイタヾイテ、(5-45)方々ニ住ンデ、其ノ子孫ガ次第ニ繁昌シマシタ。
王仁 學者 論語 千字文 ケンジョウシマシタ 學問	中ニモ百濟カラ行ッタ王仁(ワニ)トイウ學者ハ、論語ヤ千字文ヲケンジョウシマシタ。ソウシテ皇子ニ、學問ヲオ敎エ申シ上ゲマシタ。

朝廷 ツカエテ 記錄 ツカサドル	其ノ子孫ハ、代々、朝廷ニツカエテ、記錄ヲツカサドル役ニナリマシタ。 **練習** 一、應神天皇ノ御コトヲオ話シナサイ。(5-46) 二、朝鮮ノ人ガ內地エ移ッタコトヲオ話シナサイ。 三、王仁ノコトヲ文ニオ作リナサイ。 四、次ノ本字ニ、假名ヲオツケナサイ。 論語。 學問。 繁昌。 朝廷。 記錄。 五、次ノコトバヲ用イテ、四ツノ短イ文ヲオ作リナサイ。 (イ)引キツレテ來マシタ。 (ロ)引キツレラレテ來マシタ。 (ハ)シカッテ居マス。 (ニ)シカラレテ居マス。(5-47)

第十二課、コウモリ

コウモリ ケンカ	昔、鳥ノ仲間ト、獸ノ仲間トガ、ケンカヲシタ時、コウモリハ 「私ハ、鳥デモ、獸デモナイカラ。」 トイッテ、ドチラニモ、ツキマセンデシタ。

勝チソウニ 餓カニ 鼠	其ノ中ニ、獸ガ勝チソウニナッタノヲ見テ、餓カニ 「私ハカラダガ鼠ニ似テ居ルカラ、(5-48) 獸ノ仲間ダ。」
味方 シバラク 負ケソウニ	トイッテ、獸ノ味方ニナリマシタ。 シバラクタツト、獸ガ負ケソウニナッタノデ、今度ハ

勝負ガツカナイ 仲ナオリ	「**私**ハ**羽**ガアルカラ、**鳥**ノ**仲間**ダ。」 トイッテ、**鳥**ノ**方**ニツキマシタ。 **何時**マデタッテモ、**勝負**ガツカナイカラ、 **兩方**ガ**仲**ナオリヲシマシタ。 **其**ノ**時**、コウモリガ**獸**ノ**方**エ**行**クト、(5-49) 「オ**前**ハ**鳥**デハナイカ。」 トイッテ、**仲間**ニ**入**レテクレマセン。 **又**、**鳥**ノ**方**エ**行**クト、 「オ**前**ハ**獸**ノ**仲間**ダロウ。」 トイッテ、**相手**ニシテクレマセン。
相手 **仕**方ナシニ ウロ カクレテ居テ	コレカラコウモリハ、**仕方**ナシニ、**晝**ノ**間**ハ、**木**ノウロヤ、**穴**ノ**中**ニカクレテ**居**テ、**夜**ニナルト**出**テ、**空**ヲ**飛**ビアルク**樣**ニナッタトイウ**話**デス。(5-50) **練習** **一**、**次**ノ**問**ニオ**答**エナサイ。

コウモリハ、ナゼ初ハ、ドチラニモ、ツカナカッタノデスカ。

コウモリハ、ナゼ**獸**ノ**方**ニツキマシタカ。

コウモリハ、**又**、ナゼ**鳥**ノ**方**ニツキマシタカ。

此ノ**話**ハ、ホントウニ、アッタコトデショウカ。

二、**後**ニ、**獸**モ**鳥**モ、コウモリヲ**仲間**ニ**入**レナカッタノハ、ドウイウワケデスカ。ソレヲ**文**ニオ**作**リナサイ。(5-51)

第十三課、琵琶湖(びわこ)

琵琶湖	**下關**から**東京**え、**汽車**で**行**く**時**は、**琵琶湖**の**東**を**通**ります。

琵琶	**琵琶湖**は**日本第一**の**大**きな**湖**で、**其**の**形**が**琵琶**に**似**て**居**ますから、(5-52)

名づけた
凡そ
甚だ
沿岸
漁業
北部
古い
こんもりと
生えて居て
かげをうつして
帆掛船
たえず
往き來して
居ます
枝ぶり

そう名づけたということです。

まわりが凡そ六十里もあって、船がよく通って、甚だ便利ですから、沿岸には町や村が少なくありません。

又、湖の中には、魚がたくさん居ますから、漁業も盛んです。

北部の廣い所にある島には、古い木がこんもりと生えて居て、景色が大層よろしうございます。南部のせまい所には、高い山々がかげをうつして、(5-53)

帆掛船が、たえずあちらこちらえ、往き來して居ます。岸には枝ぶりの面白い松もあります。

ながめる まるで **繪**	**湖**から**流れ出る川**の**口**に、**長い橋**がかけてありますが、**此**の**橋**から**湖**のあたりの**景色**をながめると、まるで**繪**を**見る樣**です。(5-54) **練習** 一、**次**の**間**にお**答**えなさい。 　**日本第一**の**大**きな**湖**の**名**を**何**といいますか。 　**其**のまわりは**何里**ありますか。 　**其**のあたりの**景色**はどんなですか。
交通	二、**琵琶湖**の**交通**や**漁業**のことを**文**にお**作**りなさい。 三、**次**の**文**にあやまりがあるならば、それをお**直**しなさい。 　あの**松**は、**大層**、**枝**ぶりが**面白**いでありま す。 　**誰**でも**琵琶湖**は**景色**がよろしいだといいます。(5-55) 　**濱**から**遠い所**は、**水**が**段々深**いになります。

第十四課、さいほうとせんたく

縫って居ます 昨日 仕立てて居る **娘** 縫物 **稽**古 **裁**縫	**母**が**着物**を**縫**って**居**ます。これは、**昨日**、**呉服屋**から、**買**って**來**た**反物**を、**着物**に**仕立**てて**居**るのです。 **娘**も**母**のそばで、**縫物**の**稽古**をして**居**ます。**娘**は、**此**のあいだから、**學校**で**裁縫**を**習**い**始**めました。(5-56) **母**は、**時々**、**娘**の**方**に**向**いて、**縫**い**方**を**教**えます。**娘**は**母**の**教**えてくれることに、よく**氣**を**付**けます。
付けます	

洗濯してやりましょう	母は「此の着物ができ上ったら、お前の着物を洗濯してやりましょう。」といいました。 娘は喜んで「おかあさん、ありがとうございます。(5-57) 私もおてつだいをいたします。」といいました。 裁縫と洗濯とは、女の大切な仕事ですから、子供の時から、よく習わなければなりません。 練習 一、母と娘とは何をして居ますか。 二、母と何といいましたか。又、娘は何といいましたか。 三、次のことばを本字でお書きなさい。(5-58) ごふくや。たんもの。さいほう。けいこ。 せんたく。　はり。　はりばこ。
はりばこ	

第十五課、ハカリ

ハカリ **衡**	**物**ノ**重**サヲハカルニハ、**衡**ヲ**用**イマス。 **衡**ニハ**色々**ナノガアリマスガ、ドレデハカッテモ、**同**ジ**物**ノ**重**サハチガイマセン。
大人 體 十四五**貫**目 **以**上	**大人**ノ**體**ノ**重**サハ、**大抵**、**十四五貫目**デスガ、**中**ニハ**十二三貫目**ノ**人**モ、**十六七貫目以上**ノ**人**モアリマス。(5-59)
	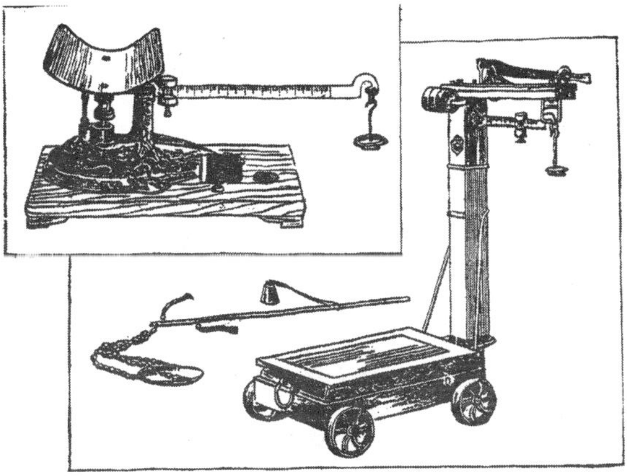
	子供ハ**五六貫目**カラ**八九貫目位**デス。 **重**サヲハカルニハ、**貫**ヲモトトシマス。ソウシテ**貫**ノ**千分**ノ一ヲ**一匁**トイイマス。(5-60)
一匁	

	一匁ノ十倍ハ十匁デ、十匁ノ十倍ハ百匁、百匁ノ十倍ハ一貫デス。
一分 一厘 何斤	ソレカラ一匁ノ十分ノ一ハ一分デ、一分ノ十分ノ一ハ一厘デス。 又、重サヲハカルニ、何斤トイウコトガアリマス。一斤ハ、ハカル物ニヨッテ、チガイマスガ、多クハ百六十匁デス。
	練習
	一、物ノ長サヤ、カサヤ、重サハ、何デハカリマスカ。(5-61) 二、皆サン、自分ノ體ノ重サヲ知ッテ居マスカ。 三、次ノ問ニオ答エナサイ。 一厘ハ一匁ノ何分ノ一デスカ。 一貫ハ一匁ノ何倍デスカ。 四、次ノ□ノ所ニ、字ヲオ入レナサイ。 クジラ尺ノ八寸ハ、カネ尺ノ□□ニアタリマス。 一斤ハ多ク□□□□デス。

第十六課、象ノ重サヲハカッタ子供

象	**象**ハヒジョウニ**大**キナ**獸**デス。コレハ、(5-62)
産シマセン 動物**園**	**我**ガ**國**ニモ、**支那**ニモ、**産**シマセン。**動物** **園**ナドニ**居**ルノハ、ホカノ**國**カラツレテ**來** タノデス。
珍ラシク 王子	**昔**、**支那**エ**大**キナ**象**ヲツレテ**來**タ**時**、**人々** ガ**大層珍**ラシク**思**イマシタ。**國王**ハソレヲ **庭**エ**引**キ**出**サセ、**王子**ヤ**臣下**ヲ**集**メテ、「**誰** カ**此**ノ**象**ノ**重**サヲハカルコトガデキルカ。」 トイイマシタ。
衡ニカケル	コンナニ**大**キナ**物**ハ、トテモ**衡**ニカケルコ トガデキマセンカラ、(5-63) ドウシテハカッタラヨイカ、**誰**モ**分**リマセ ンデシタ。
驚イテ居マシタ	**其**ノ**時**、**王子**ガ「**私**ガハカッテミマショウ。」 トイイマシタ。**此**ノ**王子**ハマダ**子供**デシタ カラ、**國王**モ、ホカノ**人**タチモ、**皆驚**イテ **居**マシタ。

	スルト王子ハ、ソバノ人ニイイツケテ、庭
泉水	ノ泉水ニ船ヲ浮ベサセテ、ソレニ象ヲ乗ラ
浮ベサセテ	セマシタ。(5-64)

フシンニ	ドウスルノダロウト、皆ガフシンニ思ッテ、
重ミ	見テ居マスト、ヤガテ王子ハ、象ノ重ミデ、
ツカッタ	船ノ水ニツカッタ所ニ、シルシヲツケテ、象
	ヲ陸ニ上ゲサセマシタ。ソウシテ今度ハ、船
沈ム	ガチョウド前ノシルシノ所エ沈ムマデ、(5-65)
	石ヲタクサン積マセマシタ。ソレカラ其ノ石
	ヲオロサセテ、一々衡ニカケテ、ハカラセマ
總高	シタ。ソウシテ其ノ總高ヲシラベサセテ、紙
	ニ何百何十何貫何百何十何匁ト書キマシタ。

王子ハソレヲ**國王**ニサシアゲテ、「コレガアノ**象**ノ**重**サデゴザイマス。」ト**申**シマシタ。**國王**モ**臣下**モ、**大層感心**シタトイウコトデス。

(5-66)

練習

一、**王**ハ**大**キナ**象**ヲ**見**テ、**何**トイイマシタカ。

　　又、**王子**ハ**何**トイイマシタカ。

二、**王子**ハ、ドンナニシテ、**象**ノ**重**サヲハカリマシタカ。ソレヲ**文**ニオ**作**リナサイ。

三、**次**ノ**文**ノ**意味**ノチガイヲオ**話**シナサイ。

　　(イ)**象**ガ**陸**エ**上**リマシタ。

　　(ロ)**象**ガ**陸**エ**上**ゲラレマシタ。

　　(ハ)**私**ハ**象**ヲ**陸**エ**上**ゲマシタ。

　　(ニ)**私**ハ**象**ヲ**陸**エ**上**ゲサセマシタ。(5-67)

第十七課、胡瓜(キウリ)ノ花

胡瓜 **若**イ **肥**料 手入 ツル ゲンキヨク **實**	**或**ル**若**イ**男**ガ、**胡瓜**ノ**苗**ヲ**植**エマシタ。**肥料**ヲヤッタリ、**草**ヲ**取**ッタリシテ、ヨク**手入**ヲシマシタカラ、**太**イツルガ、ゲンキヨク、ハビコッテ、**花**ガタクサン**咲**キマシタ。**此**ノ**男**ハ**大層喜**ンデ、**瓜**ガドノ**位**ナルカト**思**ッテ、**花**ノ**數**ヲカンジョウシテ**置**キマシタ。トコロガ**其**ノ**花**ノ**中**デ、半**分以上**ハ**落**チテシマッテ、**實**ガナリマセンデシタ。(5-68)  ヨクヨク**見**ルト、**胡瓜**ニハ、**實**ノナル**花**ト、ナラナイ**花**トガアッテ、**初**カラチガッテ**居**ルコトガ**分**リマシタ。

翌年	**翌年**ニナッテ、**此**ノ**男**ガマタ**瓜**ヲ**作**リマシタガ、**今度**ハ**實**ノナラナイ**花**ヲツケテ**置**クノハ、**無**益ダト**思**ッテ、ソレヲ**皆取**リ**去**ッテシマイマシタ。(5-69)
無益ダ	
取リ去ッテシマイマシタ	
	ソウスルト、**實**ノナル**花**ニモ、**瓜**ガ一ツモナリマセンデシタ。
雌花	**實**ノナル**花**ハ**雌花**トイイ、**實**ノナラナイ**花**ハ**雄花**トイイマス。**雄花**ガナケレバ、**雌花**ニモ**實**ガナリマセン。**胡瓜**ヤ、マクワ**瓜**ヤ、**西瓜**ナドハ、**同**ジ**種類**デアッテ、**皆一**ツノツルニ、**此**ノ**二種**ノ**花**ガ**咲**キマス。
雄花	
西瓜	
種類	
	此ノ**男**ハ、ソレヲ**知**ラナカッタカラ、コンナマチガッタコトヲシタノデス。(5-70)
マチガッタ	
	練習
	一、**若**イ**男**ガ**苗**ヲ**植**エタラ、ドンナニナリマシタカ。
	二、**若**イ**男**ハ、ナゼ、**瓜**ノ**花**ヲカンジョウシタノデスカ。

三、瓜ハナゼ花ノ數ホド、タクサン、ナラナカッタノデスカ。

四、次ノ年ニハ、ナゼ瓜ガ一ツモナラナカッタノデスカ。ソレヲ文ニオ作リナサイ。

五、次ノコトバノ○ノツイテ居ル所ヲ、本字ニオ直シナサイ。

ウリ。　ツメ。　クルシイ。　ワカイ。

(5-71)

第十八課、東京

東京は**天皇陛下**のおいでになる**所**で、**我**が**國**の**首府**です。**人口**は**凡**そ**二百萬**あります。**宮城**のほかに、**役所**・**學校**・**會社**・**工場**・**商店**など、**大**きな**建物**がたくさんあります。**市内**には、**大抵**、**何處**にでも、**電車**が**通**じて**居**て、**交通**はきわめて**便利**です。**日本橋通**(ニホンバシドウリ)や**銀座通**(ギンザドウリ)などは、**大層**にぎやかな**場所**で、(5-72)

首府
人口
會社
工場
商店
建物
市内
電車
きわめて
日本橋通
銀**座**通
場所

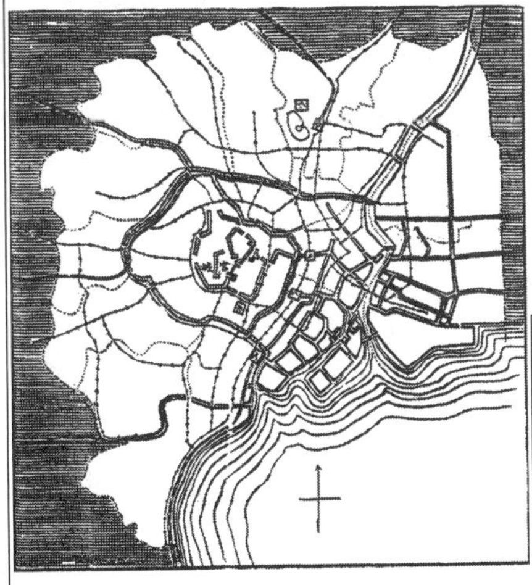

イ 新橋停車場
ロ 上野停車場
ハ 京橋
ニ 日本橋
ホ 日比谷公園
ヘ 上野公園

人力車 馬車 自轉車 自動車 はげしく 電信 電話 線 電燈 瓦斯燈	電車・人力車・馬車・自轉車・自動車などが、はげしく往來します。又、電信や電話の線は、(5-73) くもの巣の樣です。夜になると、電燈や瓦斯燈などがたくさんついて、まるで晝の樣です。 
上野 日比谷 淺草 芝 公園 いずれも	上野(うえの)・日比谷(ひゞや)・淺草(あさくさ)・芝(しば)などには、公園があります。(5-74) いずれも景色がよくて、遊びに行く人がたえません。
圖書館 博物館 植物園	又、市内には、圖書館・博物館・動物園・植

知**識** **鐵**道 **各**地 新橋 **横**濱	**物園**などがあって、**人**の**知識**を**進**める**様**になって**居**ます。**東京**からは、**鐵道**が**各地**に**通**じて**居**ますから、**何處**え**往來**するにも**便利**です。**朝鮮**から、**汽船**で**下關**え**渡**って、そこから**汽車**に**乘**って**行**くと、**新橋**の**停車場**に**着**きます。(5-75) **横濱**は**東京**の**近**くにあります。**大層良**い**港**で、**人口**が**多**く、**町**がにぎやかで、**外國人**もたくさん**來**て**居**ます。そうして**汽船**が、**外國**えも、たえず**往來**します。 **練習** 一、**次**の**問**にお**答**えなさい。 　　**東京**の**人口**はどれほどありますか。 　　**東京**には、どんな**建物**がありますか。 　　**東京**の**交通**はどんなですか。 　　**横濱**はどんな**港**ですか。(5-76)

	二、東京で、にぎやかな所や、景色のよい所は何處ですか。それを文にお作りなさい。 三、東京には、人の知識を進めるために、どんなものがありますか。 四、次の本字に假名をおつけなさい。 東京。　宮城。　首府。　商店。　人力車。 荷車。　電車。
注意	五、次の字の形のちがいに注意しなさい。 雷、電。　博、轉。　商、適。　公、船。 (5-77)

第十九課、はがき

はがき 郵便集配人	**貞童**のうちに、**郵便集配人**が**來**て、「**郵便**」といって、**一枚**の**葉書**を**渡**して**行**きました。

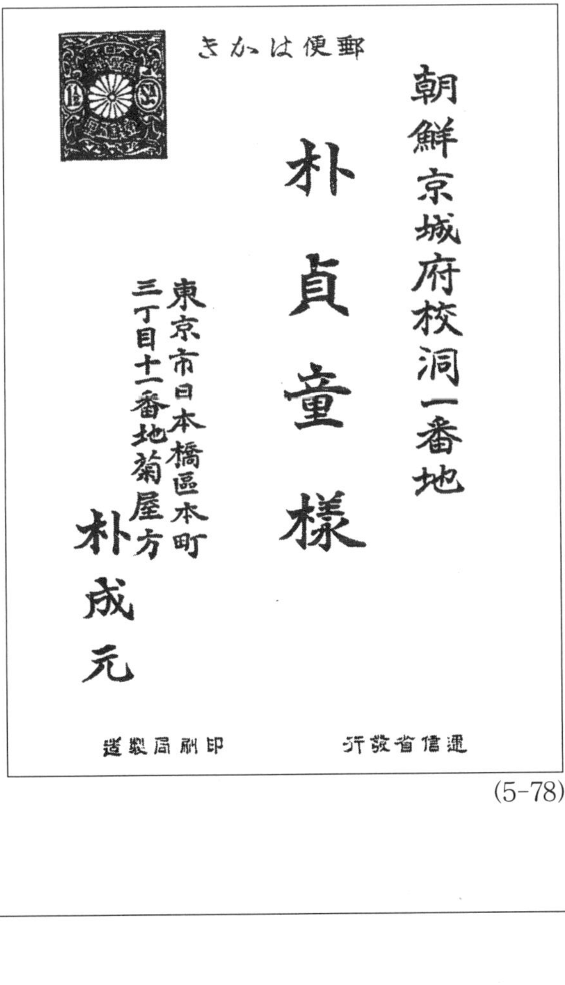

(5-78)

受取って **表** 一**週**間 **朴**成元	**貞童**がそれを**受取**って、**其**の**表**を**見**ると、**一週間**ほど**前**に、**東京**え**出立**した**兄**の**朴成元**から、**來**たのです。
裏	**其**の**葉書**の**裏**には、**次**の**様**に**書**いてありました。
連絡船 直行 **只**今	**私**は、**出立**の**日**、**釜山**に**着**いて、**其**の**夜**、**連絡船**に**乘**って、**翌朝**、**下關**え**着**きました。それから**直行**の**汽車**に**乘**って、**只今**、**東京**え**着**きました。(5-79)
よろしく くわしい おいおい	おとうさんにも、おかあさんにも、よろしく**申**し**上**げて**下**さい。まだ**着**いたばかりで、**何**も**分**りませんから、くわしいことは、**後**から、おいおい**知**らせます。 **七月八日**
なつかしそうに くりかえして 返事	**貞童**は、なつかしそうに、くりかえして、**讀**んでみて、**其**の**意味**を**兩親**にも**話**しました。そうして**直**ぐ**郵便局**から、**葉書**を**買**って**來**て、**返事**を**書**きました。(5-80)

拜見いたしました おたより	にいさん、おはがき、ありがたく**拜見**いたしました。**御無事**で**東京**えお**着**きになって、おめでとうございます。おとうさんも、おかあさんも、**喜**んでいらっしゃいます。**次**のおたよりには、**東京**のことを、くわしく**知**らせて**下**さい。**待**って**居**ます。 **七月十一日** (5-81) **貞童**は、**葉書**の**表**に、どう**書**くでしょう。**皆**さん、それを**書**いてごらんなさい。 **練習** 一、はがきの**表**と**裏**とには、**何**を**書**きますか。 二、はがきは**一枚何錢**ですか。 三、**紙**をはがきの**大**きさにして、**皆**さんの**友**だちの**所**え**送**る**樣**に、**其**の**表**に**書**いてごらんなさい。

第二十課、今上天皇陛下

	今上天皇陛下ハ、神武天皇カラ、第百二十二代目ノ御方デゴザイマス。(5-82)
	明治天皇ノ皇子デイラセラレマシテ、明治十二年八月三十一日ニ、御生レニナリマシタ。
御踐祚 年號 大正 御定メニナリマシタ 御孝心 厚ク 御ナゲキアソバサレ 御大葬	御年三十四デ御踐祚(ゴセンソ)アソバサレ、年號ヲ大正ト御定メニナリマシタ。 大ソウ御孝心ガ厚クイラセラレテ、御父君明治天皇ノオカクレニナリマシタ時ニハ、深ク御ナゲキアソバサレ、御大葬ノコトナドモ、カクベツ御心ヲオ用イニナリマシタ。(5-83)
救ウ 全國 政府 ウケタマワリマシテ 御下賜金 關東州	御大葬ノ日ニハ、困ッテ居ル人民ヲ救ウタメニ、金百萬圓ヲ全國ニ下サレマシタ。政府ハオウセヲウケタマワリマシテ、此ノ御下賜金ヲ内地・朝鮮・臺灣・樺太及ビ關東州ニ分ケマシタ。
罪人 オユルシニナリマシタ	又、同ジ日ニ、多クノ罪人ヲオユルシニナリ

涙	マシタガ、**罪人等**ハ、**皆涙**ヲ**流**シテ、**喜**ビマシタ。
	今上天皇陛下ガ、**内地**ノ**人民**モ、**朝鮮・臺灣等**ノ**人民**モ、(5-84)
如ク オボシメシテ 御アワレミ下サル	**皆之**ヲ**子**ノ**如**クニオボシメシテ、**同**ジ**様**ニ**御**アワレミ**下**サルノハ、マコトニ、アリガタイコトデゴザイマス。
	練習
	一、**次**ノ**問**ニオ**答**エナサイ。 **今上天皇陛下**ハ、**神武天皇**カラ、**何代目**ノ**御方**デゴザイマスカ。 イツ**御生**レニナリマシタカ。 オイクツデ、**御踐祚**ニナリマシタカ。 **年號**ヲ**何**ト**御定**メニナリマシタカ。
	二、**今上天皇陛下**ガ、**御大葬**ノ**日**ニ、ナサレタコトヲ**文**ニオ**作**リナサイ。(5-85)
	三、**次**ノコトバノ**意味**ヲオ**話**シナサイ。
皇太子	**皇室**。 **皇太子**。 **皇子**。 **皇女**。 **皇孫**。 **御踐祚**。 **御下賜金**。

第二十一課、孝子萬吉

孝子 萬吉 死ニ**別**レタ サビシク ゴク 貯	**昔**、**伊勢國**ニ、**萬吉**トイウ**子供**ガアリマシタ。**早**ク**父**ニ**死**ニ**別**レタノデ、**母**ト**二人**デ、サビシク**暮**シテ**居**マシタ。 **家**ガゴク**貧乏**デ、**少**シノ**貯**モアリマセン。 (5-86)

ヤット **街**道	**其**ノ**上**、**母**ハ**病氣**デアリマシタ。**萬吉**ハヤット**六歳**デアリマシタガ、**毎日**、**街道**エ**出**テ、

僅カ 賃錢 藥 好キナ	客ノ小サナ荷物ナドヲ持チ運ンデ、僅カノ賃錢ヲモラッテ、ソレデ母ノ飲ム藥ヤ、母ノ好キナ食べ物ヲ買イマシタ。又、夜ハオソクマデ、母ノ體ヲモンダリ、ナデタリシマシタ。(5-87)
若シ サシツカエマス	若シ休ムト、母ノ食べ物ニサシツカエマスカラ、萬吉ハ、一年中、一日モ休ンダコトハアリマセンデシタ。
	オ正月ヤオ祭デ、ホカノ子供ガ美シイ着物ヲ着テ、面白ソウニ遊ンデ居テモ、萬吉ハ、イツモノ樣ニ、働イテ居マシタ。.
者	コンナデアッタカラ、近所ノ者ハ、皆萬吉ノ孝行ヲホメテ居マシタ。
	或ル時、政府ノ役人ガ此ノ地ヲ通ッテ、大層、萬吉ノ孝行ニ感心シテ、(5-88)
立寄リマシタ 慰メテ シアワセダ 事	其ノ家ニ立寄リマシタ。ソウシテ萬吉ノ母ヲ慰メテ、 「オマエハ、ヨイ子ヲ持ッテ、シアワセダ。 決シテ貧乏ヲナゲクニハ及バナイ。後ニハ、キット、ヨイ事ガアルダロウ。」

	トイイマシタ。 ソウシテ**金**ヲ**取**リ**出**シテ、 「コレハ**私**ガヤルノデハナイ。**天**カラ**下**サルノダ。」(5-89) トイッテ、**萬吉**ニヤリマシタ。
位牌	**萬吉**ハ**大層喜**ンデ、**其**ノ**金**ヲ**父**ノ**位牌**(イバイ)ニ**供**エマシタ。
一生	**其**ノ**後**、**政府**デハ**萬吉**ヲホメテ、**金**ヲ**與**エマシタ。ソウシテ**母**ニハ、**一生**ノ**間**、**食**ベラレルダケノ**米**ヲ**與**エマシタ。**世間**ニモ、**金**ヤ**米**ヲオクッテ、**其**ノ**孝行**ヲホメタ者ガタクサンアリマシタ。(5-90) **練習** 一、**萬吉**ノウチハ、ドンナデシタカ。**萬吉**ハ、**毎日**、**何**ヲシテ**居**マシタカ。 二、**萬吉**ハ、ドンナニシテ、**母**ニ**孝行**ヲシマシタカ。ソレヲ**文**ニオ**作**リナサイ。

	三、オ**祭**ノ**日**ナドニハ、**萬吉**ハドウシテ**居**マシタカ。 四、**役人**ハ、**萬吉**ノ**母**ニ、**何**トイイマシタカ。 五、**役人**ガ**萬吉**ニ**金**ヲ**與**エタコトヲオ**話**シナサイ。 六、**政府**ハ、**萬吉**ヤ**母**ニ、ドンナニシテヤリマシタカ。ソレヲ**文**ニオ**作**リナサイ。 七、**萬吉**ノ**話**ヲ**讀**ンデ、**何**ト**思**イマスカ。(5-91)

第二十二課、あさがお

あさがお **鉢**植 **紫** 様々 しぼり しぼんでしまいます **起**きて	**朝顔**の**花**がきれいに**咲**きました。ごらんなさい、**地**から**生**え**出**して**居**るつるに、**咲**いたのもあります。**鉢植**のつるに、**咲**いたのもあります。**白**いのや、**赤**いのや、**紫**のや、**様様**なのが、**交**じって、**居**ます。**又**、しぼりのもあります。 **朝顔**の**花**は、**朝**が**一**ばんきれいで、**晝頃**になれば、しぼんでしまいます。**朝**、**早**く**起**きて、 (5-92) 

	涼しい風に吹かれながら、朝顔の花を見るのは、まことに、心持のよいものです。
種子 施したり 育てます	朝顔は、春の中に種子をまいて、苗をこしらえます。そうして肥料を施したり、水を與えたりして、育てます。(5-93)
手數	鉢に咲かせるには、とりわけ手數がかゝります。
ひま 丹精して 樂しい	朝顔を植えて、仕事のひまに丹精(たんせい)して、美しい花を咲かせるのは、樂しいことです。
おとゝい	毎朝(まいあさ)　毎朝(まいあさ) 咲くあさがおは、 おとゝいきのうと だんだんふえて、(5-94)
今朝	今朝(けさ)はしろ四つ むらさき五つ。

つぼみ あさって	大きなつぼみは あす咲く花か。 ちいさなつぼみは あさって咲くか。 早く咲け咲け、 しぼりや赤も。(5-95) **練習** 一、朝顔には、どんなのがありますか。 二、朝顔の作り方をお話しなさい。 三、朝顔の歌を、そらで、いってごらんなさい。 四、皆さんの好きな花の名をいってごらんなさい。 五、「吹かれながら」「白いのや赤いのや」「肥料を施したり水を與えたり」の様に、「ながら」「のや」「たり」を用いて、三つの短い文をお作りなさい。

第二十三課、仁徳天皇(にんとくてんのう)

仁**徳**天皇 なさけ深い **凶**年 ひどく 高どの 村々 かまど 貧しくて 乏しい **租税**	**仁徳天皇**は**應神天皇**の**皇子**で、(5-96) **大層**なさけ**深い御方**でいらせられました。 **天皇**の**御代**に、**凶年**で、**人民**がひどく**苦**しんだことがありました。**或**る**日**、**天皇**が**高**どのにおのぼりになって、**四方**をごらんになると、**村々**から**立**つかまどの**煙**が**少**ないので、これは**人民**が**貧**しくて、**賁焚**きするものが**乏**しいからであろうと、お**考**えになりました。**天皇**は**深**く**之**をおあわれみあそばされまして、**三年**の**間**、**租税**をおゆるしになりました。(5-97)
けんやく 御**殿** いたんで 御**衣** やぶれる お取りかえになりませんでした	そうして**御自分**には、けんやくをなされて、**御殿**がいたんでも、お**直**しにならず、**御衣**はやぶれるまで、お**取**りかえになりませんでした。

<table>
<tr><td></td><td></td></tr>
<tr><td>豐年
富んで來ました</td><td>其の中に、豐年がつづいて、人民は段々富んで來ました。(5-98)
或る日、また天皇が高どのからごらんになると、今度はどの家からも、煙が盛んに立ちのぼって居ました。</td></tr>
</table>

朕 お言葉	そこで天皇は大層お喜びになって、「朕はもう富んだ。心配はない。」とおうせられました。まことに、ありがたいお言葉ではありませんか。(5-99)
新たに 我も我も 夜を日についで	其の後、何年も立ってから、新たに御殿をおつくりになりましたが、人民は我も我もと集って來て、夜を日についで働きました。それで御殿は直ぐに出來上りました。
堤 築かせて 水害 お防ぎになり 溝 農業 おすゝめになりました めいめい はげみ 治まりました	此の外、又、天皇は川を掘らせ、堤を築かせて、人民のために、水害をお防ぎになり、池や溝をこしらえさせて、人民に農業をおすゝめになりました。それで人民は樂しんで、めいめいの仕事をはげみ、世の中はよく治まりました。(5-100)

練習

一、**仁徳天皇**が**高**どのにおのぼりになって、ごらんになったら、どんなでしたか。

天皇は**何**とお**考**えになりましたか。

天皇はどんなことをなさいましたか。

二、**二度目**に、**高**どのにおのぼりになった**時**は、**何**とおっしゃいましたか。

三、**御殿**をおつくりになる**時**は、どんなでしたか。それを**文**にお**作**りなさい。

四、**其**の**外**、**天皇**は、**人民**のために、どんなことをして**下**さいましたか。(5-101)

第二十四課、水と火

生**活** 飮料 料理したり 身體 **淸**めたり 無くてはならぬ **井**戶 **湧**いて出る	**水**と**火**とは、**人**の**生活**に、**大切**なものです。**水**は**飮料**としても**大切**であるし、**食物**を**料理**したり、**身體**を**淸**めたり、**衣服**を**洗**ったりなどするにも、**無**くてはならぬものです。**井戶**には**水**が**湧**いて**出**るし、**川**には**水**が**流**れて**居**るから、**人**のためには、まことに**仕合**せです。(5-102) 

水道	都會では水道をこしらえて、良い水を使う所
	もあります。水道は川などから水をひいて、
まじり物	まじり物を無くして、それを鐵管や土管
鐵管 土管	で、家々に送るものです。それですから、
	水道の水は、金がかゝって居るので、決し
	てそまつにしてはならぬものです。(5-103)
燒いたり	火は物を煑たり、燒いたりするに、無くて
	はならぬものです。寒い時には、火を焚か
部屋	なければ、部屋を溫めることが出來ませ
溫める	ん。又、夜は明りをつけなければ、物が見
明り	えません。
	此の樣に、火は大切なものでありますけれど
	も鳥や獸は、之を使うことを知りません。火
	を使うことの出來るのは、人ばかりです。
すり合わせて	大昔の人は、木と木とを强くすり合わせて、
	火を出したということであります。(5-104)
	其の頃、火を出すのは、よほど、むずかし
	いことであったろうと思われます。

うち合わせて	それから後に、石と金とをうち合わせて、火を出すことが始って、それがよほど長く行われました。
近頃 マッチ 火打石 火打金	けれども近頃は、マッチという便利な物が出來て、火打石や火打金を使う人は、めったにありません。(5-105)
	練習
	一、水の大切なことをお話しなさい。 二、火の大切なことをお話しなさい。 三、火はどうして出しますか。それを文にお作りなさい。
語	四、「家々」の樣に、同じ語を二つ重ねると、どんな意味になりますか。これに似た例を、知って居るだけ、いってごらんなさい。

第二十五課、炭と油

とぼして	**我**々は**炭**を**焚**いて**火**をおこし、**油**をとぼして、**明**りにします。(5-106)
火鉢	**火鉢**などに**入**れる**炭**は、**木**を**燒**いてこしらえたものです。それだから**木炭**といいます。
木炭 **栗** くぬぎ かし なら 石炭 黑色	**木炭**に**燒**くには、**栗**・くぬぎ・かし・ならなどがよいのです。 **石炭**は**地**から**掘**り**出**したもので、多くは**黑色**です。**大昔**に**生**えて**居**た**植物**が、**長**い
埋まって居て 自然と	**間**、**土**の**中**に**埋**まって**居**て、**自然**と**出來**たものです。(5-107)
種々の **機械**	**石炭**は、**木炭**よりも、**火**の**力**がずっと**強**いから、**汽車**や**汽船**や、**種**々の**機械**などを**動**かすには、**大抵**、**之**を**焚**きます。
菜種	**油**にも**色**々あります。**魚**や**獸**から**取**ったものもあるし、**植物**の**實**から**取**ったものもあります。**昔**は**多**く菜**種**から**油**を**取**って、それをとぼして、**明**りにしたものです。

	けれども**近頃**は、**大抵**、ランプを**用**いて、**石油**を**使**うようになりました。(5-108)

にごって居ます 仕上げる すきとうった	**石油**は**地**を**掘**って、**汲**み**取**ったものです。**汲**み**取**ったまゝのは、にごって**居**ますけれども、よく**仕上**げると、すきとうった**油**になります。(5-109)
	練習
	一、**木炭**はどんなにして、こしらえますか。

	二、木炭は何に用いますか。 三、石炭はどんなにして、出來たものですか。 四、石炭は何に用いますか。 五、油にはどんなものがありますか。 六、石油のことを文にお作りなさい。 七、次の字には、どんな讀み方がありますか。 木。土。金。水。石。 炭。油。船。車。

第二十六課、鹽原多助(シオバラタスケ)

鹽原多**助** **云**ウ 心ダテ 都 奉公シマシタ 常々 **儉約** ハキ棄テタ 古草**履** 拾イ集メテ 主人	**昔**、**鹽原多助**ト**云**ウ**心**ダテノヨイ**男**ガアリマシタ。(5-110) イナカカラ**都**エ**出**テ、**或**ル**炭屋**ニ**奉公**シマシタ。**常々**、**儉約**ヲ**心**ガケテ、**僅**カノ**物**デモ、**決**シテソマツニ、シマセンデシタ。 **人々**ガハキ**棄**テタ**古草履**ナドモ**拾**イ**集**メテ、ハカレル**様**ニ**直**シテ**置**キマシタ。 **或**ル**日**、**急**ニ**草履**ノ**入用**ガ**出來**テ、**主人**ガ**之**ヲ**買**イ**入**レヨウトシマシタ。**其**ノ**時**、**多助**ハタメテ**置**イタ**古草履**ヲタクサン**持**チ**出**シテ、(5-111) 

	「ドウゾ、之ヲオ使イ下サイ。」
言イマシタ	ト言イマシタ。主人モ外ノ人モ、皆多助ノ心ガケノヨイノニ感心シマシタ。
俵 コボレ落チタ クズ 數百俵	多助ハ、又、毎日、俵カラコボレ落チタ(5-112)炭ノクズヲハキ集メテ、タメテ置キマシタ。久シイ間ニ、其ノクズガ數百俵ニナリマシタノデ、ソレヲ賣ッタトコロガ、ヨホドノ金ニナリマシタ。主人ハ之ヲ多助ニ與エマシタ。
元手	ソコデ多助ハ之ヲ元手ニシテ、小サナ炭屋ヲ始メマシタガ、次第ニ繁昌シテ、後ニハ、大キナ店ニナリマシタ。
	練習
	一、鹽原多助ハドンナ人デシタカ。(5-113) 二、多助ガ古草履ヲタメタコトヲオ話シナサイ。 三、多助ガ炭ノクズヲ貯エタコトヲオ話シナサイ。

四、皆サンハ、此ノ話ヲ讀ンデ、何ト思イマスカ。ソレヲ文ニオ作リナサイ。

五、次ノ本字ニ、假名ヲオツケナサイ。

常々。 主人。 炭屋。 積ミ込ム。

數百俵。

第二十七課、京城

朝鮮總**督**府	**京城**ハ**朝鮮總督府**ノアル**所**デ、**人口**ハ**凡**ソ **三十萬**ホドアリマス。(5-114)

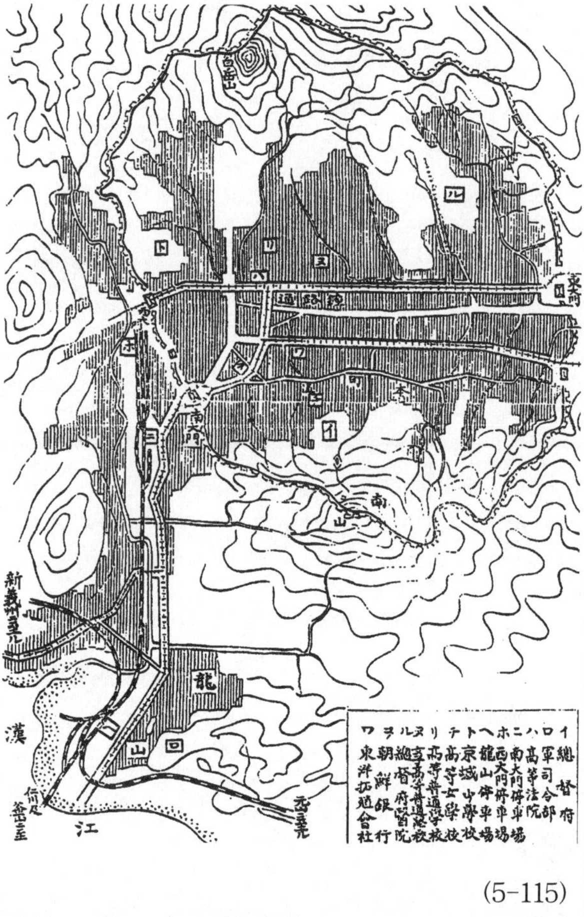

(5-115)

市街 城壁 南大門 東大門	市街ノマワリニハ、昔ノ城壁ガアッテ、今モ門ガイクツカ殘ッテ居マス。其ノ中デ、コトニ大キナノハ、南大門ト東大門トデス。

鐘路通	鐘路通(ショウロドウリ)ハ道幅ガ廣ク、商店ガ多クテ、大層ニギヤカデス。(5-116)
本町通 オモニ 住居スル	本町通(ホンマチドウリ)ハオモニ内地人ノ住居スル所デ、大層繁華デス。
官署 病院 銀行	市内ニハ、朝鮮總督府ヲ始メ、官署・學校・病院・銀行・會社ナドノ大キナ建物ガアリマス。又。電燈・瓦斯燈・水道ナドモアリ、電信・電話モアリマス。ソウシテ市内ノオモナ道路ニハ、電車ガ通ジテ居マス。

道路 龍山 朝鮮駐箚軍司令部 新義州 旅客 乗り降り 貨物 積ミ卸シ	龍山ハ漢江ノ北ニアッテ、京城ノ一部デス。コヽニ朝鮮駐箚軍司令部ガアリマス。(5-117) 京城ハ釜山カラ新義州エ行ク鐵道ノ殆ンド中ホドニアッテ、西ニハ仁川エ行ク鐵道ガアリ、東ニハ元山エ通ズル鐵道ガアリマス。ソレデスカラ京城ハ交通ガ便利デ、南大門停車場ト龍山停車場トニハ、旅客ノ乗リ降リヤ、貨物ノ積ミ卸シガヨホド多クアリマス。
	練習 一、京城ノ人口ハ何ホドアリマスカ。(5-118) 二、京城ノ城壁ト門トヲオ話シナサイ。 三、鐘路通ノコトト、本町通ノコトトヲオ話シナサイ。 四、京城ニハ、ドンナ役所ヤ建物ガアリマスカ。 五、京城ノ交通ハドンナデスカ。ソレヲ文ニオ作リナサイ。 六、次ノ字ノ形ノチガイヲオ話シナサイ。 卸、缺。使、便。賣、買。治、始。 都、部。署、暑。栗、粟。延、庭。

第二十八課、裁判所

裁判所 地方法院	生徒「先生、私ハ昨日町エ行ッテ、(5-119) 地方法院ト云ウ役所ノ前ヲ通リマシタ。アレハ何デゴザイマスカ。」

	先生「地方法院ト云ウノハ裁判所デス。」
	生徒「裁判所ハ何ヲスル所デゴザイマスカ。」
金錢 爭	先生「裁判所ハ、金錢ノ借リ貸シナドデ、人民ノ間ニ爭ガ起ッタ時、ソレヲ裁判シタリ、又、(5-120) 悪イコトヲシタモノヲ裁判シタリナドスル所デス。」

	生徒「**先生**、**金錢**ノ**借**り**貸**シナドデ、(5-121) **爭**ガ**出來**タ**時**ハ、**直**グ**裁判所**ニ**訴**エタラヨイノデゴザイマスカ。」
	先生「ソウデハナイ。ヨンドコロナイ**時**デナケレバ、**裁判所**エ**訴**エテハナラナイ。
互ニ カンベンシテ	ナルタケ**互**ニカンベンシテ、**爭**ヲシナイ**樣**ニシテ、**裁判所**エ**出**ナイ**方**ガヨイノデス。」
盗人	**生徒**「**先生**、**私**ハ**先日盗人**(ヌスビト)ガ**巡査**ニシバラレテ**行**クノヲ**見**マシタガ、アレハドウナルノデゴザイマスカ。」 (5-122)

悪イ	先生「悪イコトヲシタモノハ、巡査ヤ憲兵ニツレテ行カレテ、シラベヲ受ケタ上デ、裁判所エ送ラレルノデス。」
	生徒「ソウデゴザイマスカ。ソレナラバ、悪ルモノハ、裁判所デ裁判ヲ受ケテカラ、ドウナリマスカ。」
罪 キマル 監獄 難儀ナ	先生「裁判ヲ受ケテ、罪ガキマルト、監獄エヤラレテ、難儀ナ仕事ヲシナケレバナリマセン。」(5-123)
	生徒「裁判所ニハ、ドンナ役人ガ居マスカ。」
判事 法律 テラシテ 公平ニ	先生「裁判所ノオモナ役人ハ判事デス。判事ハ法律ニテラシテ、公平ニ裁判スルモノデス。」
	生徒「アリガトウゴザイマス。ヨク分リマシタ。」
	練習
	一、次ノ問ニオ答エナサイ。

	裁判所ハ何ヲスル所デスカ。(5-124) 裁判所ニハ、ドンナ役人ガ居マスカ。 二、人民ノ間ニ、金錢ノ借リ貸シナドデ、爭ノ
起ッタ	起ッタ時ハ、ドウシタラヨイデショウカ。 ソレヲ文ニオ作リナサイ。 三、本字デ「サイバンショ」「ホウイン」「カンゴク」「ホウリツ」トオ書キナサイ。(5-125) 普通學校國語讀本 卷五終 (5-126)

【附 錄(一)】

第一課 **葉**(ハ)。**降**(フ)り**出**(ダ)します。**此**(コ)の**頃**(ゴロ)。**面白**(オモシロ)い。**缺席**(ケッセキ)。**算術**(サンジュツ)。**理科**(リカ)。**一層**(イッソウ)。**勉强**(ベンキョウ)。**豫習**(ヨシウ)。**復習**(フクシウ)。

第二課 **里**(サト)。**咲**(サ)く。

第三課 **住**(ス)んで。**大概**(タイガイ)。**境**(サカイ)。**鴨綠江**(オウリョッコウ)。**豆滿江**(トウマンコウ)。**里**(リ)。**大同江**(ダイドウコウ)。**漢江**(カンコウ)。**洛東江**(ラクトウコウ)。**錦江**(キンコウ)。**水源地方**(スイゲンチホウ)。**長白山脈**(チョウハクサンミャク)。**白頭山**(ハクトウサン)。**大體**(ダイタイ)。**平野**(ヘイヤ)。**樣子**(ヨウス)。**良**(ヨ)い。**馬山**(マサン)。**木浦**(モッポ)。**群山**(クンサン)。**仁川**(ジンセン)。**鎭南浦**(チンナンポ)。**濟州島**(サイシウトウ)。

第四課 **皇子**(オウジ)。**武勇**(ブユウ)。**征伐**(セイバツ)。**十六歲**(ジウロクサイ)。**勇**(イサ)ンデ。**少女**(ショウジョ)。**賊**(ゾク)。**集**(アツ)メテ。お**抜**(ヌ)キ。**降参**(コウサン)。**再**(フタ)ビ。**燃**(モ)エテ。オ**平**(タイラ)ゲ。 (1)

第五課 **姿**(スガタ)。**段々**(ダンダン)。**何時**(イツ)。**何處**(ドコ)。**直**(ス)ぐ。**殘**(ノコ)ッテ。**弱**(ヨワ)イ。

第六課 **桑**(クワ)。**芽**(メ)。**路**(ミチ)。**傍**(カタワラ)。**宅地**(タクチ)。**與**(アタ)エマス。**繭**(マユ)。**生絲**(キイト)。**養蠶**(ヨウサン)。**輸出**(ユシュツ)。**適**(テキ)シテ。

第七課 **動物**(ドウブツ)。**自由**(ジユウ)。**下等**(カトウ)。**數**(カゾ)え。**萬物**(バンブツ、バンモツ)。**植物**(ショクブツ)。**之**(コレ)。**鑛物**(コウブツ)。**世界**(セカイ)。

第八課 **果物**(クダモノ)。**更**(サラ)に。**然**(シカ)らば。**失禮**(シツレイ)。**向**(ムカ)って。**進**(スヽ)み**寄**(ヨ)って。**賢**(カシコ)い。

第九課 **呉服屋**(ゴフクヤ)。**並**(ナラ)べて。**木綿織**(モメンオリ)。**麻織**(アサオリ)。**絹織**(キヌオリ)。**直段**(ネダン)。**羊**(ヒツジ)。**大抵**(タイテイ)。**眞綿**(マワタ)。

第十課 **刈**(カ)リ**拂**(ハラ)ッテ。**掘**(ホ)リ**取**(ト)ッテ。**通行**(ツウコウ)。**村**(ムラ)。**精出**(セイダ)シテ。**働**(ハタラ)く。**煙草**(タバコ)。**繁昌**(ハンジョウ)。

第十一課 **御孫**(オンマゴ)。**國威**(コクイ)。**及**(オヨ)ビ。**御政治**(ゴセイヂ)。**安**(ヤス)ラカ。**移**(ウツ)ッテ。**學者**(ガクシャ)。**論語**(ロンゴ)。**學問**(ガクモン)。**朝廷**(チョウテイ)。**記錄**(キロク)。 (2)

第十二課 **勝**(カ)チソウ。**俄**(ニワ)カニ。**鼠**(ネズミ)。**負**(マ)ケソウ。**勝負**(ショウブ)。**相手**(アイテ)。**仕方**(シカタ)。

第十三課 **凡**(オヨ)そ。**甚**(ハナハ)だ。**沿岸**(エンガン)。**漁業**(ギョギョウ)。**北部**(ホクブ)。**古**(フル)い。**生**(ハ)えて。**帆掛船**(ホカケブネ)。**往**(ユ)き**來**(キ)して。**繪**(エ)。**交通**(コウツウ)。

第十四課 **縫**(ヌ)って。**昨日**(キノウ)。**娘**(ムスメ)。**稽古**(ケイコ)。**裁縫**(サイホウ)。**付**(ツ)けます。**洗濯**(センタク)。

第十五課 **衡**(ハカリ)。**大人**(オトナ)。**體**(カラダ)。**十四五貫目**(ジウシゴカンメ)。**以上**(イジョウ)。**一匁**(イチモンメ)。**何斤**(ナンギン)。

第十六課 **象**(ゾウ)。**動物園**(ドウブツエン)。**珍**(メズ)ラシク。**驚**(オドロ)イテ。**泉水**(センスイ)。**浮**(ウカ)べ。**沈**(シズ)ム。**總高**(ソウダカ)。

第十七課 **若**(ワカ)イ。**肥料**(ヒリョウ)。**實**(ミ)。**翌年**(ヨクネン)。**無益**(ムエキ)。**取**(ト)リ**去**(サ)ッテ。**雌花**(メバナ)。**雄花**(オバナ)。**西瓜**(スイカ)。**種類**(シュルイ)。

第十八課 **首府**(シュフ)。**人口**(ジンコウ)。**會社**(カイシャ)。**工場**(コウジョウ)。**商店**(ショウテン)。**建物**(タテモノ)。**市內**(シナイ)。**電車**(デンシャ)。**人力車**(ジンリキシャ)。**自轉車**(ジテンシャ)。**電信**(デンシン)。**電話**(デンワ)。**線**(セン)。**電燈**(デントウ)。**瓦斯燈**(ガストウ)。**公園**(コウエン)。 ⑶ **圖書館**(トショカン)。**博物館**(ハクブツカン)。**知識**(チシキ)。**鐵道**(テツドウ)。**各地**(カクチ)。**橫濱**(ヨコハマ)。**注意**(チウイ)。

第十九課 **郵便集配人**(ユウビンシウハイニン)。**受取**(ウケト)って。**表**(オモテ)。**一週間**(イッシウカン)。**朴成元**(ボクセイゲン)。**裏**(ウラ)。**連絡船**(レンラクセン)。**直行**(チョッコウ)。**只今**(タヾイマ)。**返事**(ヘンジ)。**拜見**(ハイケン)。

第二十課 **年號**(ネンゴウ)。**御定**(オサダ)メ。**御孝心**(ゴコウシン)。**厚**(アツ)ク。**御大葬**(ゴタイソウ)。**救**(スク)ウ。**全國**(ゼンコク)。**御下賜金**(ゴカシキン)。**關東州**(カントウシウ)。**罪人**(ザイニン)。**涙**(ナミダ)。**如**(ゴト)ク。

第二十一課 **死**(シ)ニ**別**(ワカ)レ。**貯**(タクワエ)。**街道**(カイドウ)。**僅**(ワズ)カ。**賃錢**(チンセン)。**藥**(クスリ)。**好**(ス)キナ。

若(モ)シ。者(モノ)。慰(ナグサ)メ。事(コト)。一生(イッショウ)。

第二十二課 鉢植(ハチウエ)。紫(ムラサキ)。起(オ)き。種子(タネ)。施(ホドコ)し。育(ソダ)て。樂(タノ)しい。

第二十三課 凶年(キョウネン)。貧(マズ)しく。乏(トボ)しい。租稅(ソゼイ)。御殿(ゴテン)。御衣(ギョイ)。豐年(ホウネン)。富(ト)んで。朕(チン)。お言葉(コトバ)。新(アラ)たに。堤(ツヽミ)。築(キズ)かせ。水害(スイガイ)。お防(フセ)ぎ。溝(ミゾ)。 (4)

第二十四課 生活(セイカツ)。飮料(インリョウ)。淸(キヨ)め。無(ナ)く。井戶(イド)。湧(ワ)いて。鐵管(テッカン)。燒(ヤ)いたり。部屋(ヘヤ)。溫(アタ)める。明(アカ)り。

第二十五課 木炭(モクタン)。栗(クリ)。石炭(セキタン)。黑色(コクショク)。火打石(ヒウチイシ)。埋(ウズ)まって。自然(シゼン)。機械(キカイ)。菜種(ナタネ)。

第二十六課 云(イ)ウ。都(ミヤコ)。奉公(ホウコウ)。儉約(ケンヤク)。古草履(フルゾウリ)。拾(ヒロ)イ集(アツ)メ。主人(シュジン)。言(イ)イマシタ。俵(タワラ)。數百俵(スウヒャッピョウ)。元手(モトデ)。

第二十七課 朝鮮總督府(チョウセンソウトクフ)。城壁(ジョウヘキ)。住居(ジウキョ)。病院(ビョウイン)。龍山(リウザン)。朝鮮駐箚軍司令部(チョウセンチウサツグンシレイブ)。新義州(シンギシウ)。旅客(リョキャク)。乘(ノ)リ降(オ)リ。積(ツ)ミ卸(オロ)シ。

第二十八課 **裁判所**(サイバンショ)。**地方法院**(チホウホウイン)。**互**(タガイ)ニ。**悪**(ワル)イ。**罪**(ツミ)。**監獄**(カンゴク)。**難儀**(ナンギ)。**法律**(ホウリツ)。 (5)

【附　錄(二)】

第四課　日本武尊

景行天皇　第十二代ノ天皇。

手下　頭(カシラ)ノ下ニ居テハタラクモノ。

第六課　茶ト桑

輸出　我ガ國ノ商品ヲ外國エ出スコトヲ輸出トイイ、外國ノ商品ヲ我ガ國エ持チ來ルコトヲ輸入トイイマス。又、移出(イシュツ)・移入(イニウ)トイウコトガアリマス。移出トハ朝鮮カラ商品ヲ內地エ出スコトデ、移入トハ內地ノ商品ヲ朝鮮エ持チ來ルコトデス。 (6)

第八課 少女の答

陛下　我ガ國デハ天皇・太皇太后・皇太后・皇后ニハ陛下ト申シ上ゲ、皇太子ヲハジメ、其ノ他ノ皇族方ニハ殿下(デンカ)ト申シ上ゲマス。

第十一課　應神天皇

應神天皇　第十五代ノ天皇。

高麗・百濟・新羅・任那　コレハ昔ノ朝鮮ニアッタ地名デ、高麗ハ又高勾麗トモ書キマス。今ノ地名デイウト、大抵、高麗ハ黃海道以北及ビ京畿道ノ一部、百濟ハ京畿道ノ一部ト忠淸南北道及ビ全羅南北道、新羅ハ慶尙南北道ノ大部ト江原道ノ南部トニ當リマス。ソウシテ任那ハ百濟ト新羅トノ間ニアッテ、慶尙南道ノ一部ヲ占(シ)メテ居タノデス。

論語　昔、支那ニ孔子(コウシ)トイウ聖人ガアッテ、其ノ人ノ言ッタコトヤ行(オコナ)ッタコトヲカイタ書物デス。 (7)
今ノ人々モ大層タットンデ讀ミマス。

千字文　コレモ昔、支那ノ人ノ作ッタ本デ、朝鮮ニモ行ワレテ居マス。

第十三課　琵琶湖

琵琶　樂器(ガッキ)ノ名。

帆掛船　帆ヲ掛ケテ、風ノ力デ進ム船。

第十六課　象ノ重サヲハカッタ子供

動物園　種々ノ動物ヲ養(ヤシナ)ッテ置イテ、人ニ見セル所。

泉水　庭ニコシラエタ小サイ池。

第十八課　東京

首府　一國ノ政治ヲ行ウ中央政府(チウオウセイフ)ノアル都。

宮城　天皇陛下ノオスマイアソバサレルトコロ。 (8)

公園　庭ヲコシラエテ、誰デモ行ッテ遊バレルヨウニシテアル場所。

圖書館　色々ノ書物ヲタクサン集メテ置イテ、讀ミタイ人ニハ、誰ニデモ、貸シテ讀マセル所。

博物館　動・植・鑛物ヲハジメ、色々ノ物ヲタクサン集メテ、人ニ見セル所。

植物園　色々ノ植物ヲ植エテ置イテ、人ニ見セル所。

第十九課　はがき

連絡船　釜山ト下關トノ間ハ、毎日、兩方カラ汽船ガ出テ、チョウド汽車ノ時刻ニマニアウ樣ニ、客ヤ荷物ヲ運ビマス。コレガ連絡船デス。

直行の汽車　途中、乘換ヲシナイデ、直グニ目的ノ所マデ行ク汽車。 (9)

第二十課　今上天皇陛下

踐祚　先帝ガオカクレニナルト直グ、皇太子ガ天皇ニナラレルコト。

第二十一課　孝子萬吉

位牌　木ノ牌(フダ)ニ死ンダ人ノ名ナドヲ書イテマツルモノ。

第二十二課 あさがお

丹精　心ヲコメテ物ゴトヲスルコト。

第二十三課　仁德天皇

仁德天皇　第十六代ノ天皇。

朕　我トイウコトデ、天皇ガ御自分ヲ指(サ)シテオウセニナル御言葉。

堤　池ヤ川ナドノ水ノアフレナイ樣ニ、土ヲ高ク積ミ上ゲタモノ。

第二十六課　鹽原多助 (10)

奉公　他人ノ家ニ使ワレルコト。

元手　商(アキナイ)ナドヲスル時、元(モト)ニスル金。

第二十七課 京城

門　モト崇禮門(スウレイモン南大門)興仁門(コウジンモン東大門)敦義門(トンギモン西大門)光熙門(コウキモン水口門)彰義門(ショウギモン北門)惠化門(ケイカモン東小門)昭義門(ショウギモン西小門)肅靖門(シュクセイモン)ノ八門アリマシタ。

朝鮮駐箚軍司令部　朝鮮ニ來テ居ル陸軍ヲ支配(シハイ)スル所。

第二十八課　裁判所

裁判所　朝鮮デハ地方法院ノ上ニ覆審法院(フクシンホウイン)ガアリ、其ノ上ニ高等法院(コウトウホウイン)ガアリマス。又、

地方法院ノ**事務**ヲアツカワセルタメニ、**地方法院支廳**ヲ**設**ケテアリマス。**高等法院**ハ**京城**ニ、**覆審法院**ハ**京城**ト**平壤**ト**大邱**トニアリマス。 (11)

ソウシテ**地方法院**ト**地方法院支廳**トハ**朝鮮內**ノオモナ**土地**ニ**置**イテアッテ、**其**ノ**數**、**地方法院**ハ**八**、**地方法院支廳**ハ**六十**アリマス。

監獄　**罪人**ヲ**入**レテ**置**ク**所**。 (12)

大正三年三月十三日印刷
大正三年三月十五日發行
大正四年二月二十五日三版

定價金六錢

朝鮮總督府

總務局印刷所印刷

朝鮮總督府編纂

普通學校國語讀本 卷六

第3學年 2學期

朝鮮總督府編纂

普通學校國語讀本 卷六

【緒　言】

一、本書ハ普通學校第三學年後半期ノ國語科敎科書ニ充ツルモノナリ。

二、本書ニ於テハ、修業年限ヲ三箇年トセル普通學校ノ便宜ヲ計リ、前各卷ニ繼ギテ、歷史的事項・地理的事項等、各種ノ主要敎材ヲ略、完結セシムルコトニ留意セリ。

三、本書ノ各課ハ、其ノ練習ト共ニ、凡ソ三四時間ヲ以テ敎授スベキ豫定ナレドモ、敎師ハ、便宜、斟酌ヲ加ヘ、生徒ノ能力ニ適セシメンコトヲ圖ルベシ。

四、本書ヲ敎授スルニハ、國語ヲ以テ說明ヲ加ヘ、且ツ實物・動作・繪畫等ヲ利用シ、生徒ヲシテ十分ニ其ノ意義ヲ理會セシメ、尙ホ言語或ハ文章ヲ以テ、明瞭ニ之ヲ表出セシムベシ。 (1)

五、本書ノ各課ヲ敎授スルニハ、本文ノ讀方解釋等ニ入ル前、必要ニ應ジテ、該課ノ內容ニ關シ、豫メ國語ニテ問答又ハ說明ヲナスベシ。

六、新出語ハ總ベテ之ヲ上欄ニ揭ゲ、且ツ新出文字ニハ●點ヲ附シ、讀替文字ニハ一線ヲ附セリ。

七、練習問題ハ、本書ニ揭グルモノノ外、必要ニ應ジテ、之ヲ補フベシ。

八、敎師ハ本書所載ノ言語ヲ授クルヲ以テ足レリトセズ、機ニ臨ンデ之ヲ補ヒ、生徒ノ語彙ヲ富マサンコトヲ務ムベシ。而シテ既ニ授ケタル言語ハ、爾後、絶エズ之ヲ使用セシムベシ。

九、卷末ノ附錄ハ、生徒ヲシテ、豫習・復習ノ際、之ヲ利用セシムベシ。 (2)

大正三年十月　　　　朝　鮮　總　督　府

目 錄

普通學校國語讀本 卷六

第一課、日光

日光	東京カラ汽車ニ乘ッテ、北ノ方エ進ンデ行クト、四時間バカリデ、日光ノ町ニ着キマス。  (6-1)

兩側 杉 並木 聳エテ居マス	町ニ入ル道ノ兩側ニハ、杉ノ並木ガ空ニ聳エテ居マス。

クダケル 有様 散ル ウタガワレマス 朱塗 マズ 見物人	町ヲ通リヌケルト、一ツノ川ガアリマスガ、其ノ水ノ岩ニクダケル有様ハ、雪ガ散ルノカ、玉ガ飛ブノカトウタガワレマス。此ノ川ニ朱塗ノ橋ガカケテアリマシテ、(6-2) 其ノ美シサハ、マズ見物人ノ目ヲ驚カシマス。
ナオ 薄暗イ 東照宮 表門 陽明門 丹青 マバユイ 欄干	川ヲ渡ッテ、晝モナオ薄暗イ森ノ中ヲ少シ行クト、東照宮ノ前ニ出マス。表門ヲハイレバ陽明門ガアッテ、金銀ノ光ヤ丹青ノ色デ、目モマバユイバカリデス。柱ヤ欄干ニハ、一面

人物 鳥獸 ホッテアリ 天井 龍 **畫** 精**巧**デ	ニ**人物**ヤ**鳥獸**ヤ**草花**ナドガホッテアリ、**天井**ニハ**龍**ノ**畫**ガカイテアリマスガ、**何**レモ**精巧**デ、**人**ヲ**驚**カサナイモノハアリマセン。(6-3)

日暮門 **異**名 見トレテ 拜殿 本殿	**此**ノ**門**ニ**日暮門**(ヒグラシモン)トイウ**異名**ガアルノハ、**人**ガアマリノ**美**シサニ**見**トレテ、**日**ノ**暮**レルノモ**知**ラズニ、ナガメテ**居**ルトイウ**意味**ダソウデス。**門**ヲハイッテ、**段々進**ンデ**行**クト、**拜殿**ガアッテ、**其**ノ**後**(ウシロ)ニ**本殿**ガアリマス。(6-4)
盡サレマセン	**拜殿**モ**本殿**モ、**其**ノ**美**シイコトハ、**中々**、**口**ニモ**筆**ニモ**盡**サレマセン。

山路	**東照宮**カラ**西**ノ**方**エ、**山路**ヲ**三里**バカリノ
中**禪寺**湖	ボレバ、**中禪寺湖**(チウゼンジコ)ガアリマ
面 **鏡**	ス。**湖**ノ**面**ハチョウド**鏡**ノ**樣**ニスンデ、**四**
スンデ	**方**ノ**山**ノカゲガ**皆**サカシマニウツッテ**居**マ
華**嚴瀑**	ス。**其**ノ**水**ハ**華嚴瀑**(ケゴンノタキ)トナッ
	テ、**雷**ノ**樣**ナヒヾキヲシテ**落**チマス。**其**ノ
壯觀デス	**高**サガ**七十丈**モアッテ、マコトニ**壯觀**デ
	ス。(6-5)

練習

一、**陽明門**ノコトヲオ**話**シナサイ。

二、**中禪寺湖**ノコトヲオ**話**シナサイ。

三、「マバユイ」「**見**トレテ」ヲ**用**イテ、**二**ツノ**短**
文ヲオ**作**リナサイ。

第二課、稲刈

稲刈
手傳
實ッテ
共ニ
畔

或ル日曜日ニ、太郎ハ父ニツイテ、稲刈ノ手傳ニ行キマシタ。田ハ稲ガヨク實ッテ、一面ニ黄色ニナッテ居マシタ。アチラデモ、(6-6)コチラデモ、人々ガ忙シソウニ稲刈ヲシテ居マシタ。太郎モ、精出シテ、父ト共ニ稲ヲ刈リマシタガ、ヤガテ二人ハ田ノ畔ニ休ミマシタ。シバラクシテ父ハ太郎ニ向ッテ、

「太郎、コウシテ稲ヲ刈ッテ、ソレカラドウシテ、(6-7)
米ヲ取ルノカ、オ前知ッテ居ルカ。」

尋ネマシタ	ト**尋**ネマシタ。ケレドモ**太郎**ハソレヲヨク**知**リマセンデシタカラ、**父**ハ**次**ノ**様**ニ**話**シテ**聞**カセマシタ。
乾カス 稲**扱器** 扱キ落シテ **籾** **摺臼** ヒイテ **唐箕** 箕 アオッテ 籾**殼** **玄**米	「マズ、コウシテ**稲**ヲ**刈**ッテ、ソレヲ**日**ニ**乾**カスノダ。ソウシテ**其**ノ**稲**ガ**乾**イタ**時**ニ、**稲扱器**(イナゴキキ)デ**實**ヲ**扱**キ**落**シテ**籾**ニスルノダ。**其**ノ**籾**ヲ**摺臼**(スリウス)デヒイテ、**唐箕**(トウミ)カ**箕**(ミ)デアオッテ、**籾殼**ヲ**去**ルト、**玄米**ニナル。(6-8)
	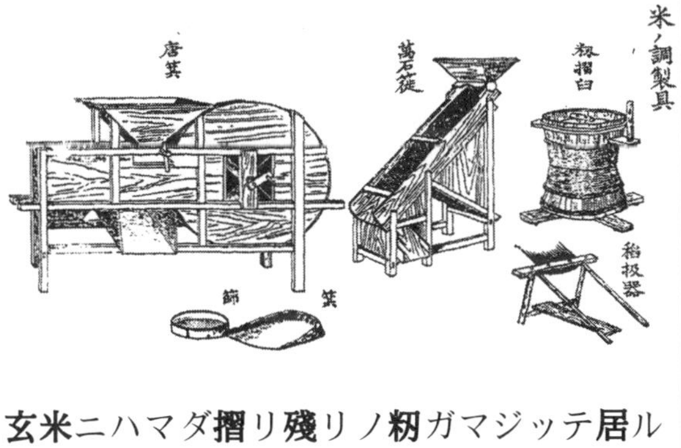
摺リ殘リ 萬石簁 エリ分ケル **篩** ヌカ 白米	**玄米**ニハマダ**摺**リ**殘**リノ**籾**ガマジッテ**居**ルカラ、**之**ヲ**萬石簁**(マンゴクトウシ)ニカケテエリ**分**ケル。ソレカラ**玄米**ヲ**臼**デツイテ、**篩**(フルイ)ニカケテヌカヲ**去**ルト、**白**

	米ニナル。コレガ**我々**ノ**食**ベル**米**デアル。 **此**ノ**様**ニ**稻**カラ**米**ヲ**取**ルノハ、(6-9) **其**ノ**骨折**ガヨウイデナイ。」
ナルホド **一粒** **粗末**ニ	**太郎**ハナルホドトサトッテ、**其**ノ**時**カラ、**一粒**デモ**米**ヲ**粗末**ニシナイヨウニナリマシタ。
	練習 一、**稻刈**ヲスル**頃**ノ**農家**ノ**有様**ヲオ**話**シナサイ。 二、**稻**ヲ**刈**ッテカラ、**白米**ニスルマデノコトヲ**文**ニオ**作**リナサイ。 三、**太郎**ハ**父**ノ**話**ヲ**聞**イテ、ドウイウコトヲサトリマシタカ。(6-10)

第三課、明治天皇

語彙	本文
御在位 ヒタスラ 御勵ミアソバサレマシタ 御治世 進歩シテ 一等國	明治天皇ハマコトニスグレタオ方デイラセラレマシテ、御在位四十六年ノ長イ間、國ノタメ、人民ノタメニ、ヒタスラ政治ニ御勵ミアソバサレマシタ。其ノオカゲデ、天皇ノ御治世中ニ、我ガ國ハ何事モ進歩シテ、世界ノ一等國ノ一ツトナリマシタ。
對シテ 大赦 仰セ出サレマシタ	明治四十三年ニハ、朝鮮ノ人民ニ對シテ、租税ノ一部ヲオユルシニナリ、又、大赦ヲ仰セ出サレマシタ。(6-11)
兩班 儒生 殊ニ 德 孝子 節婦 恩賞 ヤモメ ミナシゴ タヨリ オ惠ミニナリマシタ 府郡 分配シテ 産業 教育 備エル	ソウシテ兩班(ヤンバン)・儒生(ジュセイ)ノ中デ、殊ニ德ノスグレタ人ヤ、孝子・節婦ニ恩賞ヲ下サレ、又、ヤモメ・ミナシゴナド、タヨリノナイモノニ金ヲオ惠ミニナリマシタ。其ノ上、金一千七百餘萬圓ヲ御下賜ニナリ、之ヲ朝鮮中ノ各府郡ニ分配シテ、産業ヲ勵マシ、教育ヲ進メ、凶年ニ備エルヨウニサ

永遠ニ **蒙**ル	セラレマシタカラ、**朝鮮**ノ**人々**ハ、**永遠**ニ、**此**ノオ**惠**ヲ**蒙**ルノデアリマス。マコトニ、(6-12)
	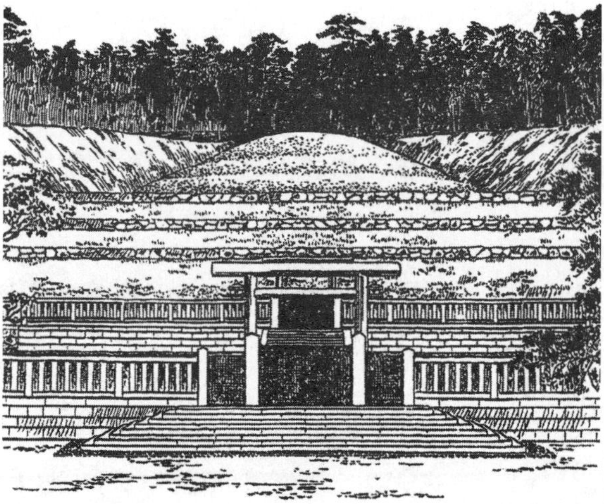
蠶業傳習所 トカ 機業傳習所 **普**通學校 生ズル 利子 イタヾイテ 居ル **災難**	アリガタイコトデハアリマセンカ。**今**、**朝鮮**ノ**各地方**ニ**見**ルトコロノ**蠶業傳習所**トカ、**機業傳習所**トカ、**普通學校**トカハ、(6-13)**大抵皆**、**此**ノ**金**カラ**生**ズル**利子**ヲイタダイテ**居**ルモノデアリマス。**又**、**災難**ニアッテ**困**ッテ**居**タモノデ、**此**ノ**金**デ**救**ワレタノモ**少**ナクアリマセン。

有リ難ク	明治天皇ノオ生レニナッタ日ハ十一月三日デ、オカクレニナッタ日ハ七月三十日デゴザイマス。コレ等ノ日ニハ、イツモ明治天皇ノ御恩ノ大層深イコトガ思イ出サレテ、マコトニ有リ難ク感ゼラレマス。(6-14)
	練習 一、明治天皇ハ、明治四十三年ニ、朝鮮ニ對シテ、ドンナコトヲナサイマシタカ。 二、朝鮮デハ、明治天皇カラ御下賜ニナッター千七百餘萬圓ノ金ヲ、ドンナニシテ用イテ居マスカ。ソレヲ文ニオ作リナサイ。 三、次ノコトバヲ本字デオ書キナサイ。 タイシャ。オンショウ。デンシウジョ。 ゴカシ。 コウシ。 セップ。 ソゼイ。 四、「蠶業傳習所トカ機業傳習所トカ」ノ樣ニ、「トカ」ヲ用イテ、短文ヲオ作リナサイ。 (6-15)

第四課、菊

の 日かげ に かゞやきて 色香 けだかき これ ぞ 君子 つたえて 外つ國 〓う〓む げに 道理 みかど	秋の日かげに　　かゞやきて、 色香けだかき　　菊の花。 これぞまことに　　花中の君子。 たねをつたえて、　　外(と)つ國の 人も〓う〓む　　菊の花。 げにも道理よ、　　みかどの御紋。 **練習** 一、此の歌をそらで言ってごらんなさい。(6-16) 二、此の歌の意味をお話しなさい。

第五課、朝鮮地理問答

問答 朴**泳**武	**朴泳武**は**普通學校**の**第三年生**です。**或**る**日**、**兄**の**泳文**に**向**って、
十三道	「**兄**さん、**朝鮮**は**十三道**に**分**れて**居**るということですが、それは**何々**ですか。」 と**尋**ねました。
中**央** 京**畿**道 **忠**淸南北 全**羅**南北 **慶尙**南北 黃海 平安南北 **咸**鏡南北 江原道	**兄**「まず半**島**の**殆**んど**中央**にあるのが(6-17)**京畿道**で、**其**の**南**にあるのが**忠淸南北**・**全羅南北**・**慶尙南北**の**六道**、**其**の**北**にあるのが、**黃海**・**平安南北**・**咸鏡南北**の**五道**、それに**京畿道**の**東**にある**江原道**、これで**十三道**です。」
	弟「よく**分**りました。それから**朝鮮**の**鐵道**は、どうなって**居**ますか。」
京釜線 京義線	**兄**「**京城**と**釜山**との**間**には**京釜線**があり、**京城**と**新義州**との**間**には**京義線**があって、(6-18)

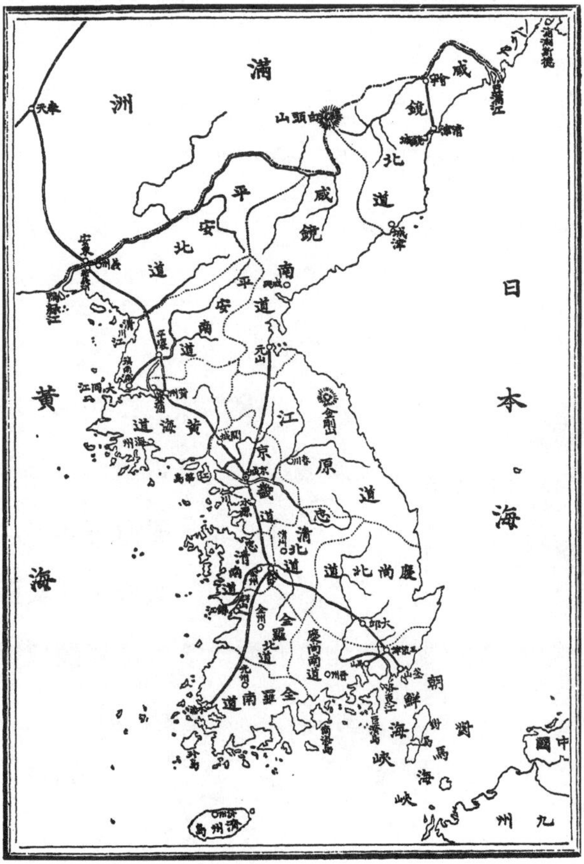

(6-19)

半島を南北に貫いて居ます。そうして京釜線の支線には馬山線・京仁線があり、京義線の支線には兼二浦線・平南線があ

貫いて居ます
支線
馬山線
京仁線
兼二浦線
平南線

湖南線 京元線 新たに 建設 着手して居る	ります。此の外、別に湖南線・京元線もあります。又、新たに建設に着手して居るものもあります。」 兄はこう言って更に言葉をついで、 「今度は私が聞くが、朝鮮で一ばん大きな都會はどこですか。」(6-20) 弟「それは京城です。」 兄「其の次は。」 弟「平壤と釜山です。」 兄「それから。」 弟「外は知りません。」 兄「それでは私が教えましょう。まず南の
大邱 大田 開城 海州 咸興 晋州 全州 かなり	方からいえば、大邱・大田・仁川・開城・海州・鎭南浦・元山・咸興などが大きな都會です。」 弟「もうありませんか。」(6-21) 兄「まだあります。晋州・馬山・木浦・全州・群山・新義州なども、かなりにぎやかな所です。」

	弟 「陸には鐵道があるから便利ですが、海の方はどんなですか。」
朝鮮郵船會社 大阪商船會社 通って	兄 「海には朝鮮郵船會社や大阪商船會社などの汽船が通って、重な港には大抵立ち寄りますから、やはりよほど便利です。此の頃は朝鮮も大層開けました。」(6-22)
	練習
	一、此の課に書いてあることを、まとめて言ってごらんなさい。
	二、十三道の名を、北からじゅんに、南の方え數え上げてごらんなさい。
道すじ	三、汽車で、新義州から木浦まで行く道すじを、文にお作りなさい。

第六課、雁

雁 燕	燕ハ、暖カニナルト、南ノ方カラ飛ンデ來テ、(6-23)

	涼シクナルト、マタ南ノ方エ飛ンデ行キマス。雁ハ、燕ノ歸ル頃、北ノ方カラ飛ンデ來テ、燕ノ來ル頃ニ、マタ北ノ方エ歸リマス。
追イ追イ 列 離レテ	モウ秋ニナリマシタカラ、雁ガ追イ追イ飛ンデ來マス。雁ハ多ク列ヲ作ッテ飛ビマスガ、其ノ時ニハ、一羽ノ雁ガ列ヲ離レテ、少シ先キノ方ニ飛ンデ行キマス。(6-24)
道案内	ソレハ道案内デ、ホカノ雁ハ其ノアトニツイテ行キマス。又、飛ブ時ニハ、鳴キ合ッテ合

合圖	圖(アイズ)ヲシマス。若シ列カラ離レルヨウナコトガアッテモ、其ノ合圖ヲ聞クト、直グ列ニ加ワルノデス。

聲	雁ノ聲ヲ聞クノハ、空ガ晴レテ、月ノ明ルイ晩ニ多イモノデス。(6-25)
曇ッタ 暗夜 迷ウ	曇ッタ晩ヤ暗夜(ヤミヨ)ニハ道ニ迷ウカラ、大抵、月夜ニ飛ビマス。ヨク注意シタモノデハアリマセンカ。
	練習
	一、燕ト雁ハ、イツ來テ、イツ歸リマスカ。 二、雁ガ空ヲ飛ブ時ノコトヲ、文ニオ作リナサイ。

	三、次ノ文ニアヤマリガアルナラバ、ソレヲオ直シナサイ。 一羽ノ雁ガ列カラ離レルヨウトシテ居マス。 雁ハ合圖ヲ聞クト、直グ列ニ加エルノデス。

第七課、甘藷

甘藷 味 蒸シテ 代リ 砂地 不順ナ 不作 重寶ナ	甘藷ハ味ガ甘クテ、燒イテモ、煑テモ、蒸シテモ食ベラレ、御飯ノ代リニモナリマス。穀物ニ適シナイヨウナ砂地ニモヨク出來ルシ、氣候ノ不順ナ年ニモ、不作ガナイカラ、甚ダ重寶ナモノデス。
	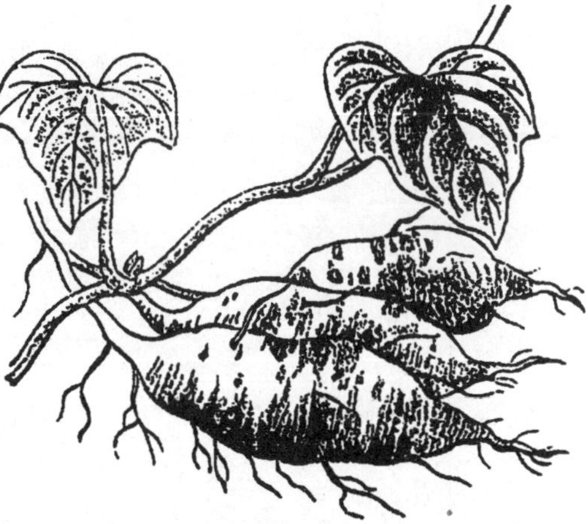
琉球	甘藷ハ初メ支那カラ琉球(リウキウ)ニ(6-27)

傳ワッタ **薩摩** サツマイモ 廣マッタ 井戸平左**衛**門 青木**昆**陽 **依**ル	**傳**ワッタモノデスガ、ソレガ**薩摩**(サツマ)ニ**渡**ッテ**來**マシタカラ、「サツマイモ」トイイマス。**甘藷**ガ、**今日**ノ**様**ニ、**内地**ニヨク**廣**マッタノハ、**井戸平左衛門**ト**青木昆陽**トノ**力**ニ**依**ルコトガ**多**イノデス。
石見國 **餓**死スル **勸**メテ	**井戸平左衛門**ハ**二百年**ホド**前**ノ**人**デ、**石見國**(イワミノクニ)ノ**役人**デアリマシタ。**凶年**ノ**時**、**食**ベ**物**ガナクテ、**餓死**スル者ガ**多**イコトヲナゲイテ、**甘藷**ノ**種子**ヲ**取**リ**寄**セ、**人民**ニ**勸**メテ、**之**ヲ**植**エ**付**ケサセマシタ。(6-28)
數年 **一帶** **免**レル 井戸神社 **祀**リ	スルト**人民**ハ**我**モ**我**モト**植**エ**始**メマシタカラ、**數年**ノ**中**ニ、**其**ノ**地方一帶**ニ**廣**マッテ、**凶年**ニモ**餓死**ヲ**免**レルヨウニナリマシタ。**土地**ノ**人民**ハ**井戸神社**ヲ**建**テテ**平左衛門**ヲ**祀**リ、**今**モナオ**其**ノ**恩**ヲ**忘**レマセン。
有名ナ 委シク	**青木昆陽**ハ**平左衛門**ヨリ**少**シ**後**ノ**人**デ、**有名**ナ**學**者デシタ。**甘藷**ノ**作**リ**方**ヤ**貯**エ**方**ナドヲヨクシラベテ、**之**ヲ**委**シク**書物**ニシルシテ、(6-29)

種藷 **添**エテ クバリマシタ **忽**チ **墓** 甘藷先生墓 刻ンダ **碑**石	**政府**ニ**差上**ゲマシタ。**政府**デハ**其**ノ**書物**ニ**種藷**ヲ**添**エテ、**方々**エクバリマシタカラ、**忽**チ**全國**ニ**廣**マリマシタ。 **昆陽**ノ**墓**ハ**今**モ**東京**ノ**近**クニアッテ、「**甘藷先生墓**」ト**刻**ンダ**碑石**ガ**建**テテアリマス。 **練習** 一、**甘藷**ガ**重寶**ナモノデアルコトヲオ**話**シナサイ。 二、**井戸平左衛門**ノコトヲオ**話**シナサイ。 三、**青木昆陽**ノコトヲ**文**ニオ**作**リナサイ。 四、**此**ノ**課**ニ**書**イテアルコトヲ、マトメテ**言**ッテゴランナサイ。(6-30)

第八課、甘藷を贈る手紙

贈る	甘藷が出來ましたから、少しばかりで
	すけれども差上げます。これは父が内
求めた	地から求めた種藷を少し分けてもらっ
	て、私と弟と二人で、作ったのでござ
白菜	います。白菜もよほど大きくなりまし
	たから、其のうち、(6-31)
	また差上げたいと思って居ます。
	十一月一日　　　　　　金仁孫
	李先吉樣
	同じく返事
見事な	見事な甘藷をお贈り下さいまして、有
つもり 定めて	り難う存じます。早速いたゞくつもり
けっこうで ございましょう	でございます。定めて味がけっこうで
	ございましょう。(6-32)

こんなによく出來るなら、來年は私も種藷を分けていたゞいて、作ってみとうございます。其のうち上って、お禮を申し上げます。

十一月一日　　　　　　　　李先吉

金仁孫樣

練習

一、自分で植えた柿の木に、始めて實がなったのを、友だちに贈ってやる手紙をお書きなさい。

二、右の返事をお書きなさい。 (6-33)

第九課、本州と四國

通例 中國 近畿 中部 關東 奧羽 溫和です	**本州**は**大層大**きな**島**で、**通例**、**之**を**五**つの**地方**に**分**けます。**五**つの**地方**とは**中國・近畿・中部・關東・奧羽**です。 **本州**の**氣候**は**大抵溫和**ですが、**奧羽地方**の**冬**は、**寒**さがはげしうございます。そうして**奧羽地方**も**中部地方**も、**海**に**向**って**居**る**所**は、**冬**になると、**雪**が**多**く**積**ります。 **關東地方**と**近畿地方**とには、**大**きな**都會**がいくつもあります。(6-34)
京都 大阪 神戸 廣島 名古屋 北端	**東京**や**横濱**は**關東地方**にあって、**京都・大阪・神戸**などは、**近畿地方**にあるのです。 **下關**から**汽車**に**乘**れば、**中國・近畿・中部**の**各地方**を**通**って、**關東地方**に**入**り、**東京**に**着**きます。**其**の**間**に**廣島・神戸・大阪・京都・名古屋・横濱**などがあるのです。**汽車**は**東京**から、**更**に**奧羽地方**の**北端**まで、**通**じて**居**ます。

瀨戸内海 **隔**てて	**中國地方**の**南**には、**瀨戸内海**を**隔**てて、(6-35)

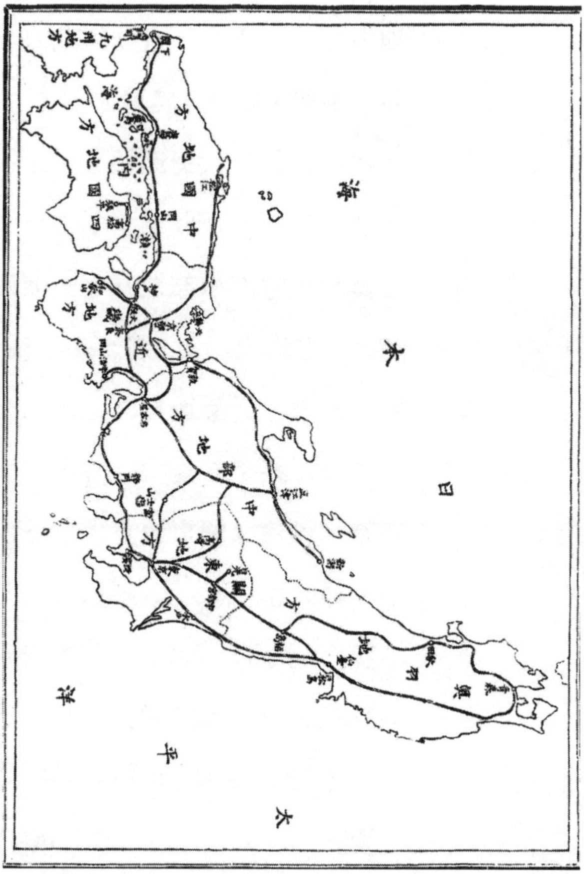

(6-36)

波 おだやかで	**四國**があって、**氣候**は**本州**よりも**暖**かです。**瀨戸内海**には**絶**えず**船**が**通**い、**波**がおだやかで、**方々**に**島**があって、**大層**、**景色**がよろしうございます。
	下關は**中國地方**の**西端**にある**港**で、**此處**から、**毎日**、**朝鮮地方**え**船**が**往來**します。
面して居る **素戔鳴尊** 多分 **邊**	**又**、**中國地方**の**日本海**に**面**して**居**る**地**からも、**船**が**朝鮮**え**往來**します。**大昔**、**素戔鳴尊**(すさのおのみこと)が**朝鮮**え**往來**なさったのも、**多分**、(6-37) **此**の**邊**からだろうということです。
	練習
  旅行する	一、**本州及**び**中國**の**氣候**はどんなですか。 二、**汽車**·**汽船**で、**京城**から**奥羽地方**の**北端**まで、**旅行**する**道**すじをお**話**しなさい。 三、**瀨戸内海**のことを**文**にお**作**りなさい。 四、「追い追い」「**絶**えず」「いくつも」を**用**いて、三つの**短文**をお**作**りなさい。

第十課、大阪からの手紙

お變り	其の後、お變りはありませんか。(6-38)
	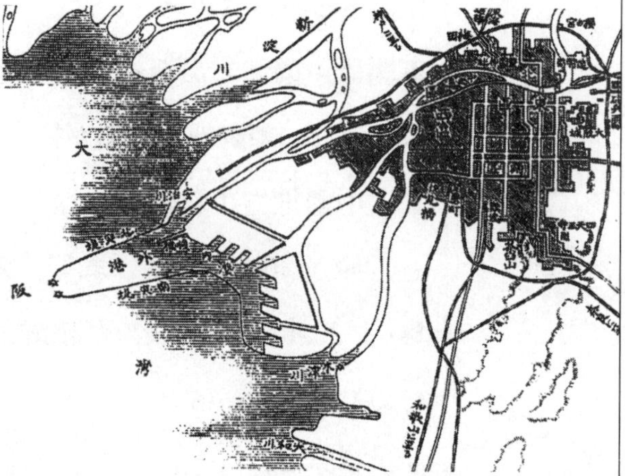
見物して 昨日	おとうさんも、おかあさんも、おたっしゃでしょう。私は、途中、あちこち見物して、昨日、無事大阪に着きました。(6-39)
堀 幾筋	大阪は人口が百二十萬近くもあって、東京に次ぐ大都會です。市内には川や堀が幾筋も流れて居て、船が絶えず往

築港 澤山 水運 發着 勿論 奈良	來して居ます。又、築港も出來て、大きな船が澤山泊って居ます。水運ばかりでなく、陸上の交通も大層便利で、汽車の發着は殆んどたえまがありません。電車は、市内は勿論、京都·奈良·神戸えも通じて居ます。(6-40)
川口 ほばしら 無數 煙突 吐き出して居ます 商業 工業 發達して 貿易 明日 夕方	川口には、船のほばしらが林の樣に立ち並び、市中には、無數の煙突が黑雲の樣な煙を吐き出して居ます。 此の樣に水陸の交通が便利ですから、商業や工業が次第に發達して、外國との貿易も、年々、盛んになるばかりです。 明日は夕方に京都え行く積りです。皆樣によろしく申し上げて下さい。(6-41)
	一月七日　　　　容植
完植 殿	完植殿

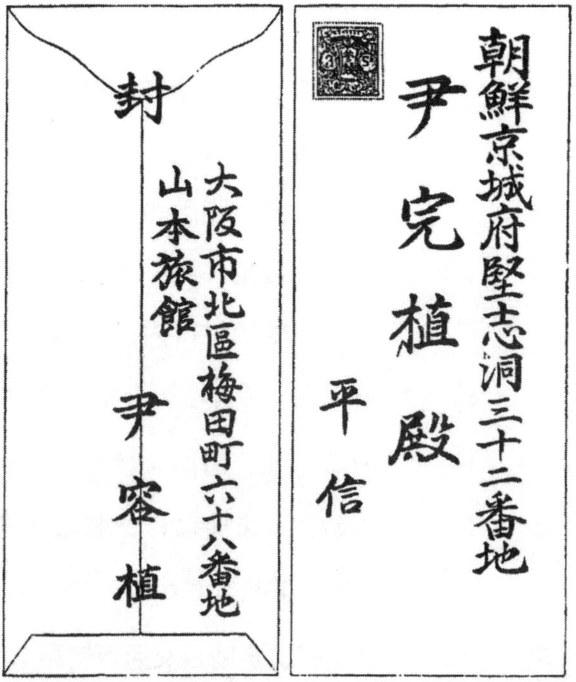

(6-42)

練習

一、大阪の交通をお話しなさい。

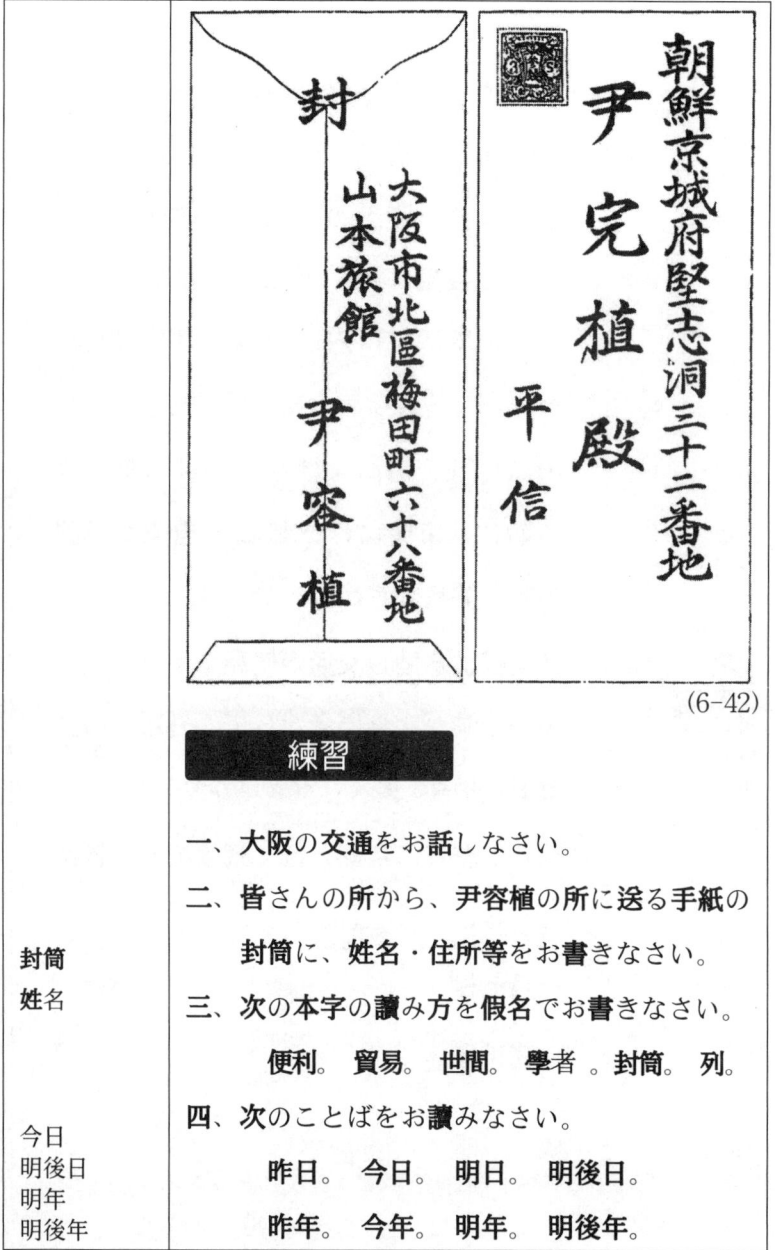

二、皆さんの所から、尹容植の所に送る手紙の封筒に、姓名・住所等をお書きなさい。

三、次の本字の讀み方を假名でお書きなさい。

便利。 貿易。 世間。 學者 。封筒。 列。

四、次のことばをお讀みなさい。

昨日。 今日。 明日。 明後日。

昨年。 今年。 明年。 明後年。

封筒
姓名

今日
明後日
明年
明後年

第十一課、人ノカラダ (一)

包ンデ居ル 皮**膚**	**人**ノ**體**ノ**外**(ソト)ヲ**包**ンデ**居**ルモノハ**皮膚**デス。(6-43)
	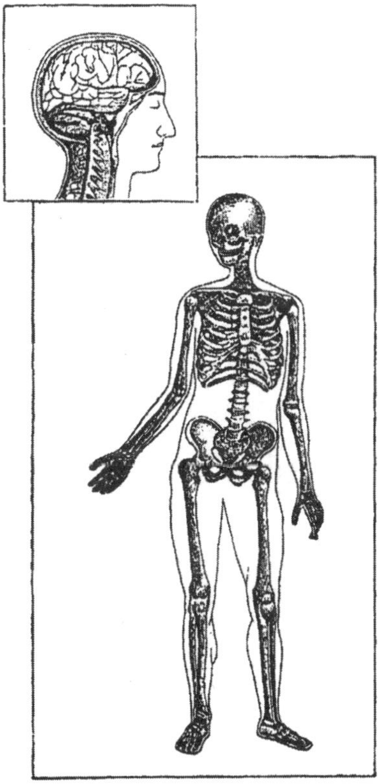
壁	**皮膚**ハチョウド**家**ノ**壁**ノ**様**ナモノデ、**體**ノ**内**

筋肉 支エテ 伸ビタリ 縮ンダリ 運動 胴 腦髓 覺エタリ 悲シンダリ 頭蓋骨 髪	ニアル色々ナ道具ヲ守ッテ居マス。皮膚ノ下ニハ筋肉ガアッテ、骨ニツイテ居マス。骨ハ筋肉ヲ支エテ、體ノ柱トナッテ居マス。筋肉ガ伸ビタリ、縮ンダリスルノデ、(6-44) 體ノ色色ナ運動ガ出來ルノデス。 人ノ體ニハ頭·胴·手·足ノ四部ガアリマス。 頭ノ内ニハ腦髓ガアリマス。腦髓ハモノヲ覺エタリ、道理ヲ考エタリ、喜ンダリ、悲シンダリ、其ノ外、スベテ心ノハタラキヲスルモノデス。ゴク大事ナモノデスカラ、頭蓋骨(ズガイコツ)ガ之ヲ包ンデ、其ノ上ニ、髪ノ毛ガ生エテ、大切ニ保護シテ居マス。(6-45) **練習** 一、人ノ體ヲ家ニクラベテオ話シナサイ。 二、頭ヲ打ツノハ、ナゼ悪イデショウカ。 三、次ノ本字ノ形ノチガイニ注意シナサイ。 　　穀、穀。 恩、思。 輿、與。 或、咸。 四、心ノハタラキニハ、ドンナコトガアリマスカ。知ッテ居ルダケ、言ッテゴランナサイ。

第十二課、人ノカラダ (二)

胸 **腹**	**胴**ニハ**胸**ト**腹**トガアッテ、**胸**ハ**上**ノ**方**ニ、**腹**ハ**下**ノ**方**ニアリマス。(6-46)
肺臓 心臓 **既**に 養ッテ ケガレタ **吸**イ込マレタ 空氣 **酸**素	**胸**ノ**内**ニハ**肺臓**ト**心臓**トガアリマス。**既**に**體**ヲ**養**ッテケガレタ**血**ハ、**肺臓**エメグッテ**行**ッテ、**口**ヤ**鼻**カラ**吸**イ**込**マレタ**空氣**カラ**酸素**ヲ**取**ッテ、**再**ビ**良**イ**血**ニナリマス。**其**ノ**血**ハ**心臓**エ**行**ッテ、マタ**體中**ヲメグリ**體**ヲ**養**イマス。
胃 **腸** 管 グルグル 重ナリ合ッテ コナシテ	**腹**ノ**内**ニハ**胃**ガアッテ、**其**ノ**下**ニハ**腸**トイウ**長**イ**管**ガグルグル**曲**ッテ、**重**ナリ**合**ッテハイッテ**居**マス。**胃**ハ**食**ベタ**物**ヲコナシテ、(6-47) 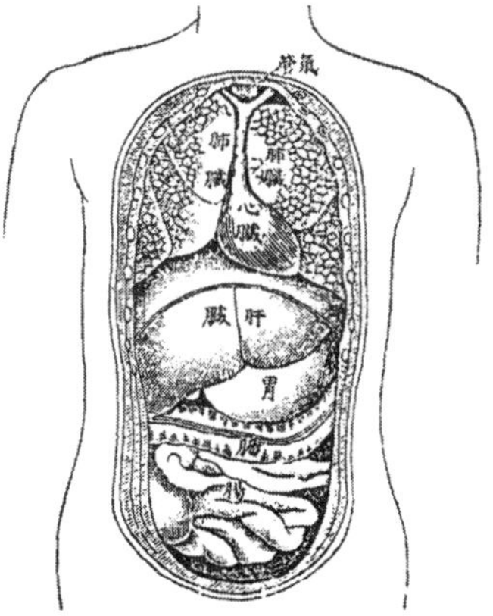

	腸ニ送リマス。腸ハ胃デコナレナイ物ヲヨ
滋養分	クコナシマス。胃ヤ腸デコナサレタ滋養分
血液	ハ血液トナッテ、體ヲ養ウノデス。
握ル 投ゲル	手デハ物ヲ握ル、取ル、投ゲルナド、
巧ミナ 步行シタリ	色々、巧ミナ働ヲスルシ、足デハ體ヲ支エタリ、步行シタリシマス。(6-48)
ザット 風	人ノ體ハ、ザット、コンナ風ニ出來テ居マ
丈夫 滋養物	ス。之ヲ丈夫ニスルニハ、滋養物ヲ食ベ、
新鮮ナ	新鮮ナ空氣ヲ吸イ、ソウシテヨク運動スル
カンジンデス	コトガ、カンジンデス。
	練習
	一、胃・腸・肺臟・心臟ハドンナ働ヲシマスカ。
	二、知ッテ居ルダケ、身體ノ各部分ノ名ヲ言ッテゴランナサイ。(此ノ課ニ書イテアル外ノコトモ、加エテオ話シナサイ。)
	三、手ガ大層巧ミナ働ヲスルコトヲ、(6-49)

	委シク言ッテゴランナサイ。(此ノ課ニ書イテアル外ノコトモ、加エテオ話シナサイ。) 四、體ヲ丈夫ニスルニハ、ドンナコトガ大切デスカ。ソレヲ文ニオ作リナサイ。(此ノ課ニ書イテアル外ノコトモ、加エテオ書キナサイ。)

第十三課、食物

體力 腦力 **減**ります 補う **必要**な	**人**は**絶**えず**體**を**動**かしたり、**腦**を**使**ったりしますから、**自然**と**體力**や**腦力**が**減**ります。それで**之**を補うために、**食物**が**必要**なのです。(6-50)
適當に **含**んで居る 野菜 植物**質**	**食物**には、たゞ**一種**だけで、**人**の**體**に**入用**な**滋養分**を**適當**に**含**んで**居**るものは、**殆**んどありません。それですから、**色々**な**物**を**食**べることが**必要**です。**何處**の**國**の**人**も、**穀物**・**野**菜・**肉類**などを**食**べますが、これは**自然**と**道理**にかなって**居**ることです。 **植物質**の**食物**というのは、**穀物**・**野**菜・**果物**などです。**穀物**には**米**・**麥**・**粟**・**稗**・**黍**・**豆**などがあり、(6-51)
大**根** 蕪菁 菜 馬**鈴薯** ふだん **杏** **梨** 林**檎** **蜜柑** **柿** **棗** 好んで	**野**菜には**大根**・**蕪菁**(かぶら)・菜・**瓜**・**茄子**・**甘藷**・**馬鈴薯**などがありますが、これ**等**は**多**くの**人々**が、ふだん**食**べる**大切**な**物**です。 **果物**は**桃**・**杏**・**梨**・**林檎**・**蜜柑**・**栗**・**柿**・**棗**などで、これ**等**も**人**が**多**く**好**んで**食**べます。

熟さない	けれども、**決**して、**熟**さない**物**を**食**べてはなりません。
蕃椒 **蒜** **韮** **幼**年	**蕃椒**(とうがらし)・**蒜**(にんにく)・**韮**(にら)などは、**多**く**用**いると、**體**を**害**します。**殊**に**幼年**の者にはよくありません。
介	**動物質**の**食物**というのは、**鳥獸魚介**などの**肉**で、**多**くは**滋養分**に**富**んで**居**ます。(6-52)
消化し易い 料理する **最**も 生 **黴菌**	**食物**は**消化**し**易**いように、**料理**することが**最**も**大切**です。**又**、**肉類**でも、**野**菜でも、**生**で**食**べるには、よく**氣**を**付**けなければなりません。**生**の**肉類**や**野**菜には、**蟲**の**卵**や**黴菌**のついて**居**ることがありますから、それを**食**べると、**體**の**害**になります。**又**、
腐った	**腐**った**物**を**食**べるのは、**殊**によくありません。
かんで	すべて**食物**はよくかんで**食**べ、**決**して**食**べ**過**してはなりません。(6-53)
諺 **誡**	**諺**に「**病**は**口**より**入**る。」とあるのは、まことによい**誡**です。

練習

一、此の課に書いてあることを、まとめてお話しなさい。

二、食物にはどんな種類がありますか。

三、種々な物を食べることが必要なわけを、文にお作りなさい。

四、物を食べるに、注意すべきことをお話しなさい。

五、植物や動物の中で、人々がよく食べる物の名を、知って居るだけ、(6-54)
言ってごらんなさい。

第十四課、胃の腑と身體

腑 不平 一同 申し合わせて **吾**々	**或**る**時**、**手**・**足**・**目**・**口**・**耳**などが**不平**を**起**し、**一同申**し**合**わせて、**胃**の**腑**に**向**って、 「**吾**々は**毎日忙**しく**働**いて、お**前**に**食物**を**送**ってやるのに、お**前**は**何**もしないで、ただすわって**食**べてばかり**居**て、**吾**々に**何一**つ**役**に**立**つことをしてくれない。(6-55)
ばかばかしい	あまりばかばかしいから、**吾**々は**一同申**し**合**わせて、**今日**から**働**かないことにした。そう**承知**してもらいたい。」
承知してもらいたい。	と**言**いました。
食事	それからして**後**は、**皆**が**何**もしません。**耳**は**食事**の**知**らせを**聞**いても、**聞**かぬ**風**をして**居**るし、**目**は**食物**を**見**ても、**見**ぬふりをして**居**ます。**手**も**食物**を**口**に**入**れないし、**足**も**食事**をする**場所**え**行**きません。(6-56) こんなにして**二三日**たつと、**耳**は**鳴**り**始**める、

暗む 青ざめて 全く 衰えました	目は暗む、手足は動けなくなる、皮膚の色まで青ざめて來て、身體は全く衰えました。そこで胃の腑は、一同に向って、次の樣に言いました。
役目 務めて居る	「皆さんは、私がたゞすわって食べて居ると思うが、それはまちがいです。私は食物を消化する役目を務めて居るのです。若し私が食物を消化しなかったならば、(6-57)
此の程	此の體を養う血は、どうして出來ましょうか。皆さんは私を苦しめようと思って、此の程は少しも食物を送ってくれない。それだから新しい血が出來ないで、體が弱り、
却って 考えちがい	皆さんは、却って、そんなに自分で、苦しんで居るのです。これで皆さんも、考えちがいをして居たことが分ったでしょう。
相違ない	皆さんは、私に食物を送るために、働いたに相違ないが、私も亦、皆さんを(6-58)養うために、働いて居たのです。これから

睦しく 相持	は互に助け合って、睦しく暮したい。世の中はすべて相持です。」 之を聞いて、手足などは皆一同になるほどと感心して、それからは不平を起さないようになりました。 **練習** 一、「世の中は相持。」ということばの意味をお話しなさい。 二、手足などが不平を起したことの、まちがって居るわけをお話しなさい。(6-59) 三、世間にも此の話に似たことがありますか。 四、次のことばの意味をお話しなさい。 不平、不作。 一同、一帶。 相違、相持。 料理、道理。

第十五課、年始狀

年始狀	一月一日に、學校の儀式がすんで、新一が
家	家(うち)え歸ってみると、父のところえ、
	方々から年始狀が澤山來て居ました。葉書
封書	もあり、封書もあり、(6-60)
名刺	又、名刺を封筒に入れたのもありました。
謹賀新年	葉書には「新年おめでとうございます。」「謹
恭賀新年	賀新年(きんがしんねん)」「恭賀新年(きょう
	がしんねん)」などと書いたのが多くありま
印刷した	した。中には印刷したのもありました。
封 切って	父は一本の手紙を取って、封を切って讀みま
懇意で	したが、それは父と懇意で、これまで何度
渡邊文雄	も、新一の家に來たことのある渡邊文雄(わた
	なべふみお)という人の年始狀でした。(6-61)
	父は其の手紙を新一の前に置いて、
	「新一、これは渡邊のおじさんから來た年
	始狀だ。讀んでごらん。」
	と言いました。

	新一が之を讀むと、次の樣に書いてありました。
	明けまして、おめでとうございます。昨
一方ならぬ	年は度々上りまして、一方(ひとかた)な
御厚情 預り	らぬ御厚情に預り、まことにありがとう
	ございます。(6-62)
相變らず	どうぞ、今年も亦、相變らず、よろし
奥樣	く願い上げます。奥樣にも新一さんに
	も、よろしくお傳え下さい。其の中、
節	おひまの節、私方えもお出で下さい。
ぜひ	お待ち申して居ります。私もぜひお伺
	い致したいと存じます。
	父は新一がよく讀んだのをほめました。(6-63)
	練習
	一、紙を葉書の形にして、友だちのところに送る年始狀を書いてごらんなさい。
	二、次のことばを本字でお書きなさい。
	はがき。てがみ。ふうしょ。ふうとう。
	きって。きんがしんねん。きょうがしんねん。

	三、**次**の**本字**の**形**のちがいに**注意**しなさい。 **狀**、**壯**。**印**、**卵**。**住**、**往**。**淸**、情。 **四**、「青ざめる」「**方々**」「なるほど」を**用**いて、 三つの**短文**をお**作**りなさい。(6-64)

第十六課、京都見物の話

此の頃は夜が長いので、毎晩、うち中の人たちが集って、色々な話をします。

弟　「兄さん、大阪のことはお手紙でよく分りましたが、今夜は、どうぞ、京都のお話をして下さい。」

みんなが、それは面白いでしょうと言って、喜びました。

そこで兄は、次の様に、話して聞かせました。

「京都は人口が四十五萬もあって、(6-65)

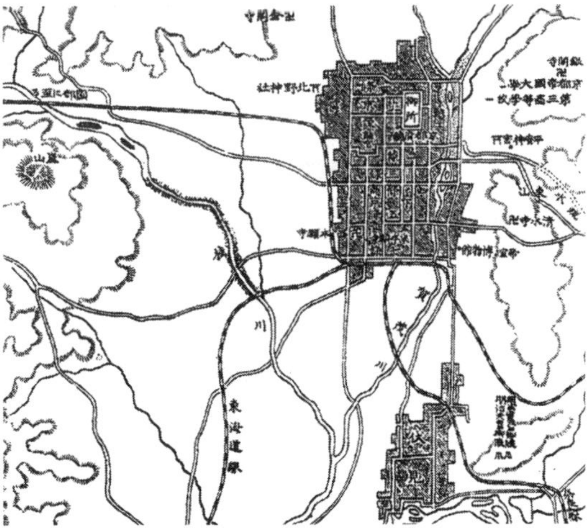

	大阪に次ぐ大都會です。まことに美しい
名所 舊蹟 名高い 社 寺	ところで、名所・舊蹟が多く、名高い社 や寺なども少なくありません。(6-66) それですから一年中、見物人が絶えません。
碁盤 縱横 きまりよく 家屋 鱗	市街は、ちょうど碁盤の目の樣に、路が 縱横にきまりよく通って、家屋が、其の 間に、鱗の樣に並んで居ます。
初年	此の地は、明治の初年まで、一千餘年の 間、代々の天皇のいらせられたところで、
御所	今でも昔の御所がそのまゝにあります。
京都帝國大學 帝室博物館	又、京都帝國大學・帝室博物館、其の 他、銀行・會社などの大きな建物もあり ます。(6-67)
平安神宮 北野神社 金閣寺 立派で 參詣人 嵐山 高尾 紅葉	平安神宮・北野神社・金閣寺などは、何れ も立派で、いつも參詣人が絶えません。市 の近くには名所が多くあって、中にも嵐山 (あらしやま)の櫻、高尾(たかお)の紅葉 は、昔から名高いということです。

	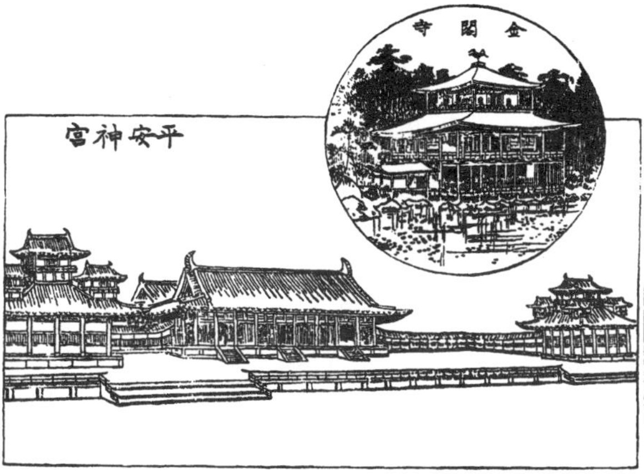 (6-68)
陶器 漆器	それから京都には、織物・陶器・漆器などの良い品が出來ます。」
御陵	弟 「兄さんは京都えお出でになった時、明治天皇の御陵えおまいりなさったということですが、それは何處にありますか。」
伏見桃山陵	兄 「明治天皇の御陵は、京都から、汽車又は電車に乘って南え行くと、あまり遠くないところにありまして、伏見桃山陵(ふしみのもゝやまのみさゝぎ)と申すのです。(6-69)

昭憲皇太后 伏見桃山東陵 參拜した	昭憲皇太后(しょうけんこうたいこう)の御陵も直ぐ其の近くにありまして、伏見桃山東陵(ふしみのもゝやまのひがしのみさゝぎ)と申します。私の參拜した時も、大勢の人が參拜して居ましたが、いつも、あんなに多いそうです。」 みんなが此の話を聞いて、大層面白かったと言いました。 練習 一、東京・大阪・京都・京城の人口は各、何程ですか。(6-70) 二、京都と大阪とをくらべて、其のちがいをお話しなさい。 三、京都の市街はどんなですか。 四、京都の社や寺や、其の他、名高い建物をあげてごらんなさい。

第十七課、おもいやり

おもいやり
よそ
悲しみ
ひきくらべ
おもう
こそ
とうとき
故

氣まゝ
ふるまわば
情
そしられん

よその悲しみ苦しみを

我が身の上にひきくらべ、

あわれとおもう心こそ、(6-71)

人のとうとき故と知れ。

我が身ばかりをおもわずに、

人の身の上おもいやれ。

氣まゝにひとりふるまわば、

情(なさけ)知らずとそしられん。

練習

一、此の歌をそらで書いてごらんなさい。

二、此の歌の意味をお話しなさい。(6-72)

第十八課、九州ト臺灣

門司 長崎 頗ル	門司ハ下關ト向イ合ッテ居ル港デ、長崎ハ九州ノ西部ニアル港デス。共に頗ル良イ港デ、船ノ出入ガ絶エマセン。
鹿兒島 福岡 熊本	汽車ハ門司カラ九州ノ南部鹿兒島マデ通ジテ居テ、其ノ間ニ福岡・熊本ナドガアリマス。又、此ノ鐵道ハ途中カラ分レテ、長崎ニモ通ジテ居マス。
遙カ	琉球ハ九州ヨリ遙カ南ノ海中ニアッテ、(6-73)

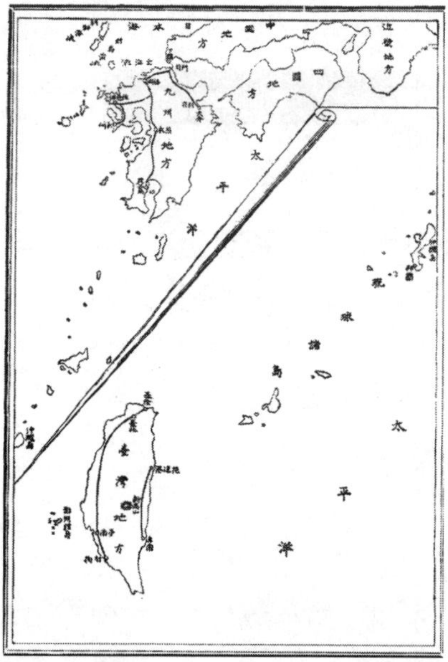

(6-74)

氣候ガ暖カデ、一年中、雪ハ降リマセン。

臺灣ハ、琉球ヨリモ、又、遙カ南ニアッテ、支那ニハヨホド近イ島デス。氣候ハ琉球ヨリモ一層暖カデ、南ノ方ニナルト、大層暑イノデス。雪ハ降リマセンガ、雨ハ多ク降リマス。

鐵道ハ南北ニ通ジテ居ルシ、内地トノ間ニハ、大キナ汽船ガ往來シテ居マス。

新高山

臺灣ノ新高山(ニイタカヤマ)ハ、日本第一ノ高山デス。(6-75)

蕃人	**臺灣**ニハ、**内地人**ノ**外**、**支那**カラ**移**ッテ**行**ッタ**人**ノ**子孫**ガ、**多**ク**住**ンデ**居**マス。**又**、**山地**ニハ、**開**ケナイ**蕃人**モ**居**マス。(6-76) 練習
鐵道線路	一、**九州**ノ**鐵道線路**ニアタル**都會**ノコトヲオ**話**シナサイ。 二、**琉球**ト**臺灣**トノ**氣候**ヲ**文**ニオ**作**リナサイ。 三、**臺灣**ニハドンナ**人**ガ**住**ンデ**居**マスカ。 四、**次**ノ**本字**ノ**讀**ミ**方**ヲ、**知**ッテ**居**ルダケ、**言**ッテゴランナサイ。 **頭**。 **新**。 **生**。 **着**。 **物**。

第十九課、北海道ト樺太

	奥羽地方ノ**北端**カラ、**船**ニ**乘**ッテ**海峽**ヲ**渡**ルト、**北海道**ニ**着**キマス。(6-77)
千島列島	**千島列島**モ**北海道**ノ**一部**デス。
割合ニ	**北海道**ハ**本州**ニ**次**グ**大**キナ**島**デスケレドモ、**人口**ハ**割合**ニ**少**ナク、マダヨク**開**ケナイ**土地**モアリマス。
	氣候ハ**奥羽地方**ヨリモ**寒**イガ、**雪**ハ**多**ク**積**リマセン。
端 函館 小樽 あいぬ人	**汽車**ハ、**南**ノ**端**ノ函**館**カラ、**北**ノ**方**マデ**通**ジテ**居**マス。函**館**ノ**外**ニ、**小樽**モ**良**イ**港**デス。 **北海道**ニハ、**内地人**ノ**外**ニ、あいぬ**人**モ**住**ンデ**居**マス。(6-78)

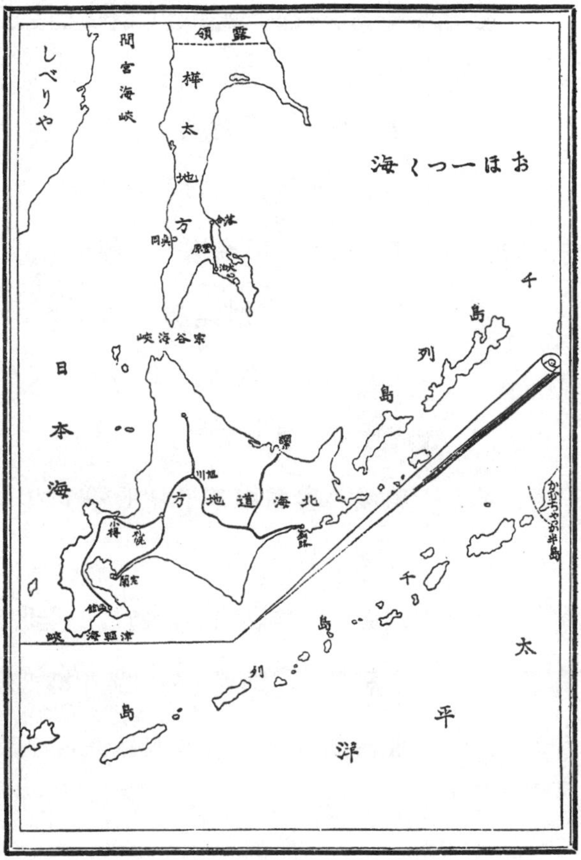

(6-79)

	北海道ノ**北**ニ**樺太島**ガアリマス。**南**ノ**半部**ハ
ろしや**領**	**我**ガ**國**ノ**地**デスガ、**北**ノ**半部**ハろしや**領**デ
凍ッテシマイマス	ス。**樺太**ノ**冬**ハ**大層寒**クテ、**近海**ハ**全**ク**凍**ッ

	テシマイマス。**樺太**ニモ、**内地人**ノ**外**ニ、あいぬ**人**ナドガ**住**ンデ**居**マス。

	(6-80)
	練習
	一、**北海道**ト**奥羽**トノ**氣候**ヲクラベテオ**話**シナサイ。
住民	二、**北海道及**ビ**樺太**ノ**住民**ノコトヲオ**話**シナサイ。
	三、「**割合**ニ**多**イ。」「**割合**ニ**少**ナイ。」トイウコトバヲツカッテ、**二**ツノ**短文**ヲオ**作**リナサイ。

第二十課、隣國

隣國 露西亞領 滿洲 突キ出テ 遼東半島 租借地 旅順 大連 南滿洲鐵道 敷設サレテアリマス 長春 續キ 奉天	我ガ國ノ隣ニハ、西カラ北ニアタッテ、支那ト露西亞領しべりやトガアリマス。(6-81) 支那ノ東北部ハ滿洲デ、鴨綠江ヲ隔テテ、朝鮮ニ對シテ居マス。滿洲ノ南部ニ突キ出テ居ル遼東半島ノ南端ニハ、關東州ガアリマス。關東州ハ我ガ國ノ租借地デコヽニ旅順·大連ノ二港ガアリマス。 滿洲ノ南部地方ニハ、我ガ國ノ南滿洲鐵道ガ敷設サレテアリマス。南滿洲鐵道ハ關東州カラ來テ、平野ヲ北ニ進ンデ、長春デ露西亞ノ鐵道ニ續キ、又、奉天カラ東南ニ進ンデ、(6-82)

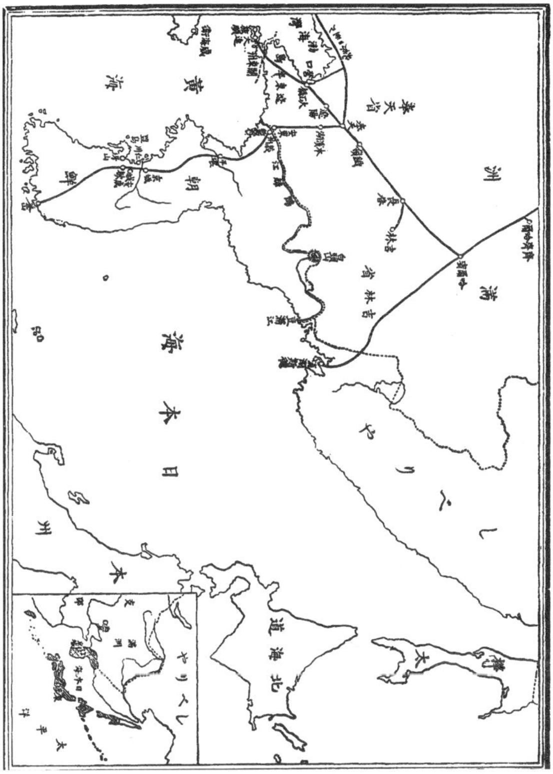

(6-83)

安東
別ニ
北京

安東デ朝鮮鐵道ニ續キマス。又、別ニ支那ノ鐵道ハ北京(ペキン)カラ來テ、南滿洲鐵道ニ續キマス。

豆滿江ノ東北地方ハ露西亞領しべりやデ、

浦鹽斯德	**日本海**ニ**面**シテ**居**ルトコロニ、**浦鹽斯德**(ウラジオストック)トイウ**港**ガアリマス。**此處**エハ、**内地**カラモ**朝鮮**カラモ、**汽船**ガ**往來**シマス。**浦鹽斯德**カラ、**鐵道**ガ**滿洲**・しべりやヲ**經**テ、**露西亞本國**ニ**通**ジテ**居**マス。
經テ	**南滿洲鐵道**ニ**乘**ッテモ、ヤハリ**此**ノ**鐵道**デ、(6-84)
	露西亞ニ**行**クコトガ**出來**マス。
	しべりやハモト**露西亞**ノ**地**デハナカッタケレドモ、**露西亞**ガ**段々之**ヲ**取**ッタノデス。
	浦鹽斯德ノ**邊**モ、**支那**ノ**地**デアッタノヲ、
讓リ受ケタ	**露西亞**ガ**讓**リ**受**ケタノデス。
	練習
	一、**支那**ト**露西亞**トノ**地**デ、**我**ガ**國**ニ**最**モ**近**イトコロヲオ**話**シナサイ。
	二、**南滿洲**ニハ、ドンナ**鐵道**ガアリマスカ。(6-85)
	三、**南滿洲鐵道**ノコトヲ**文**ニオ**作**リナサイ。

第二十一課、明治二十七八年戰役（一）

明治二十七八年戰役
騷動
清國
屬國
勝手ニ
軍艦
豐島沖
大砲
發砲シテ
打破リマシタ

責メテ
戰爭スル

明治二十七年ニ、朝鮮ニ騷動ノ起ッタ時、清國ハ朝鮮ヲ自分ノ屬國ダト言ッテ、勝手ニ兵ヲ朝鮮ニ送リマシタ。又、清國ノ軍艦ハ、豐島沖デ、我ガ軍艦ニ大砲ヲ打チカケマシタカラ、我ガ軍艦カラモ發砲シテ、之ヲ打破リマシタ。ソコデ我ガ國ハ清國ノ無禮ヲ(6-86)責メテ、遂ニコレト戰爭スルコトニナリマシタ。

陸軍
成歡
平壤
サンザンニ

我ガ陸軍ハ、初メ成歡デ、次ニ平壤デ、サンザンニ清國ノ大兵ヲ打破リマシタ。ソウシテ段々北エ進ミ、鴨綠江ヲ渡ッテ、滿洲地方エ攻メ入リマシタ。(6-87)

海軍 敵	又、我ガ海軍ハ、平壤ノ戰ガアッテカラ二日目ニ、黃海デ大イニ敵ノ海軍ヲ破ッテ、其ノ軍艦ヲ打沈メタリ、燒イタリシマシタ。 **練習** 一、我ガ國ガ淸國ト戰爭スルヨウニナッタワケヲオ話シナサイ。 二、我ガ陸海軍ハドコデ勝チマシタカ。 三、「勝手ニ」「サンザンニ」ヲ用イテ、二ツノ短文ヲオ作リナサイ。(6-88)

第二十二課、明治二十七八年戰役（二）

上陸サセテ 要害 困難ナ 勢	我ガ國ハ、又、別ニ軍ヲ出シテ、遼東半島ノ南部ニ上陸サセテ、段々、敵地ヲ取ッテ、遂ニ旅順ヲ攻メマシタ。旅順ハ要害ノ地デ、守ルニハ都合ヨク、攻メルニハ困難ナ所デスガ、我ガ軍ハ直グニ之ヲ攻メ落シテシマイマシタ。敵ノ勢ハコレカラ俄カニ弱リマシタ。
威海衛 逃ゲ込ンデ 居マシタ	其ノ時、敵ノ海軍ハ威海衛ニ逃ゲ込ンデ居マシタガ、(6-89)
	我ガ海軍ハ陸軍ト力ヲアワセテ、之ヲ攻メマシタ。敵ノ海軍ハカナワナイデ、遂ニ降參シマシタ。ソコデ我ガ陸軍ハ、進ンデ、清國ノ首府ノ北京ヲ攻メヨウトシマシタ。
遣ワシテ 償金 講和	清國ハ大層恐レテ、使ヲ我ガ國ニ遣ワシテ、多クノ償金ヲ出シ、臺灣ヲ我ガ國ニ讓ッテ、講和ヲシマシタ。ソウシテ清國ハ、朝鮮ガ自分ノ屬國デナイトイウコトヲ承知シマシタ。(6-90)

練習

一、旅順ノ戰ト威海衞ノ戰トヲオ話シナサイ。

二、淸國ハ講和ノ時ニ、我ガ國ニ對シテ、ドンナコトヲシマシタカ。

三、次ノコトバヲオ讀ミナサイ。

軍艦。 都合。 無禮。 屬國。 戰爭。

第二十三課、都會と田舎

田舎 相應に	或る田舎に相應に暮して居る農家がありました。(6-91)
金元培 信用 評判	主人は金元培といって、信用もあり、評判もよい人でありました。
近頃 卒業した	其の長男の鎭世というのは、近頃、普通學校を卒業したものですが、
百姓 商賣 面白いめ 逢う 愉快	「田舎に居て、百姓などするのはつまらぬ。ぜひ都會に出て、何か商賣を始めたい。都會に行きさえすれば、よい仕事があるにちがいない。都會に居れば、珍らしいものも見られるし、面白いめにも逢うことが出來て、(6-92) どんなにか愉快であろう。」
思い込んで 一言 斷 伯父	と思い込んで、或る日、父母に一言の斷もなく、家を飛び出して、平壤に居る伯父の金一培を尋ねて行きました。

不心得な	金一培は或る商店の主人であります。鎭世から委しい話を聞いて、非常に驚きまして、次の樣に、其の不心得なことを言って聞かせました。
大變 間違った 賑やか 羨む 無理ではない しかし 苦勞 物價 費用 資本	「世の中には、都會ばかりを (6-93) よいものとして、田舍を全くつまらぬものと思う人がないでもないが、これは大變間違った考である。都會は賑やかで、便利であるから、之を羨むのも、無理ではない。しかし長く住んでみると、都會の生活には苦勞が多く、不愉快なことが少なくない。物價が高いばかりでなく、色々、費用も多くかゝる。商賣をするにも、資本が澤山いるし、大きくやって居る店でも、(6-94)
ほんとうに わけもなく いやだ	ほんとうに利益のあるうちは、割合に少ないものだ。たゞわけもなく、田舍はいやだ、百姓はきらいだといって、都會に出て來ても仕方がない。

	田舍は都會にくらべると、よほど暮しよく
山水	て、人々が親切である。其の上、山水の美
	しいこと、空氣の新鮮なことなどは、とて
得られぬ	も都會では得られぬことである。田舍で
事業	も、お前がたのする事業は澤山ある。(6-95)
蓄えられた	なれぬ都會に出て、先祖の蓄えられた財
財産	産をつかってしまって、何の得るところ
染む	もなく、却って悪い風に染むようなこと
後悔して	があっては、後悔しても及ばない。
品行 家業	お前は常に品行に注意し、家業に精出し
殖し	て、父上が作られた財産を殖し、家の幸
計る	福を進め、村の繁昌を計るようにするが
	よい。それがお前のためであり、又、お
おわび	國のためである。わたしが父上におわび
	をしてやるから、直ぐ歸れ。」(6-96)
	鎭世は伯父にわびをしてもらって、家に歸
	りました。
家長	それから十數年たって、鎭世が家長となった

村内 富有な 村民 尊敬されました 是れ	頃には、村内第一の富有な農家となって、村民に尊敬されました。是れ全く、伯父に言い聞かされたことを、よく守ったからであります。(6-97) 練習 一、金鎭世はなぜ家を飛び出したのですか。 二、伯父は、鎭世に、どんなことを言って聞かせましたか。 三、皆さんは、伯父の言ったことについて、どう思いますか。

第二十四課、人の職業

職業 官吏 教師 醫師 貴い 等 賤しむ	世の中には官吏もあり、教師もあり、又、醫師などもあります。けれどもこれ等の職業ばかり貴いわけではなく、農業・工業・商業等も亦甚だ大切で、(6-98)
近來 實業	決して賤しむべきものではありません。近來、人々が農・工・商等の實業をも貴ぶようになったのは、喜ぶべきことです。
主として 改良されました 選ぶ 收穫	農業は、主として、米・麥・豆・粟等、種々の穀物を作るものです。穀物の作り方も、近頃は大いに改良されましたから、たゞ昔の通りにばかりして居てはいけません。殊に良い種子を選ぶことが大切です。悪い種子では、(6-99)いくら骨を折っても、良い穀物が取れないし、收穫も多くありません。
果樹 家禽	此の外、農業には種々あります。野菜を作ったり、果樹を植えたり、家畜や家禽をかったりするのも、利益のあることです。

	養蠶も**亦利**益の**多**いものですから、なるべく**之**をしなければなりません。
農事 **筵** **縄** なったり **副業**	**農事**のひまひまに、**筵**を**織**ったり、**縄**をなったりすることは、**副業**といって、**是**れ**亦**、(6-100)きわめて**大切**なことです。
方法	**家屋**を**建**てたり、**陶器**や**漆器**を**作**ったり、**反物**を**織**ったり、**紙**をこしらえたりなどするのは、**皆工業**です。**工業**にも**新**しい**方法**が、**段々行**われるようになりましたから、たゞ**昔**の**通**りにばかりして**居**ては、**良**い**品**は**出來**ません。
	商業は**農業**や**工業**で**作**った**品物**を**買**い**取**って、**又**、それを**賣**って、**利**益を**得**るものです。**商業**にも**色々**あって (6-101)
雑貨屋 魚屋 外國	**米屋**もあれば**雑貨屋**もあり、**魚屋**(さかなや)もあれば**吳服屋**もあって、**一々**あげ**盡**すことは**出來**ません。**又**、**國內**で**商賣**するばかりでなく、**外國**と**貿易**するものもあります。

商人があちらの**物**を**買**っては、こちらに**賣**り、**又**、こちらの**物**を**買**っては、あちらに**賣**るから、**人々**が**不自由**をしないのです。

人は**誰**でも**自分**の**職業**を**勵**んで、(6-102)

家を**富**まし、**國**のためになるように、**心**がけなければなりません。

練習

一、**職業**にはどんなものがありますか。

二、**農業**はどんなことをするものですか。

三、**商業**はどんなことをするものですか。

四、**工業**はどんなことをするものですか。

五、**此**の**地方**に**行**われる**農家**の**副業**を**言**ってごらんなさい。(6-103)

第二十五課、わざくらべ

わざくらべ 百濟河成 飛騨工 大工 名人 堂	昔、内地に百濟から行った人の子孫で、百濟河成(クダラノカワナリ)といって、非常に繪の上手な人がありました。又、其の友だちに飛騨工(ヒダノタクミ)といって、世に聞えた大工の名人がありました。或る日、工は河成に向って、 「此の頃、小さな堂を建てましたから、どうぞ其の四方の壁に、繪をかいて下さい。」 と言いました。 そこで河成が行ってみると、(6-104) 

四角四面	小さな四角四面の堂があって、四方の戸は皆
	開いて居ました。工が「おはいり下さい。」と
何心なく	言うから、何心なく、縁に上って、南の口か
縁 はたと	らはいろうとすると、其の戸がはたと閉じて
閉じてしまいました	しまいました。驚いて、今度は西の口から、
	はいろうとすると、其の戸が、又、(6-105)
	はたと閉じて、南の戸が開きました。それ
廻る	から北え廻ると、西の戸が開き、東え廻る
	と、北の戸が開いて、どうしても、はいる
くやしくてたまらぬ	ことが出來ません。くやしくてたまらぬけ
	れども、仕方がないから、工の笑う聲を後
	に聞きながら、歸ってしまいました。
	それから幾日かたって、河成から工のところえ、
	「おめにかけたい繪が出來ましたから、お出で下さい。」(6-106)
	と言ってやりました。そこで工が河成のと
	ころえ行きますと、河成は
	「さあ、どうぞこちらえ。」
	と言いました。

黑ぶくれ 臭氣 あっと 腹をかゝえて こは如何に ふすま	工が内えはいろうとすると、其處に黑ぶくれになって腐った死人が横わって居て、臭氣が鼻をつくようでありました。工は驚いて、あっと聲を立てて、逃げ出しました。(6-107) すると河成は、腹をかゝえて笑いながら、 「私がこうして居るのに、あなたは、なぜ、おはいりなさらぬか。」 と言いました。工が恐る恐る近寄ってみると、こは如何に、死人と見えたのは、ふすまにかいた繪であったということです。 **練習** 一、河成が工のところえ行った時のことをお話しなさい。 二、工が河成のところえ行った時のことをお話しなさい。(6-108) 三、次の字をお讀みなさい。 (イ) ロ 口　(ロ) エ 工 (ハ) カ 力　(ニ) ホ 木 (ホ) タ 夕

第二十六課、井上でん

井上でん **筑**後國 **久留**米 生れつき 幼い 手仕事 機織	**井上**でんは**筑後國久留米**(ちくごのくにくるめ)の**人**で、**生**れつき**賢**く、**幼**い**時**から、**手仕事**が**好**きでありました。**早**くから**機織**を**覺**えて、**十二三歳**の**頃**には、(6-109)
	よほど**巧**みになりました。**常**に**何**か**珍**らしい**物**を**織**り**出**して、**國**のためにもなり、**世**のためにもなりたいと**志**して**居**ました。**或**る**時**、
志して居ました 斑 **模**様 **解**いてみました	ふと**自分**で**着古**した**着物**が、ところどころ**白**く**斑**(まだら)になって、**自然**と**模樣**が**出來**て**居**るのを**見**て、**面白**いと**思**って、**其**の**着物**の**絲**を**解**いてみました。すると**黑**い**絲**と**白**い**絲**とが、**互**に**入**りまじって**居**るから、**深**くこれに**目**をつけました。(6-110)
工夫して 織り**餘**り くゝって **藍汁** **浸**しました	それから**色々**と**工夫**して、**織**り**餘**りの**絲**でもって、**白**い**絲**をあちこちとくゝって、それを**藍汁**に**浸**しました。そうして**其**のくゝった

染まって居ました	絲を解いてみると、白い絲が斑に染まって居ました。
	 (6-111)
絣 霰 雪降 霰織 もてはやしました 技術 益益 二十餘人	そこで其の絲を織ってみると、白い絣の模様があらわれて、見事な織物が出來ました。其の模様が雪や霰の飛び散ったようでありますから、人々が雪降・霰織などといって、大層もてはやしました。これが久留米絣の始です。でんが十五歲の頃には、其の技術が益益進みましたので、でんのところえ來て、機織を學ぶ者が二十餘人もありました。(6-112)

販路 産額 愈愈 繁榮 增す 歿しました 功 追賞金 記念碑	でんが四十歲の頃には、其の敎を受けて、久留米絣を織ることを職業とする者が、四百人にも及びました。そうして段々久留米絣の名が四方に傳わって、販路も益廣がり、産額も愈愈ふえて、久留米地方の繁榮を增すようになりました。 でんは、明治二年に、八十二歲で歿しましたが、其の功が益世にあらわれ、官からは追賞金を與えられ、同地の人々は、之を後の世に傳えるために、記念碑を建てました。(6-113) **練習** 一、井上でんはどうして久留米絣を織り出しましたか。 二、井上でんの功をお話しなさい。 三、次の文をお讀みなさい。 久留米絣は、大層、世にもてはやされました。 井上でんは久留米絣を發明しました。 四、「斑犬」と書いて、「ぶちいぬ」と讀みます。どんな犬ですか。(6-114)

第二十七課、明治三十七八年戰役 (一)

明治三十七八年戰役 兵備 嚴重ニ 占領シヨウ	露西亞ハ、先キニ、關東州ヲ清國カラ租借シテ、旅順ノ兵備ヲ嚴重ニシテ居マシタガ、其ノ後、清國ニ騷動ノ起ッタ時、多クノ兵ヲ滿洲ニ出シテ、遂ニ之ヲ占領シヨウトシマシタ。ソレバカリデナク、ナオ進ンデ、朝鮮マデモ手ヲノバシテ來マシタ。
東洋 平和 野心 屢 談判シマシタ 一向ニ 效 已ムコトヲ 得ズ	若シ朝鮮ガ露西亞ニ占領サレルナラバ、東洋ノ平和ガ破レルカラ、我ガ國ハ之ヲ見テ(6-115)居ルワケニイキマセン。ソコデ我ガ國ハ露西亞ノ野心ヲ防グタメニ、屢之ト談判シマシタケレドモ、一向ニ效ガアリマセンデシタ。ソコデ已ムコトヲ得ズ、明治三十七年二月、遂ニ露西亞ト戰爭スルコトニナリマシタ。
スバヤク 旅順口 敵艦隊 襲イ	我ガ海軍ハ、スバヤク、仁川デ敵艦ヲ破リ、又、屢旅順口ノ敵艦隊ヲ襲イ、遂ニ黄海デ、大イニ之ヲ打破リマシタ。(6-116)

逐イ拂ッテ 連戰連勝シテ 難攻不落 恃ンデ居タ 陥レテ 虜 下旬 會戰シ	又、我ガ陸軍ハ朝鮮ニ入リ込ンデ居ル露西亞兵ヲ逐イ拂ッテ、滿洲ニ進ミ、連戰連勝シテ奉天ニ向イマシタ。別ニ我ガ軍ハ敵ガ難攻不落(ナンコウフラク)ト恃ンデ居タ旅順ヲ陥レテ、(6-117) 敵兵二萬餘ヲ虜ニシマシタ。ソレカラ陸軍ハ皆一ショニナッテ、明治三十八年二月下旬カラ三月十日マデノ間ニ、敵ノ大軍ト奉天ニ會戰シ、大イニ之ヲ破ッテ、敵兵四萬餘ヲ虜ニシマシタ。コレガ名高イ奉天ノ戰デス。

練習

一、我ガ國ガ露西亞ト戰爭スルヨウニナッタワケヲオ話シナサイ。

二、我ガ海軍ハドンナ働ヲシマシタカ。(6-118)

三、我ガ陸軍ハドンナ働ヲシマシタカ。

第二十八課、明治三十七八年戰役 (二)

連敗 挽回シヨウ 派遣シタ 現ワレマシタ 全滅サセマシタ 別軍	露西亞ガ連敗ノ勢ヲ挽回シヨウト思ッテ、東洋ニ派遣シタ大艦隊ハ、明治三十八年五月、日本海ニ現ワレマシタ。我ガ海軍ハムカエ擊ッテ、二十七日カラ二十八日ニカケテ、之ヲ全滅サセマシタ。又、別軍ハ樺太ヲモ占領シマシタ。(6-119)
勝利 陸戰 海戰 古來未曾有 前代未聞	カク我ガ軍ハ、陸デモ海デモ、勝利ヲ得マシタガ、中ニモ奉天ノ陸戰ト日本海ノ海戰トハ、古來未曾有(コライミゾウ)ノ大戰デ、又、前代未聞(ゼンダイミモン)ノ大勝利デアリマシタ。
陸軍記念日 海軍記念日	ソレデ後ニ、三月十日ヲ陸軍記念日、五月二十七日ヲ海軍記念日ト定メラレマシタ。
和睦シマシタ 割キ 租借權	其ノ中ニ兩國ハ和睦シマシタガ、此ノ時露西亞ハ樺太島ノ南半ヲ我ガ國ニ割キ、又、關東州ノ租借權ト滿洲ニ敷設シタ鐵道ノ南部トヲ我ガ國ニ讓リ、(6-120)

南滿洲及ビ朝鮮カラ全ク手ヲ引キマシタ。

練習

一、日本海海戰ノコトヲオ話シナサイ。

二、我ガ國ト露西亞トノ講和ノコトヲオ話シナサイ。

三、次ノコトバノ意味ヲオ話シナサイ。

連勝。　和睦。　全滅。　記念碑。　手仕事。

第二十九課、朝鮮總督府

亂レテ	**朝鮮**ハ、**久**シイ**間**、**政治**ガ**亂**レテ、**人民**ハ**安**ラカニ**暮**スコトガ**出來**ズ、(6-121)
侵サレテ 禍 源	**又**、**時々**、**外國**カラ**侵**サレテ、**常**ニ**東洋**ノ**禍**ノ**源**トナリマシタ。
保チ 總督 オ**置**キニナッテ **給**イ 政務總監 補**佐**セシメ	ソレデ**明治天皇**ハ**東洋**ノ**平和**ヲ**保**チ、**人民**ノ**幸福**ヲ**進**メルタメニ、**明治四十三年八月**ニ**總督**ヲオ**置**キニナッテ、**朝鮮**ヲ**治**メシメ**給**イ、**政務總監**ヲオ**置**キニナッテ、**總督**ヲ補**佐**セシメ**給**ウコトニナサイマシタ。
內務部 度支部 農商工部 司法部	**朝鮮總督府**ハ**總督**ガ**政務**ヲトラレル**役所**デ、**內務部**・**度支部**・**農商工部**・**司法部**ナドガアリマス。(6-122)
長官 局長 課長 職務	**各部**ニハソレゾレ**長官**ガアリ、**長官**ノ**下**ニハ**局長**・**課長**ナドガアッテ、**職務**ヲ**行**ワレマス。
道廳	**又**、**朝鮮**ノ**十三道**ニハ**各道廳**ガアッテ、ソコ

道長官 命	ニ道長官ガ居テ、總督ノ命ヲ受ケテ、其ノ道ヲ治メラレマス。(6-123)
府廳 府尹 郡守 指圖	道廳ノ下ニハ府廳及ビ郡廳ガアッテ、府廳ニハ府尹、郡廳ニハ郡守ガ居テ、道長官ノ指圖ニ從ッテ、其ノ府郡ヲ治メラレマス。
遞信局 鐵道局 警務總監部	此ノ外、總督府ニ屬シテ居ル役所ニ、遞信局・鐵道局・警務總監部・裁判所ナドガアリマス。
行キ屆キマス	此ノ樣ニシテ、政治ガヨク行キ屆キマスカラ、其ノオカゲデ、我々ハ、今日ノ樣ニ、幸福ニ暮スコトガ出來ルノデス。(6-124)

練習

一、朝鮮總督府ノコトヲオ話シナサイ。

二、各道ニハドンナ役所ガアリマスカ。

三、此ノ地方ニアル役所ヲ、知ッテ居ルダケ、言ッテゴランナサイ。(6-125)

普通學校國語讀本 卷六終 (6-126)

【附　錄(一)】

第一課 **日光**(ニッコウ)。**兩側**(リョウガワ)。**杉**(スギ)。**並木**(ナミキ)。**聳**(ソビ)エ。**有樣**(アリサマ)。**散**(チ)ル。**朱塗**(シュヌリ)。**薄暗**(ウスグラ)イ。**東照宮**(トウショウグウ)。**陽明門**(ヨウメイモン)。**丹青**(タンセイ)。**欄干**(ランカン)。**鳥獸**(チョウジウ)。**天井**(テンジョウ)。**畫**(エ)。**精巧**(セイコウ)。**異名**(イミョウ)。**盡**(ツク)サレ。**鏡**(カヾミ)。**壯觀**(ソウカン)。

第二課 **手傳**(テツダイ)。**共**(トモ)ニ。**畔**(アゼ)。**尋**(タズ)ネ。**乾**(カワ)カス。**籾**(モミ)。**籾殼**(モミガラ)。**玄米**(ゲンマイ)。**一粒**(ヒトツブ)。**粗末**(ソマツ)。

第三課 **御在位**(ゴザイイ)。**御勵**(オンハゲ)ミ。**進步**(シンポ)。**對**(タイ)シテ。**大赦**(タイシャ)。**仰**(オウ)セ。**殊**(コト)ニ。**節婦**(セップ)。**恩賞**(オンショウ)。オ**惠**(メグ)ミ。**教育**(キョウイク)。**備**(ソナ)エル。**永遠**(エイエン)ニ。**蒙**(コウム)ル。**蠶業傳習所**(サンギョウデンシウジョ)。**災難**(サイナン)。**有**(ア)リ**難**(ガタ)ク。

第四課 **色香**(イロカ)。**君子**(クンシ)。 (1)

第五課 **問答**(モンドウ)。**朴泳武**(ボクエイブ)。**中央**(チウオウ)。**京畿道**(ケイキドウ)。**忠淸南北**(チウセイナンボク)。**全羅**(ゼンラ)。**慶尙**(ケイショウ)。**平安**(ヘイアン)。**咸鏡**(カンキョウ)。**江原道**(コウゲンドウ)。**貫**(ツラヌ)いて。**兼二浦線**(ケンジホセン)。**新**(アラ)たに。**建設**(ケンセツ)。**着手**(チャクシュ)。**大邱**(タイキウ)。**大田**(タ

イデン)。**開成**(カイジョウ)。**咸興**(カンコウ)。**晋州**(シンシウ)。**大阪商船會社**(オウサカショウセンガイシャ)。

第六課 **雁**(ガン)。**燕**(ツバメ)。追(オ)イ追(オ)イ。**列**(レツ)。**離**(ハナ)レテ。**道案内**(ミチアンナイ)。**聲**(コエ)。**曇**(クモ)ッタ。**迷**(マヨ)ウ。

第七課 **甘藷**(カンショ)。**味**(アジ)。**蒸**(ム)シテ。**代**(カワ)リ。**砂地**(スナヂ)。**不順**(フジュン)ナ。**不作**(フサク)。**重寶**(チョウホウ)ナ。**井戸平左衛門**(イドヘイザエモン)。**青木昆陽**(アオキコンヨウ)。**依**(ヨ)ル。**餓死**(ガシ)。**勸**(スヽ)メテ。**數年**(スウネン)。**一帶**(イッタイ)。**免**(マヌカ)レル。**祀**(マツ)リ。**有名**(ユウメイ)ナ。**委**(クワ)シク。**種藷**(タネイモ)。**添**(ソ)エテ。**忽**(タチマ)チ。**墓**(ハカ)。**刻**(キザ)ンダ。**碑石**(ヒセキ)。

第八課 贈(オク)る。**求**(モト)めた。**定**(サダ)めて。

第九課 **通例**(ツウレイ)。**奥羽**(オウウ)。**溫和**(オンワ)。**神戸**(コウベ)。**北端**(ホクタン)。**瀨戸內海**(セトナイカイ)。**隔**(ヘダ)て。**波**(ナミ)。**邊**(ヘン)。 (2)

第十課 **堀**(ホリ)。**幾筋**(イクスジ)。**築港**(チッコウ)。**澤山**(タクサン)。**水運**(スイウン)。**發着**(ハッチャク)。**勿論**(モチロン)。**奈良**(ナラ)。**煙突**(エントツ)。**吐**(ハ)き。**發達**(ハッタツ)して。**貿易**(ボウエキ)。**明日**(ミョウニチ)。**完植**(カンショク)。**封筒**(フウトウ)。**姓名**(セイメイ)。**殿**(ドノ)。

第十一課 **包**(ツヽ)ンデ。**皮膚**(ヒフ)。**壁**(カベ)。**筋肉**(キンニ

ク)。支(サヽ)エテ。伸(ノ)ビ。縮(チヾ)ンダリ。胴
(ドウ)。腦髓(ノウズイ)。覺(オボ)エ。悲(カナ)シ
ンダリ。髮(カミ)。

第十二課　胸(ムネ)。腹(ハラ)。肺臟(ハイゾウ)。旣(スデ)ニ。
養(ヤシナ)ッテ。吸(ス)イ。空氣(クウキ)。酸素(サ
ンソ)。胃(イ)。腸(チョウ)。管(クダ)。滋養分(ジョ
ウブン)。血液(ケツエキ)。握(ニギ)ル。投(ナ)ゲ
ル。巧(タク)ミナ。風(フウ)。

第十三課　體力(タイリョク)。減(ヘ)り。補(オギナ)う。必要(ヒ
ツヨウ)な。含(フク)んで。植物質(ショクブツシ
ツ)。大根(ダイコン)。馬鈴薯(バレイショ)。杏(ア
ンズ)。梨(ナシ)。林檎(リンゴ)。蜜柑(ミカン)。柿
(カキ)。棗(ナツメ)。好(コノ)んで。熟(ジュク)さな
い。幼年(ヨウネン)。介(カイ)。消化(ショウカ)し
易(ヤス)い。最(モット)も。生(ナマ)。黴菌(バイキ
ン)。腐(クサ)つた。諺(コトワザ)。誡(イマシメ)。

第十四課　腑(フ)。吾々(ワレワレ)。承知(ショウチ)。全(マッタ)
く。衰(オトロ)え。務(ツト)めて。程(ホド)。却(カ
エ)つて。相違(ソウイ)。睦(ムツマ)しく。　　　(3)

第十五課　年始狀(ネンシジョウ)。名刺(メイシ)。印刷(インサ
ツ)。切(キ)って。懇意(コンイ)。御厚情(ゴコウ
ジョウ)。

第十六課　舊蹟(キウセキ)。社(ヤシロ)。寺(テラ)。碁盤(ゴバ
ン)。縱橫(タテヨコ)。家屋(カオク)。鱗(ウロコ)。
初年(ショネン)。金閣寺(キンカクジ)。立派(リッパ)。

参詣人(サンケイニン)。**紅葉**(モミジ)。**陶器**(トウキ)。**漆器**(シッキ)。**御陵**(ゴリョウ)。

第十七課 **故**(ユエ)。

第十八課 **長崎**(ナガサキ)。**頗**(スコブ)ル。**鹿兒島**(カゴシマ)。**福岡**(フクオカ)。**熊本**(クマモト)。**遙**(ハル)カ。**蕃人**(バンジン)。

第十九課 **千島列島**(チシマレットウ)。**割合**(ワリアイ)ニ。**端**(ハシ)。**函館**(ハコダテ)。**小樽**(オタル)。ろしや**領**(リョウ)。**凍**(コウ)ッテ。

第二十課 **隣國**(リンゴク)。**露西亞**(ロシヤ)。**滿洲**(マンシウ)。**突**(ツ)キ**出**(デ)テ。**遼東半島**(リョウトウハントウ)。**租借地**(ソシャクチ)。**敷設**(フセツ)。**續**(ツヾ)キ。**別**(ベツ)ニ。**經**(ヘ)テ。**讓**(ユズ)リ。

第二十一課 **戰役**(センエキ)。**騷動**(ソウドウ)。**清國**(シンコク)。**屬國**(ゾッコク)。**軍艦**(グンカン)。**豐島沖**(ホウトウオキ)。**大砲**(タイホウ)。**打破**(ウチヤブ)リ。**責**(セ)メ。**戰爭**(センソウ)。**成歡**(セイカン)。**平壤**(ヘイジョウ)。**敵**(テキ)。 (4)

第二十二課 **勢**(イキオイ)。**威海衛**(イカイエイ)。**逃**(ニ)ゲ。**遣**(ツカ)ワシ。**償金**(ショウキン)。**講和**(コウワ)。

第二十三課 **田舍**(イナカ)。**金元培**(キンゲンバイ)。**評判**(ヒョウバン)。**卒業**(ソツギョウ)。**百姓**(ヒャクショウ)。**商賣**(ショウバイ)。**逢**(ア)う。**愉快**(ユカイ)。**一言**(イチゴン)。**斷**(コトワリ)。**伯父**(オジ)。**不心得**(フコヽロエ)。**大變**(タイヘン)。**間違**(マチガ)った。**賑**(ニギ)やか。**羨**(ウラヤ)む。**苦勞**

(クロウ)。**物價**(ブッカ)。**費用**(ヒヨウ)。**蓄**(タクワ)え。**財產**(ザイサン)。**染**(ソ)む。**後悔**(コウカイ)。**品行**(ヒンコウ)。**殖**(フヤ)し。**計**(ハカ)る。**村內**(ソンナイ)。**尊敬**(ソンケイ)。**是**(コ)れ。

第二十四課 **職業**(ショクギョウ)。**官吏**(カンリ)。**教師**(キョウシ)。**醫師**(イシ)。**貴**(タット)い。**賤**(イヤ)しむ。**改良**(カイリョウ)。**選**(エラ)ぶ。**收穫**(シウカク)。**果樹**(カジュ)。**家禽**(カキン)。**筵**(ムシロ)。**繩**(ナワ)。**副業**(フクギョウ)。**雜貨屋**(ザッカヤ)。**外國**(ガイコク)。

第二十五課 **大工**(ダイク)。**堂**(ドウ)。**緣**(エン)。**閉**(ト)じ。**廻**(マワ)る。**臭氣**(シウキ)。

第二十六課 **幼**(オサナ)い。**機織**(ハタオリ)。**志**(コヽロザ)し。**模樣**(モヨウ)。**解**(ト)いて。**工夫**(クフウ)。**織**(オ)り**餘**(アマ)り。**藍汁**(アイシル)。**浸**(ヒタ)し。絣(カスリ)。**霰**(アラレ)。**技術**(キジュツ)。益益(マスマス)。**二十餘人**(ニジウヨニン)。**販路**(ハンロ)。**產額**(サンガク)。愈愈(イヨイヨ)。**繁榮**(ハンエイ)。**增**(マ)す。歿(ボッ)し。**功**(コウ)。**追賞金**(ツイショウキン)。**記念碑**(キネンヒ)。 (5)

第二十七課 **兵備**(ヘイビ)。**嚴重**(ゲンジウ)。**占領**(センリョウ)。**屢屢**(シバシバ)。**一向**(イッコウ)ニ。**効**(コウ)。**已**(ヤ)ム。**敵艦隊**(テキカンタイ)。**襲**(オソ)イ。**逐**(オ)イ。**恃**(タノ)ンデ。**陷**(オトシイ)レ。**虜**(トリコ)。**下旬**(ゲジュン)。

第二十八課 **連敗**(レンパイ)。**挽回**(バンカイ)。**現**(アラ)ワレ。

全滅(ゼンメツ)。**和睦**(ワボク)。**割**(サ)キ。**租借權**(ソシャッケン)。

第二十九課 **亂**(ミダ)レ。**侵**(オカ)サレ。**禍**(ワザワイ)。**源**(ミナモト)。**保**(タモ)チ。オ**置**(オ)キ。**給**(タマ)イ。**政務總監**(セイムソウカン)。**補佐**(ホサ)。**度支部**(タクシブ)。**府尹**(フイン)。**郡守**(グンシュ)。**指圖**(サシズ)。**行**(ユ)キ**屆**(トヾ)キ。 (6)

【附　錄(二)】

第一課　日光

朱塗　朱色ノ漆(ウルシ)デ塗ルコト。

丹青　赤ヤ青ニ塗ッタ色。

第二課　稻刈

稻扱器　稻ヲ扱クニ用イル道具。稻ヲ扱クニハ、筵ヲ敷イテ、其ノ上ニ稻扱器ヲ置クガヨイノデス。朝鮮デハコレマデ、地面ニ臺ヲ置キ、之ニ稻穗ヲ打チツケテ、籾ヲ落シタノデスガ、此ノ樣ニスルト、籾ニ土ヤ砂ナドガマジッテ、ヨクアリマセン。　(7)

第三課　明治天皇

大赦　或ル種ノ罪ヲ犯シテ、現ニ刑罰ヲ受ケテ居ル者、又ハ刑罰ヲ受クベキ者ニ對シテ、天皇陛下ガ其ノ罪ヲオユルシニナルコト。

第四課　菊

花中の君子　君子トハ賢クテ、徳ノ高イ人ノコト。菊ノ花ヲ君子ニタトエテ、ホメテイッタノデス。

の　假名ニハ、此ノ課ニアルの・[illegible]・[illegible]・[illegible]・[illegible]ノヨウニ、コレマデ習ッタノト、字ノ形ガチガッタノガアリマス。之ヲ變體假名(ヘンタイガナ)トイイマス。變體假名ハ多く歌ヤ商店ノ看版(カンバン)ナドヲ書クニ用イマス。今、其ノ中デ重ナモノヲアゲレバ、次ノ通リデス。

い(い) ろ(ろ) [illegible]、は(は) [illegible]、に(に) [illegible]、ほ(ほ) へ(へ) [illegible]、と(と) ち(ち) り(り) ぬ(ぬ) [illegible]、る(る) を(を) わ(わ)

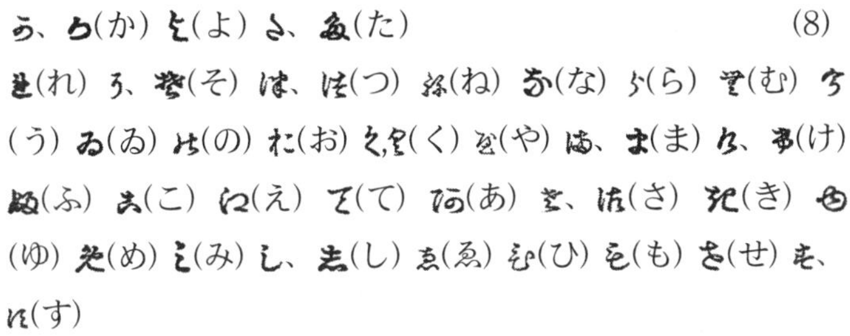

第五課　朝鮮地理問答

新たに建設に着手云々　**永興**(**咸鏡南道**)カラ**元山**(**同上**)ニ**至**ル**永元線**ハ**既**ニ**測量**ヲ**終**エ、**清津**(**咸鏡北道**)カラ**會寧**(**同上**)ニ**至**ル**清會線**ハ**目下測量中**デスガ、**共**ニ**近**々**工事**ニ**着手**スルコトニナッテ**居**マス。

第八課　甘藷を**贈**る**手紙**

手紙

一、**手紙**ニ**自分**ノ**姓名**ヤ**先方**ノ**姓名**ヲ**書**クニハ、**色**々、**書**キ**方**ガアリマス。 (9)

(イ)**正式**ノ**場合**ニハ、**自分**ノ**姓名**ト**先方**ノ**姓名**トヲ**書**キマス。

(**例**)

朴成元

金容植殿

(ロ)**友人**ノ**間**デハ、**自分**ノ**方**モ**先方**モ、**姓又**ハ**名**バカリ**書**クコトガアリマス。

(**例一**)　(**例二**)

朴　**成元**

李樣　**先吉樣**

（ハ）親シイ目上ノ人ニハ、通例、自分ノ名ト先方ノ姓トヲ書キマス。 (10)

（例）

文三

高橋樣

（ニ）官職ノアル人ニハ、自分ノ方ハ姓名ヲ書キ、先方ハ姓ノ下ニ、官職名ヲソエテ書クコトガアリマス。

（例）

朴成元

申郡守殿

（ホ）同族ノ目上ノ人ニハ、自分ノ名ト先方ノ稱呼トヲ書キマス。

（例）

三郎

御父上樣 (11)

（ヘ）同族ノ目下ノモノニハ、自分ノ稱呼ト先方ノ名トヲ書クコトガアリマス。

（例）

父より

三郎殿

二、尊稱

（イ）「殿」ハ公用文又ハ私用文ニ廣ク用イマス。

（ロ）「樣」ハ私用ノ場合ニ、親シイ人ノ間ニ用イ、公用文ニハ決シテ用イマセン。

(ハ)「御中」ハ學校・官廳・銀行・會社・商店ナドノ團體ニ對シテ用イマス。 (12)

(例)

朴成元

咸興公立普通學校御中

第十課　大阪からの手紙

築港　灣內ヲ埋メ立テタリ、又ハサラッタリナドシテ、船ノ出入・碇泊ニ便利ニスルコト

第十三課　食物

黴菌　眼ニ見エナイホド、ゴク小サナ下等植物。

第十六課　京都見物の話

碁盤　碁ヲウツニ用イル盤デ、縱横ニ正シク、各各、十九ノ線ガ引イテアリマス。碁ヲウツニハ、二人ガ向イ合ッテ、此ノ線ノ上ニ、互ニ黑・白ノ碁石ヲナラベテ、勝負ヲ爭イマス。 (13)

平安神宮　第五十代ノ桓武天皇ガ、都ヲ京都ニオウツシニナッテカラ、一千年ニ當ル記念トシテ、明治二十八年ニ建テタ宮デ、建築ハ昔ノ宮殿ニナラッテ出來テ居マス。

北野神社　菅原道眞(スガワラノミチザネ、一千餘年前ノ人)ヲ祀ッテアル社。道眞ハ非常ニ忠義ノ心ガ深ク、學徳ガ高イ人デアリマシタガ、無實ノ罪ヲ受ケテ、京都カラ九州ニ流サレ、遂ニ其ノ地デナクナラレマシタ。後ニ民間デ社ヲ北野ニ立テ、今モ天滿天神トイッテ尊ンデ居マス。

金閣寺　五百年バカリ前ニ出來タ寺デ、三階ニナッテ居テ、壁

・柱ナドニハ皆金ヲ塗ッテアリマシタガ、今ハ大抵ハゲテシマイマシタ。京都ノ名所ノ一ツデス。

嵐山　櫻及ビ紅葉ノ名所デ、京都市ノ西三里バカリノトコロニアリマス。 (14)

高尾　紅葉ノ名所デ、京都市ノ西北三四里ノトコロニアリマス。

昭憲皇太后　今上天皇陛下ノ御母君ニアタラセラレマス。非常ニ御徳ガ高ク、常ニ教育ヤ産業ノコトニ御心ヲオ用イニナッテイラセラレマシタガ、大正三年四月十一日、御年六十三デ崩御アソバサレマシタ。天皇陛下ニハ深ク御ナゲキアソバサレマシテ、同年五月二十四日・二十五日・二十六日ニ、御大葬ヲ行ワセラレマシタ。御陵ハ明治天皇ノ御陵ノスグ東ニアリマス。

第十八課　九州ト臺灣

新高山　我ガ國第一ノ高山デ、臺灣ノ殆ンド中央ニアリマス。高サガ一萬四千尺餘アッテ、富士山ヨリ二千尺モ高イノデス。 (15)

蕃人　此ノ蕃族ニハ熟蕃(ジュクバン)ト生蕃(セイバン)トガアリマス。熟蕃ハ割合ニオトナシイガ、生蕃ハ東部ノ山地ニ住ンデ居テ、頗ル兇暴(キョウボウ)デス。

第十九課　北海道ト樺太

あいぬ人　此ノ種族ハ、昔ハ奥羽地方マデモ、ハビコッテ住ンデ居マシタガ、今ハ北海道・樺太及ビ千島ニ僅カバカリ居マス。

第二十課　隣國

租借地　一國ガ他國ヨリ借リテ、或ル期間、支配スル土地ヲ租借地トイイマス。關東洲ハモト露西亞ガ、明治三十一年ニ、支那カラ二十五箇年ノ約束デ、租借シタ地デスガ、明治三十八年、我ガ國ハ露西亞カラ此ノ租借權ヲ讓リ受ケマシタ。 (16)

第二十一課　明治二十七八年戰役（一）

清國　今ノ支那國。

第二十三課　都會と田舍

伯父　父母ノ兄弟ヲオジ(伯父・叔父)トイイ、其ノ姉妹ヲオバ(伯母・叔母)トイイマス。

第二十六課　井上でん

記念碑　人ノ功德ナドヲ忘レヌタメニ、建テテ置ク石碑。

第二十七課　明治三十七八年戰役（一）

難攻不落　土地ノ要害ノヨイコト。攻メルニ困難デ、ヨウイニ落チナイトイウ意味デス。

第二十八課　明治三十七八年戰役（二）

古來未曾有　古カラマダ一度モアッタコトガナイトイウ (17) 意味デ、ココデハ海戰ガ非常ニハゲシカッタコトヲイウノデス。

前代未聞　以前ニマダ聞イタコトガナイトイウ意味デ、コヽデハ我ガ國ガ非常ニ大勝利ヲ得タコトヲイウノデス。 (18)

大正三年十二月三日印刷
大正三年十二月五日發行
大正五年一月二十八日三版

定價金六錢

朝鮮總督府

總務局印刷所印刷

朝鮮總督府編纂

普通學校國語讀本 卷七

第4學年 1學期

朝鮮總督府編纂

普通學校國語讀本

卷七

【緖　言】

一、本書ハ普通學校第四學年前半期ノ國語科敎科書ニ充ツルモノナリ。

二、本書第十九課以後、本文及ビ練習ハ歷史的假名遣ヲ用ヒ、振假名ハ表音的假名遣ニ依レリ。

歷史的假名遣ハ、生徒ヲシテ、之ヲ讀ミ得シメンコトヲ期スルモノニシテ、必ズシモ、之ニ依リ、誤ナク書キ得ルニ至ラシメントスルモノニ非ズ。

又、第二十三課ヨリハ、平易ノ文語體ヲ用ヒタリ。是レ亦、生徒ヲシテ、之ヲ讀ミ且ツ理會シ得シメンコトヲ期スルモノニシテ、必ズシモ、之ヲ以テ、文章ヲ綴リ得ルニ至ラシメントスルモノニ非ズ。　(1)

敎師ハヨク右ノ趣旨ヲ會得シテ敎授スベシ。

三、本書ノ各課ハ、其ノ練習ト共ニ、凡ソ三四時間ヲ以テ敎授スベキ豫定ナレドモ、敎師ハ、便宜、斟酌ヲ加ヘ、生徒ノ能力ニ適セシメンコトヲ圖ルベシ。

四、本書ヲ敎授スルニハ、國語ヲ以テ說明ヲ加ヘ、且ツ實物・動作・繪畫等ヲ利用シ、生徒ヲシテ十分ニ其ノ意義ヲ理會セシメ、尙ホ言語或ハ文章ヲ以テ、明瞭ニ之ヲ表出セシムベシ。

五、本書ノ各課ヲ敎授スルニハ、本文ノ讀方・解釋等ニ入ル前、必要ニ應ジテ、該課ノ內容ニ關シ、豫メ國語ニテ問答又ハ說明ヲナスベシ。

六、新出語ハ總ベテ之ヲ上欄ニ揭ゲ、且ツ新出文字ニハ●點ヲ附シ、讀替文字ニハ一線ヲ附セリ。

七、練習問題ハ、本書ニ掲グルモノノ外、必要ニ應ジテ、之ヲ補フベシ。 (2)

八、教師ハ、各課ノ教授ニ於テ、機ニ臨ンデ、言語・文字ヲ補ヒ授ケ、又、土地ノ狀況、生徒ノ境遇等ニ依リ、適宜、該課ニ關係アル事項ヲ補ヒ授クベシ。

九、卷末ノ附錄ハ、生徒ヲシテ、豫習・復習ノ際、之ヲ利用セシムベシ。 (3)

大正四年二月　　　　朝 鮮 總 督 府

目 錄

附錄

普通學校國語讀本 巻七

第一課、我が國の景色 (一)

嚴島 天橋立 松島 日本三景 宮島 廣島**縣**	**我**が**國**には**景色**のよい**所**が**多**く、**中**にも**嚴島**(いつくしま)·**天橋立**(あまのはしだて)·**松島**は**日本三景**といって、**殊**にすぐれて**居**る。**嚴島**は、**又**、**宮島**ともいって、**廣島縣**の**南部**の**島**で、**瀬戸内海**の**中**にある。(7-1)
さほど 嚴島神社	さほど**大**きくはないけれども、**大層**、**景色**がよく、**此**の**島**にある**嚴島神社**は**殊**に**世**に**名高**

参詣者 **廊**下 **潮** 滿ちて來る 浮いて居る 昔話 龍宮	い。**社**の**前**の**海中**には**大**きな**鳥居**があって、まず**参詣**者の**目**をひく。お**宮**の**廊下**は、**潮**が**滿**ちて**來**ると、**海**に**浮**いて**居**るようで、**昔話**にある**龍宮**(りうぐう)かと**思**われる。(7-2)

京都府	**天橋立**は**京都府**の**北部**にあって、**日本海**に**臨**

臨んで居る	んで居る。白い砂地が細長く海中に突き出て、それに松が青々と生えて居る。遠くから之を見ると、海に橋がかゝって居るようで、まことに面白い景色である。
宮城縣 仙臺	松島は宮城縣の東部にある島で、仙臺とは甚だ近い。(7-3)
ちらばって居る 白帆 水鳥	枝ぶりのよい松の生えた島が、何百というほどちらばって居る。其の間を、白帆(しらほ)をかけた船の通るのや、水鳥のあちこちと飛ぶところなど、何ともいわれぬほど美しい。
	練習
	一、嚴島のことをお話しなさい。 二、天橋立のことをお話しなさい。 三、松島のことをお話しなさい。
常體 崇敬體	四、次の文を讀んで、常體と崇敬體との別に注意しなさい。

(イ)

大層、**景色**のよい**所**が**三**つ	ある。	**常　體**
	あります。	**崇敬體**

(7-4)

(ロ)

嚴島神社は**殊**に**世**に**名高**	い	**常　體**
	うございます。	**崇敬體**

(ハ)

昔話にある**龍宮**かと**思**わ	れる	**常　體**
	れます。	**崇敬體**

第二課、我が國の景色（二）

眺める
霞
疑われる
近づいて
咲き亂れて
居る
谷
悉く
吉野山
古人
知らねども

限り
櫻なりけり
其の通り

遠くから眺めると、霞か雲かと疑われるが、近づいて見れば、櫻の花の咲き亂れて居るのである。山も谷も悉く櫻である。これが吉野山(よしのやま)の春の景色である。

古人の歌に、

　吉野山霞の奥は知らねども、

　　　見ゆる限りは櫻なりけり。(7-5)

とあるが、全く其の通りである。

口の千本 中の千本 奥の千本 **非**常に **麓** **峯**	**吉野山**には**口**の**千本**、**中**の**千本**、**奥**の**千本**といって、**眺**の**非常**によいところが**三**つある。すべて**山**ぢう**櫻**でないところはない。**花**は**麓**の**方**から**咲**き**始**めて、**段々**、**峯**の**方**に**及**ぶから、**麓**の**花**の**盛**りが**過**ぎて、**中**の**花**、(7-6)**奥**の**花**の**盛**りとなるまでには、**一月**もかゝるということである。

大井川 清く ほとり **楓** こい	**京都**の**嵐山**も、**昔**から、**櫻**の**名所**として**聞**えて**居**る。**麓**には**大井川**の**水**が**清**く**流**れ、**山**にも**川**のほとりにも**櫻**が**多**く、**松**や**楓**も**少**なくない。**咲**き**亂**れた**櫻**、**色**のこい**松**、**橋**を**往來**する**人**、(7-7)

上下する 小舟 滿山 錦 かざった	川を上下する小舟、すべて繪の樣である。又、滿山、錦をかざった秋の眺も、頗る美しい。

練習

一、吉野山の景色を文にお作りなさい。

二、吉野山の歌をそらで言ってごらんなさい。又、其の意味をお話しなさい。

三、嵐山の景色についてお話しなさい。

四、次の文を讀んで、どれが常體で、どれが崇敬體であるかをお話しなさい。

(イ)

山ぢう櫻でないところは { ない / ありません。

(ロ)

吉野山は櫻の名所として聞えて居 { る。 / ます。

(7-8)

五、次の常體の文を崇敬體に改めてごらんなさい。

(イ)景色のよいことは、全く歌の通りである。

(ロ)松や楓も少なくない。

(ハ)秋の眺も美しい。

第三課、我が國の景色 (三)

金**剛**山 觀ぬ 天下 語る たぐい	**朝鮮**の**諺**に、「**金剛山**を**觀**ぬ**中**は、**天下**の**山水**を**語**るな。」ということがある。**實**に**此**の**諺**の**通**り、**金剛山**の**景色**は**世**にたぐい**少**ないものである。 **金剛山**は**江原道**の**東部**にあって、**一萬二千**の**峯**があるといわれて**居**る。(7-9) 

奇妙な **巖** 瀑 樹木 **茂**って居る **樅** 綠 **濃**く **到**る所 **趣** **捨**て難い わけて 萬物相 九龍**淵** 見もの	**此**の**山**には**奇妙**な**形**をした**巖**が**多**く、**方々**に**瀑**も**少**なくない。**殆**んど**巖**ばかりの**所**もあるが、**又**、**樹木**のよく**茂**って**居**る**所**もあって、**松**や**樅**は**綠**の**色濃**く、**秋**の**紅葉**は**殊**に**美**しい。 **到**る**所**の**景色**、**皆**それぞれの**趣**があって**捨**て**難**いが、わけて**萬物相**(ばんぶつそう)・**九龍淵**(きうりうえん)などは**見**ものである。(7-10)

けずり立てられた さながら 現わして居る 九龍瀑 けわしい **崖** 淵 絹 **底** 眞靑な 落ち込む **凄**じい **隨**分	**萬物相**の**眺**は**巖**にある。**柱**の**樣**に**聳**えて**居**るのもあれば、**壁**の**樣**にけずり**立**てられたのもあり、**人**に**似**たのもあれば、**獸**の**樣**なのもある。さながら**萬物**の**形**を**現**わして**居**るように**見**える。 **九龍瀑**(きうりうばく)は、けわしい**崖**の**上**から、**數百尺**の**高**さを**落**ちて**來**て、**其**の**勢**で**深**い**淵**が**出來**て**居**る。(7-11) これが**九龍淵**である。**白**い**絹**を**長**くひいたような**瀑**が、**底**も**見**えぬ**眞靑**(まっさお)な**淵**に**落**ち**込**むさまは、**實**に**凄**じいものである。 **金剛山**には、**昔**は**隨分多**くの**寺**があったが、**今**は**大層少**なくなった。しかしまだ**名高**い**寺**がいくつもあって、**中**には**頗**る**立派**で、**大**きなのもある。 **練習** 一、**金剛山**の**景色**のよいことをお**話**しなさい。

	二、萬物相の景色をお話しなさい。(7-12) 三、九龍淵の景色をお話しなさい。 四、「見もの」「凄じい」を用いて、二つの短文をお作りなさい。

第四課、日本の國

一、日本の國は松の國。

見上げる峯の一つ松、

濱べはつゞく松原の

枝ぶりすべておもしろや。

わけて名に負う松島の

大島・小島、その中を (7-13)

通う白帆の美しや。

二、日本の國は花の國。

梅・桃・櫻・藤・菖蒲(あやめ)、

白露むすぶ秋の野の

千草の花もおもしろや。

わきて櫻の吉野山、

一目千本咲きみちて、

かすみか雲か美しや。(7-14)

濱べ
つゞく
松原
枝ぶり
負う
を

藤
菖蒲
白露
むすぶ
千草
わきて
一目千本
咲きみちて

しも あらし	**練習** 一、此の歌の(一)をそらで言ってごらんなさい。又、其の意味をお話しなさい。 二、此の歌の(二)をそらで言ってごらんなさい。又、其の意味をお話しなさい。 三、次のことばを本字でお書きなさい。 くも。 かすみ。 つゆ。 しも。 ゆき。 あられ。 あらし。

第五課、我ガ國ノ產物 (一)

多數 從事シテ居ル 從ッテ	我ガ國民ノ多數ハ農業ニ從事シテ居ル。從ッテ農產物ガ頗ル多ク、米・麥・甘藷・大豆・粟・茶ナドハ、(7-15)
主ナ	其ノ主(オモ)ナモノデアル。
何レ	米ハ農產物中最モ大切ナモノデ、年々ノ產額ガ六千萬石餘アル。內地・朝鮮・臺灣ノ何レニモヨク出來ルガ、殊ニ臺灣ハ氣候ガ暖カイカラ、一年ニ收穫ガ二回モアル。
次イデ	麥ハ米ニ次イデ大切ナ穀物デ、內地ト朝鮮トニ多ク產スル。一年ノ產額ハ二千五百萬石モアル。
食料	甘藷ハ內地ト臺灣トニ多ク產シ、內地ノ或ル地方ヤ臺灣デハ、米ニ次イデ大切ナ食料トナッテ居ル。
常食	大豆・粟ハ內地ニモ朝鮮ニモ頗ル多クテ、朝鮮ノ或ル地方デハ、粟ヲ常食トシテ居ル。(7-16)

宇治 風味 綿 人蔘 甘蔗 砂糖	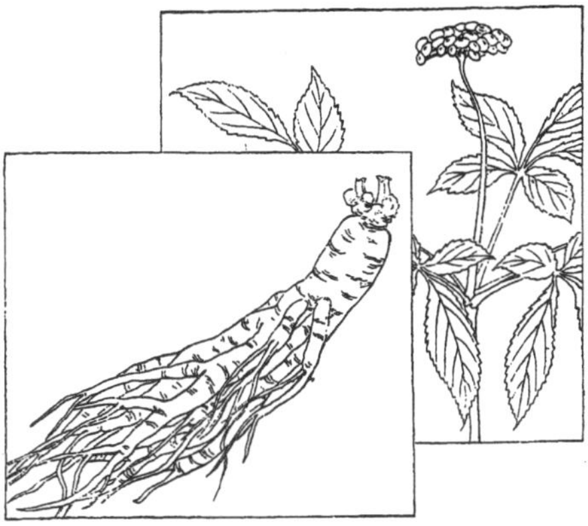 茶ハ我ガ國ノ名高イ產物デ、外國ニ輸出スル額モ中々多イ。內地ノ外、臺灣ニモ多ク產スルガ、內地デハ、京都府ノ宇治(ウヂ)カラ、殊ニ風味ノヨイノガ出ル。 此ノ外、朝鮮ニハ綿ヤ人蔘ガ產スルシ、(7-17) 臺灣ニハ甘蔗ガ產スル。臺灣ノ甘蔗カラ製セラレル砂糖ノ額ハヨホド多イ。 

練習

一、朝鮮ノ主ナ農産物ハ何々デスカ。ソレヲ文ニオ作リナサイ。

二、内地ト臺灣トノ主ナ農産物ノコトヲオ話シナサイ。

三、次ノ文ヲ讀ンデ、ドレガ崇敬體デ、ドレガ常體デアルカヲオ話シナサイ。

（イ）

米ハ我ガ國ノ主ナ農産物 { デゴザイマス。 / デアリマス。 / デス。 / デアル。 }

(7-18)

（ロ）

麥ハ内地ト朝鮮トニ多ク産 { シマス。 / スル。 }

第六課、我ガ國ノ産物 (二)

太古
以上
競ッテ
シカシ
至ラナイ
牧畜業
所々ニ
産地
水牛

養蠶ハ、太古カラ、我ガ國ニ行ワレタモノデ、内地デハ殊ニ盛ンデアッテ、年々産スル繭ハ三百五十萬石以上ニ達スル。養蠶ハ朝鮮ニモ適シテ居ルカラ、近來ハドノ地方デモ、競ッテ之ヲスルヨウニナッタ。シカシマダ盛ントイウマデニハ至ラナイ。

我ガ國ノ牧畜業ハサホド盛ンデハナイガ、内地ニハ所々ニ馬ヤ牛ノ産地ガアリ、臺灣ニハ豚ヤ水牛ガ多ク、(7-19)

朝鮮ニハ、牛ガ割合ニ多イ。

蠶絲 綿絲 價額 約 一億七千萬圓 於ケル 綿織物 絹織物 絹綿交織物	工業ハ近來大イニ進ミ、蠶絲・綿絲・織物ナドガヨホド多ク出來ル。蠶絲ハ一年ニ産スル價額ガ約一億七千萬圓、綿絲ハ約二億圓デ、共ニ多ク外國ニ輸出サレル。織物ハ内地ニ於ケル第一ノ工業品デ、一年ニ産スル價額ガ約三億圓デアル。(7-20) 其ノ中デ綿織物絹織物ガ最モ多ク、絹綿交織物(ケンメンマゼオリモノ)ガコレニ次ギ、外ニ毛織物・麻織物ナドモアル。
	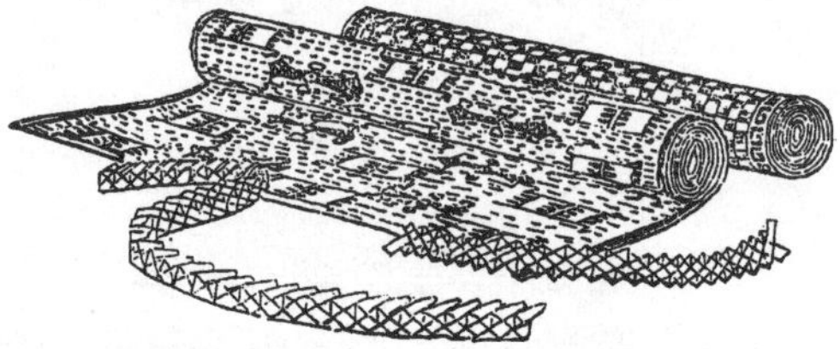
燒物 塗物 花筵 麥稈眞田 樟腦	我ガ國ノ燒物ト塗物トハ、古來、其ノ名ガ高ク、まっち・花筵・麥稈眞田(ムギワラサナダ)・樟腦ナドト共ニ、外國ニ輸出サレル額ガ少ナクナイ。此ノ中、樟腦ハ多ク臺灣デ

鑛産物 銅 南滿洲 炭坑 發掘シテ居ル 水産物 海藻 海獸 鰮 明太魚 石首魚 鯛	取レルノデアル。 鑛産物ニハ銅ト石炭トガ (7-21) 最モ多ク外國ニモ輸出サレル。銅ハ内地カラ澤山出ルガ、石炭ハ、内地ノ外、朝鮮・臺灣カラモ多ク出ルシ、又、南滿洲ニモ良イ炭坑ガアッテ、我ガ國ノ人ガ盛ンニ發掘シテ居ル。朝鮮ニハ金ト鐵トガ多ク、臺灣ニモ金ガ多イ。 我ガ國ハ、又、水産物ニモ富ミ、魚類ヤ海藻ヤ海獸ナドガ多ク、殊ニ朝鮮ニハ鰮・明太魚(メンタイ)・石首魚(グチ)・鯛ナドガ澤山取レル。(7-22) **練習** 一、養蠶ノコトヲオ話シナサイ。 二、牧畜業ノコトヲオ話シナサイ。 三、工業ノコトヲ文ニオ作リナサイ。 四、鑛産物ノコトヲオ話シナサイ。 五、水産物ノコトヲオ話シナサイ。

第七課、燒物ト塗物

内地人
日常
器具
茶**碗**
土**瓶**
皿
鉢
膳
椀
盆
重箱
磁器
造ル
粘土
粉
ネリ**固**メ

花鳥
ウワグスリ

内地人ガ**日常用**イル**器具**ノ**中**デ、**茶碗**・**土瓶**・**皿**・**鉢**ナドハ**燒物**デ、**膳**・**椀**・**盆**・**重箱**ナドハ**塗物**デアル。

燒物ニハ陶**器**・磁**器**ナドガアル。**之**ヲ**造**ルニハ、**粘土**ニ**石**ノ**粉**ヲマゼテネリ**固**メ、**種**々ノ**形**ニ**作**ッテ**乾**カシ、(7-23)ソレヲカマニ**入**レテ**燒**クノデアル。コウシテ**出來**タモノニ**花鳥**・**山水**・**人物**ナドヲカイテ、ウワグスリヲカケテ**再**ビ**燒**クト、**立派**ナ**燒物**ニナル。

土器	**朝鮮**ニ**多**ク**用**イラレル**土器**ハ、カマニ**入**レテ**燒**イタバカリデ、(7-24) ウワグスリヲカケズ、**模様**ナドヲツケナイ**燒物**デアル。 
器物 塗ッタ 漆 樹 汁 **蒔**繪 **貝**殼 ハメ込ンダ **螺鈿** 美術品	**塗物**ハ**卽**チ**漆器**デアル。**漆**ニ**黑**・**赤**・**青**ナド**種々**ノ**色**ヲツケテ、**器物**ニ**塗**ッタモノデ、**其**の**漆**ハ**漆**ノ**樹**ノ**皮**カラ**取**ッタ**汁**デアル。**器物**ノ**面**ニ**漆**ヲ**塗**ッテ、**其**ノ**上**ニ**金**又ハ**銀**ノ**粉**デ**模様**ヲアラワシタノヲ**蒔繪**(マキエ)トイイ、(7-25) **美**シイ**貝殼**デ、**種々**ノ**模様**ヲ**塗物**ニハメ**込**ンダノヲ**螺鈿**(ラデン)トイウノデアル。**螺鈿**ハ、**昔**カラ、**朝鮮**ニモ**產**スル**美術品**ノ**一種**デアル。

特ニ	燒物モ塗物モ、内地デハ昔カラ頗ル良イ品ガ出來ル。特ニ燒物ハ、近年ニ至リ、其ノ產額ガ大イニ增シテ來タ。(7-26)
高麗燒 オシイ 製法 研究シテ 苦心シテ居ル	朝鮮ニハ昔ハ高麗燒トイッテ、見事ナ燒物ガアッタガ、オシイコトニ今ハ出來ナクナッタ。シカシ、近頃、段々製法ヲ硏究シテ、昔ノヨウナヨイ品ヲ造リタイト苦心シテ居ルモノモアル。
	練習 一、燒物ノ造リ方ヲ文ニオ作リナサイ。 二、塗物ノコトヲオ話シナサイ。 三、高麗燒ノコトヲオ話シナサイ。(7-27)

第八課、模樣ト色

直線 曲線	**直線又**ハ**曲線**ヲ**種々**ニ**並**ベルト、**美**シイ**模樣**ガ**出來**ル。
	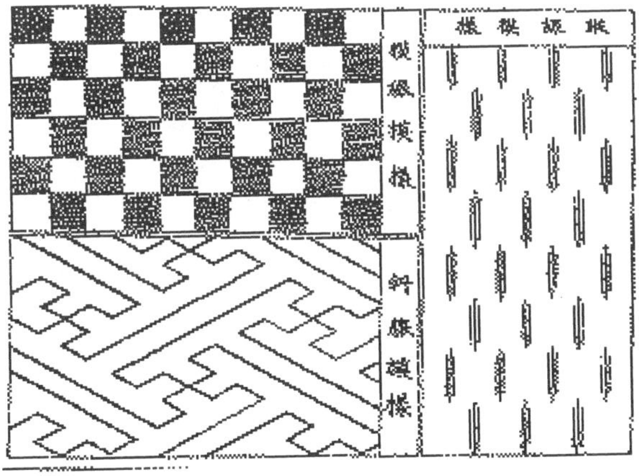
ホドヨイ 適宜 間隔 或ハ 斜ニ 感ジラレル	**直線**ヲホドヨイ**長**サニシテ、**適宜**ノ**間隔**ヲ**置**イテ、**或**ハ**縦**ニ、**或**ハ**横**ニ、**或**ハ**斜**ニ**並**ベルト、**圖**ノ**樣**ナ**種々**ノ**模樣**ガ**出來**ル。(7-28) **曲線**ハ**直線**ヨリモヤワラカニ**感**ジラレルカラ、**之**ヲ**用**イルト、**直線**ヨリモ、ヨホド**美**シイ**模樣**ガ**出來**ル。

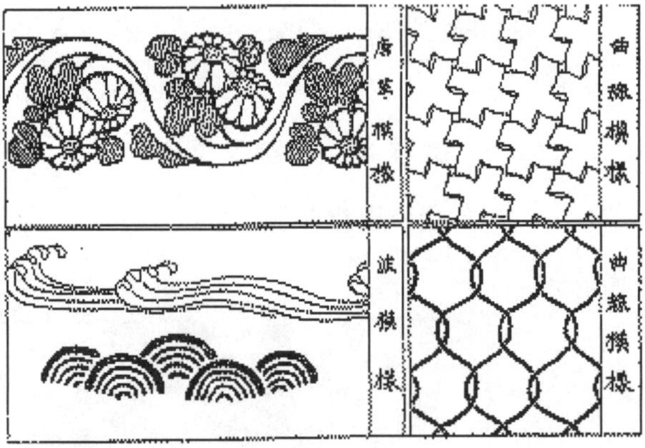

模様ニハ全ク意味ノナイノモアルガ、草木・花鳥・蟲魚ナドノ形ヲ變エテ作ッタモノガ多イ。唐草模様・波模様ナドガ是レデアル。

色ニハ原色トイウモノガアル。赤・青・黄ハ卽チソレデ、之ヲ配合スルト、(7-29)

種々ノ色ガ出來ル。例エバ赤ニ青ヲマゼルト紫ニナリ、青ニ黄ヲマゼルト綠ニナル。此ノ様ニシテ、數エツクサレヌホド澤山ナ色ガ出來ルノデアル。色ノ名ニハ、桃色・紅梅色・藤色・櫻色ナドノ様ニ、花カラ取ッタモノモアリ、橙色・柿色・葡萄色・小豆色ナドノ様ニ、實カラ取ッタモノモアル。又、鼠色・鳶

蟲魚
變エテ
唐草模様
波模様
原色
配合スル
例エバ

桃色
紅梅色
藤色
櫻色
橙色
柿色
葡萄色
小豆色
鼠色
鳶色

茶色 藍色	色ナドノ様ニ、動物カラ取ッタモノモアリ、茶色・藍色ナドノ様ニ、植物カラ取ッタモノモアル。
繪畫 色ドリ	繪畫ヤ模様ニ種々ノ色ドリヲスルト、一層美シク見エルモノデアルガ、(7-30)
調和 引立ッテ 黑ズンデ	コレニハヨク色ノ調和ヲ考エナケレバナラヌ。例エバ赤ト線トヲ竝ベルト、赤モ線モ引立ッテ見エルガ、赤ト黑トヲ竝ベルト、赤ガ黑ズンデ見エルノデアル。
	種々ノ模様ヤ色ドリヲ工夫シテ、之ヲ織物・燒物・塗物ナドニ施スト、大層美シク見エルモノデアル。
	練習
	一、直線ヲ竝ベテ、或ル模様ヲ作ッテゴランナサイ。 二、曲線ヲ竝ベテ、或ル模様ヲ作ッテゴランナサイ。

	三、**唐草模樣・波模樣**トハドンナモノデスカ。(7-31) 四、**原色**トハドンナモノデスカ。**色**ノ**名**ヲ、**知**ッテ**居**ルダケ、**書**イテゴランナサイ。 五、**色**ノ**調和**トハドウイウコトデスカ。

第九課、奈良ノ大佛ト恩津(オンシン)ノ彌勒佛(ミロクブツ)

大**佛** 恩**津** **彌勒**佛 忠雄 四方山	**今**、**忠雄**ト**文吉**ハ、**四方山**(ヨモヤマ)ノ**話**ヲシテ**居**マス。 **忠雄** 「**文吉**サン、アナタハ**奈良**ノ**大佛**ヲ**知**ッテ**居**マスカ。」 **文吉** 「**知**ッテ**居**マス。**學校**デモ**習**ッタシ、**書物**デモ**讀**ミマシタ。」(7-32) 

丈	忠雄　「奈良ノ大佛ハ身ノ丈ガドレホドアルト思イマスカ。」
坐ッテ	文吉　「奈良ノ大佛ハ坐ッテイラッシャルノデスガ、其ノ高サハ五丈三尺五寸アルトイウコトデス。」
佛像	忠雄　「我ガ國ニハ、ソレヨリマダ高イ佛像ガアリマスガ、ソレヲ知ッテ居マスカ。」
	文吉　「ソレハ知リマセン。何處ニソンナ高イ佛像ガアリマスカ。」(7-33)

	忠雄 「朝鮮ノ恩津トイウトコロニアル彌勒佛(ミロクブツ)デス。」
	文吉 「其ノ彌勒佛ハドノ位ノ高サデスカ。」
冠	忠雄 「彌勒佛ハ高イ冠ヲ着ケテ、(7-34)立ッテイラッシャイマスガ、其ノ高サハ六丈七寸アルトイイマス。」
佛 迚モ	文吉 「ナルホド高イ佛デスネ。シカシ奈良ノ大佛ガ、アノ大キナ體デ、高イ冠ヲ着ケテ立タレタラ、彌勒佛ハ迚モカナワナイデショウ。」
	忠雄 「ソウデス。ソレハ迚モカナイマセン。」
金佛	文吉 「奈良ノ大佛ハ金佛(カナボトケ)デ、金ヤ銅ナドヲマゼテ造ッタモノダソウデスガ、彌勒佛モヤハリ金佛デスカ。」
石佛 花崗石	忠雄 「イイエ、ソウデハアリマセン。石佛デス。花崗石(ミカゲイシ)デ造ッタモノデス。」(7-35)

後レテ	文吉　「奈良ノ大佛ハ、今カラ千二百年程前ニ、出來タモノダソウデスガ、彌勒佛ハイツゴロ出來タノデスカ。」 忠雄　「彌勒佛ハ、奈良ノ大佛ヨリハ、二百年モ後レテ出來タモノダソウデス。」 **練習** 一、奈良ノ大佛ノコトヲオ話シナサイ。 二、恩津ノ彌勒佛ノコトヲ文ニオ作リナサイ。 三、次ノ常體ノ文ヲ崇敬體ニ改メテゴランナサイ。 (イ)忠雄ト文吉ガ話ヲシテ居ル。(7-36) (ロ)産額ガ大イニ増シテ來タ。 (ハ)米ハ到ル所ニ出來ル。

第十課、出立の日取を問い合わせる手紙

日取 御**馳走** **存**じます 近日 御都合 御**確**定 少々 一寸 **伺**いたい	**先日**は**上**って、いろいろ**御馳走**になりまして、ありがとう**存**じます。**其**の**時**のお**話**には、**近日**、**元山**えお**出**でになる**御都合**のようでしたが、それはもう**御確定**ですか。**少々**お**願**い**致**したいこともございますので、**一寸伺**いたいと**存**じます。(7-37) お**手數**ながら、**御出立**の**日取**をお**知**らせ**下**さい。**委**しいことはお**目**にかゝって**申**し**上**げます。
わざわざ お**構**い申さず	**同**じく**返事** お**手紙拜見致**しました。**先日**はわざわざお**出**で**下**さいましたのに、**一向**お**構**い**申**さず、**失禮致**しました。**其**の**節申**し**上**げました**通**り、**一寸元山**え**參**るつ

	もりです。**明後十五日**の**朝**、**出立致**そうと**存**じます。(7-38)
終日 在宅 何なりとも 御遠**慮**なく お申し聞け 下さい	**明日**は**終日在宅**のつもりですから、どうぞお**出**で**下**さい。お**待**ち**申**して**居**ります。あちらえの**御用**は、**何**なりとも、**御遠慮**なくお**申**し**聞**け**下**さい。 **練習** 「**御都合**」「わざわざ」「お**申**し**聞**け」を**用**いて、**三**つの**短文**をお**作**りなさい。

第十一課、會社と銀行

營み	會社は人々が資金を出し合って事業を營み、利益をはかるものである。(7-39)
配當する 損失 分擔せねばならぬ	利益は、勿論、資金を出し合った人々の間に配當するのであるが、若し損失があれば、また其の人々が之を分擔せねばならぬのである。
書籍 商う 擧げ盡されない	會社には書籍や反物などを商うものもあれば、鐵や石炭などを掘るものもあり、蠶絲や綿絲などを製するものもあって、一々擧げ盡されない。
たやすく	一人では出來ないような大きな事業でも、大勢の人々が資金を出し合って、會社を設けてすれば、たやすく出來るのである。(7-40)
爲替 扱ったり	銀行も多くは人々が資金を出し合って設けたもので、金を貸したり、金を預ったり、爲替(かわせ)を扱ったりなどする。

	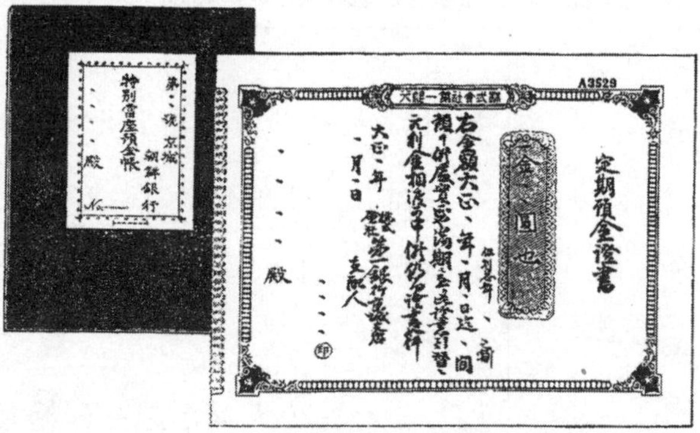
雙方	**金**の**入用**な**人**は、**銀行**から**借**りて**利子**を**拂**い、**金**の**餘**って**居**る**人**は、**銀行**え**預**けて**利子**を**取**る。それだから**銀行**は**雙方**のために**便利**である。(7-41)
預金 當座預 定**期**預 期間	**銀行**に**預金**をするには、**當座預**と**定期預**とある。**當座預**であれば、**預**けた**金**をいつでも**引出**すことが**出來**るが、**定期預**は、**六箇月**とか**一箇年**とか、きめた**期間**は**引出**すことが**出來**ない。**其**の**代**り、**定期預**の**方**は、**利子**がいくらか**高**い。

料金 取扱い 送金 農工銀行	**銀行**は、**又**、**僅**かな**料金**で**爲替**を**取扱**い、**送金**の**便**も**計**って**居**る。 **銀行**の**中**で、**農工銀行**というのは、**特**に**農業**や**工業**をする**人**に、**金**を**貸**す**銀行**である。 (7-42) **練習** 一、**會**社のことをお**話**しなさい。 二、**銀行**とはどんなものですか。それを**文**にお**作**りなさい。 三、**定期預**と**當座預**との**別**をお**話**しなさい。 四、**本字**には、**正字**の**外**に、**略字**があります。**次**の**略字**を**書**いてごらんなさい。 **會**(**正字**)、**会**(**略字**)。 **鐵**(**正字**)、**鉄**(**略字**)。 **當**(**正字**)、**当**(**略字**)。 **蠶**(**正字**)、**蚕**(**略字**)。 **鹽**(**正字**)、**塩**(**略字**)。

第十二課、爲替

送ってよこしたり 面倒 安全に **且**つ **速**やかに	**貨幣**や**紙幣**は**之**をよそえ**持**って**行**ったり、(7-43) よそから**送**ってよこしたりするのに、**面倒**でもあり、**又**、**間違**の**起**る**恐**もある。そこで**爲替**という**便利**な**方法**が**出來**たのである。**爲替**にすると、**手數**もかからず、**安全**に**且**つ**速**やかに、**金**を**送**ることが**出來**る。

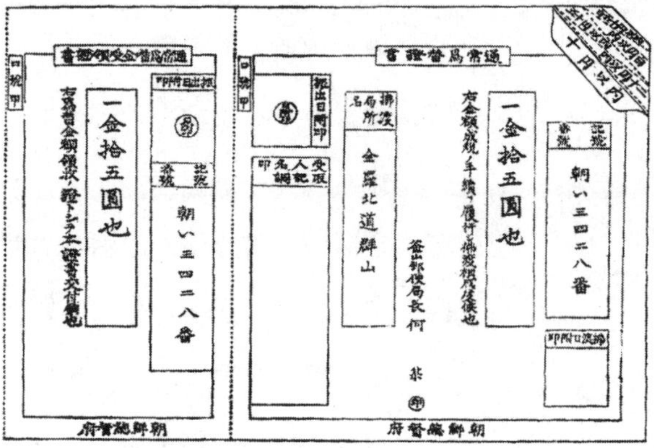

組む 手續	**爲替**は、**銀行**でも、**郵便局**でも、(7-44) **扱**うようになって**居**て、**之**を**組**むには、それぞれの**手續**がある。

郵便爲替 通常爲替 小爲替 電信爲替 振出人 用紙 金高 受取人 居所 氏名 拂渡局 現金 證書 一口	**郵便爲替**には**通常爲替**・**小爲替**・**電信爲替**の**三通**りがある。 **通常爲替**を**組**むには、**振出人**(ふりだしにん)は**郵便局**から**用紙**をもらって、それに**金高**、**自分**と**受取人**との**居所及**び**氏名**、**拂渡局**の**名**などを**書**き**入**れ、**現金**に**料金**を**添**えて**差出**すのである。そうすると**郵便局**で、**二枚續**きの**證書**を**渡**すから、**其**の**中**の**一枚**を**受取人**に**送**ってやるのである。**受取人**は、**自分**の**方**の**郵便局**から、(7-45) **其**の**證書**と**引**きかえに、**現金**を**受取**ることが**出來**る。**小爲替**や**電信爲替**の**組**み**方**は、これと**少**しちがうところがある。 **小爲替**は**料金**が**安**いし、**又**、**何處**の**郵便局**からでも、**現金**を**受取**ることが**出來**るから**便利**である。けれどもこれは、**一口**が**拾圓**までと**限**られてある。 **電信爲替**は**料金**は**高**いが、**非常**に**早**く**間**に**合**うから、**急**ぐ**時**には**大層便利**である。

練習

一、爲替の便利なことをお話しなさい。(7-46)

二、通常爲替の組み方をお話しなさい。

三、小爲替と電信爲替とをくらべてお話しなさい。

四、次のことばを用いて、二つの短文をお作りなさい。

引きかえに。　何なりとも。

第十三課、組合(クミアイ)

組合 滋賀縣 葛川 炭燒 木挽 唯 伐ル 賣捌 日用品 買入 始終 サッパリ 信用 哀レナ 陥リマシタ	滋賀縣ニ葛川(カツラガワ)トイウ村ガアリマス。山ガ多クテ、田畑ガ少ナイノデ、村ノモノハ、大抵、炭燒ヤ木挽(コビキ)ヲ職業トシテ居マス。 シカシ皆ガ唯伐ルバカリデ、植エナカッタカラ、山ノ木ハ次第ニ減ッテ行キマシタ。(7-47) 又、炭ノ賣捌ヤ日用品ノ買入等ニツイテモ、其ノ方法ヲ考エナカッタカラ、始終、損バカリシテ居マシタ。後ニハ其ノ日ノ暮シニモ困ルモノガ多クナッテ來テ、悪イ炭ヲ高ク賣ッテ、一時ノ利益ヲ得ヨウトスルモノモアルヨウニナリマシタ。ソレガタメ、サッパリ世間ノ信用ガナクナッテ、誰モ此ノ村ノ炭ヲ買ワナイヨウニナリ、非常ニ哀レナ有様ニ陥リマシタ。 コレデハイカナイト、村ノ人々ガ相談シテ、

山林 製炭 結果	明治三十七年九月ニ組合ヲ設ケテ、山林ノ保護、製炭ノ改良ヲハカリマシタガ、其ノ結果ガ頗ルヨカッタノデ、(7-48)
生産品 共同販賣 共同購入	村民ハ始メテ組合ノ利益ヲ知リマシタ。ソレデ翌年三月ニハ、更ニ又、別ノ組合ヲ設ケテ、村ノ生産品ノ共同販賣ト日用品ノ共同購入トヲ取扱ウヨウニシマシタ。
品質 樂ニ	ソレカラハ炭ノ品質モ良クナリ、信用モ増シテ、前ヨリハ大層ヨク賣レルヨウニナッテ來マシタ。其ノ上、日用品ナドモ大變安ク買イ入レルコトガ、出來ルヨウニナリマシタカラ、村ノ人々ノ暮シモ、次第ニ樂ニナッテ來マシタ。
信用組合 融通スル 風俗	其ノ後、又、信用組合ヲモ設ケテ、(7-49) 産業ニ必要ナ資金ヲ融通スル方法ヲ立テマシタガ、遂ニ村ノ風俗マデモ、自然ニ改マルヨウニナリマシタ。

練習

一、葛川村ガ非常ニ哀レナ有樣ニナッタノハナゼデスカ。

二、葛川村デハドンナ組合ヲ設ケマシタカ。

三、後ニ葛川村ハドンナニナリマシタカ。ソレヲ文ニオ作リナサイ。

第十四課、病氣

手當	**病氣**ニ**罹**ッタナラバ、**早**ク**手當**ヲスルコトガ**大切**デス。**手當**ガオクレルト、**病氣**ガ**段々重**クナリマス。(7-50)
診察シテモラウ	ナルベク**醫師**ニ**診察**シテモラウ**方**ガヨイノデス。
腸**窒扶**私 發**疹**窒扶私 赤**痢** **痘瘡** **猩**紅**熱** 實布**垤**利亞 虎列剌 ぺすと 傳染病	**腸窒扶私**(チョウチブス)・**發疹窒扶私**(ハッシンチブス)・**赤痢**(セキリ)・**痘瘡**(トウソウ)・**猩紅熱**(ショウコウネツ)・**實布垤利亞**(ジフテリヤ)・**虎列剌**(コレラ)・ぺすとナドハ**何**レモ**傳染病**デ、**一人**ガコレニ**罹**ルト、ソレカラソレエト、ホカノ**人**ニウツッテ、**終**ニハ**何百人何千人**トイウ**澤山**ナ**人**ガ、コレニ**罹**ルヨウナコトモアリマス。
肺病 **癩**病	**肺病**ヤ**癩病**(ライビョウ)モ**一種**ノ**傳染病**デ、コレモヨホド**氣**ヲ**付**ケナケレバナラヌ**病氣**デス。**傳染病**ニ**罹**ッタ**疑**ガアッタナラ、**直**グ**醫師**ニ**診察**シテモラッテ、(7-51)

療治	療治ヲ受ケナケレバナリマセン。又、ヨク
消毒	消毒ヲシテ、ホカノ人ニウツラナイヨウ
隱シテ置ク	ニ、シナケレバナリマセン。之ヲ隱シテ置
	クノハ、甚ダ悪イコトデス。
疱瘡 天然痘	痘瘡ハ疱瘡(ホウソウ)又ハ天然痘(テンネン
	トウ)トイッテ、ヨホド恐ロシイ傳染病デス
種痘	ガ、種痘ヲスレバ、コレニハ罹リマセン。
痘苗	種痘トイウノハ、痘苗ヲ人ノ體ニウエルコ
種痘認許員	トデ、誰デモ醫師カ種痘認許員ニ頼メバ、
頼ム	之ヲシテモラウコトガ出來マス。又、警察
	署ナドデ、日ヲ定メテ、人人ニ種痘ヲサセ
	ルコトモアリマス。(7-52)

肺ぢすとま 豫防スル とらほーむ 油斷 盲	肺ぢすとまモ恐ルベキモノデスガ、之ヲ豫防スルニハ、生水ヲ飲マヌコトガ第一デス。 ヨク眼ニ氣ヲ付ケナイト、とらほーむニ罹ルコトガアリマス。コレモ油斷ノナラヌモノデ、早ク療治シナイト、盲ニナッテシマウヨウナコトガアリマス。(7-53)
眼脂 涙 手拭 病毒	とらほーむニ罹ッテ居ル人ノ眼脂(メヤニ)ヤ涙ガ、他人ノ眼ニツクト傳染シマスカラ、氣ヲ付ケナケレバナリマセン。又、とらほーむニ罹ッテ居ル人ノ用イテ居ル書物ヤ手拭ナドニモ、病毒ノツイテ居ル恐ガアリマスカラ、之ヲ借リテハナリマセン。
慈惠醫院 病苦 經費 恩賜金 貧窮	朝鮮ニハ、各道ニ慈惠醫院トイウ病院ガアリマス。コレハ人民ノ病苦ヲ救イ、其ノ壽命ヲ全ウセシメルタメニ、官デ設ケタモノデ、其ノ經費中ニハ、恩賜金ノ利子ガ用イラレテ居マス。誰デモ、病氣ノ時ハ、此ノ病院デ療治シテモラワレルシ、貧窮ノ者ハ、(7-54)

無料	**無料**デモ、**療治**シテモラウコトガ**出來**マス。カヨウナ**病院**ノ**設**ケラレタノモ、**全**ク**有**リ**難**イ**御世**ノオカゲデス。
	練習
	一、**傳染病**ノ**種類**ヲ**擧**ゲテゴランナサイ。
心得	二、**傳染病**ニ**罹**ッタ**時**ノ**心得**ヲオ**話**シナサイ。 三、**種痘**ノコトヲ**文**ニオ**作**リナサイ。 四、**慈惠醫院**トハドンナモノデスカ。 五、**次**ノ**崇敬體**ヲ**常體**ニ**改**メテゴランナサイ。 (イ)**病氣**ニ**罹**ルコトモアリマス。 (ロ)**注意**シナケレバナリマセン。(7-55) (ハ)ウツリ**易**ウゴザイマス。 六、**次**ノ**字**ニ「ヤマイダレ」(疒)ヲツケレバ、**何**トイウ**字**ニナリマスカ。 **丙**。**豆**。**倉**。**利**。

第十五課、看病

看病 看病人	**諺**ニモ、「**一**ニ**看病**、**二**ニ**藥**。」トアル**通**リ、**病氣**ノナオルト、ナオラナイトハ、**看病人**ノ**力**ニヨルコトガヨホド**多**イモノデス。ソレデスカラ、**病人**ガ**出來**タ**時**ニハ、**家**ノ**人々**ハヨク**醫師**ノ**指圖**ニ**從**ッテ、**親切**ニ**看病**シナケレバナリマセン。(7-56)
	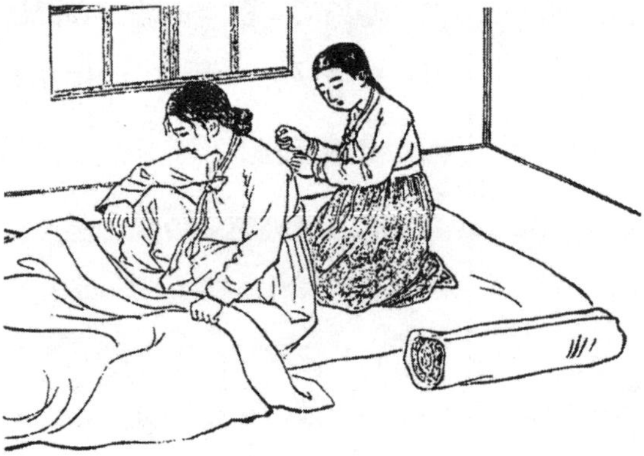
掃除シテ 清**潔** **汚**レタ	**病人**ノ**部屋**ハヨク**掃除**シテ、**新**シイ**空氣**ノ**通**ウヨウニシ、**衣服**ハ**清潔**ニシテ、**汚**レタノハ**洗**イ、**又**、**日**ニ**當**テテ**乾**カサナケレバナリマセン。

障子 アケタテ 起居振**舞** 大聲 ジャマ	**戸・障子**ノアケタテヤ、**起居振舞**(タチイフルマイ)ナドモ、**靜**カニシナケレバナリマセン。**又**、**大聲**デモノヲ**言**エバ、**病人**ノジャマニナルシ、(7-57)
小聲 サ丶ヤケバ **慰**メル **疲**レマス	**小聲**デサ丶ヤケバ、**病人**ハ**自分**ノ**病氣**ガ**重**クナッタノカナドト、イロイロ**心**ヲツカイマス。ソレデスカラ、**罪**ノナイ**面白**イ**話**ナドヲシテ、**其**ノ**心**ヲ**慰**メルガ**一番**ヨイノデス。ケレドモアマリ**長**ク**話**ヲスルト、**病人**ガ**疲**レマスカラ、ヨクアリマセン。
ツイ ユルンデ 病 ナオリギワ	**病氣**ガ**少**シナオリカケルト、**病人**モ**看病人**モツイ**心**ガユルンデ、**飲物**ヤ**食物**ナドニ**注意**ヲ**怠**リ、**其**ノタメニ、**病氣**ガマタ**重**クナルコトガアリマス。「**病**ハナオリギワ。」トイウコトガアリマス。**決**シテ**油斷**シテハナリマセン。(7-58)
	練習 一、「**一ニ看病、二ニ薬**。」トハ、ドウイウコトデスカ。

二、病人ノ部屋ハドウスベキモノデスカ。

三、其ノ外、看病ノ心得ヲオ話シナサイ。

四、「病ハナオリギワ。」ノ意味ヲ文ニオ作リナサイ。

五、「病ガナオリカケル。」「本ヲ讀ミカケル。」ノヨウニ、「カケル」トイウコトバヲ用イテ、短文ヲオ作リナサイ。

六、次ノコトバト反對ノ意味ノコトバヲ言ッテゴランナサイ。

新シイ。 怠ル。 重イ。 長イ。(7-59)

第十六課、病氣見舞の手紙

病氣見舞	**此**の**間**は**久**しく**御缺席**ですから、どう
御案じ申して居ました	いうわけかと、**御案**じ**申**して**居**ました
	が、だんだん**樣子**を**聞**きますと、**御病**
	氣のためだということで、まことに**驚**
お熱	きました。**一時**はお**熱**も**高**く、おうち
	の**皆**さま**方**も、**大層御心配**なさったそ
御容體	うですが、**其**の**後**、**御容體**はいかゞで
精々 御養生	すか。**精々御養生**なさって、**一日**も**早**
祈ります	く、おなおりになることを**祈**ります。
	(7-60)
	同じく**返事**
	御手紙ありがたく**拜見**しました。いろ
	いろ**御心配下**さって、ありがとうござ
	います。**病氣**はおいおいよろしくな
	り、**熱**も**下**り、**食**も**進**んでまいりまし

たから、近い中に出席して、お目にかゝることが出來ましょうと思って、喜んで居ます。どうぞ皆様にもよろしく願い上げます。

練習

「御案じ」「精々」を用いて、二つの短文をお作りなさい。(7-61)

第十七課、尹淮鵝鳥(いんわいがちょう)をあわれむ

尹**淮** **鵝**鳥 博く とある 宿 身なり	**昔**、**尹淮**という**人**がありまして、**學問**が**博**く、**且**つあわれみの**心**が**深**うございました。**或**る**時旅行**して、**日暮**になったので、とある**宿屋**に**行**って、**一夜**の**宿**を**頼**みましたけれども**斷**わられました。**多分**、**身**なりがわるかったからでしょう。
隅 あかそう **珠** **過**って 取落しました	そこで**尹淮**は、よんどころなく、**宿屋**の**庭**の**隅**で**一夜**をあかそうと**思**って、**其處**に**坐**って**居**ました。**其**の**時**、**此**の**家**の**小**さな**子**が、**美**しい**珠**を**持**って**出**て**來**ましたが、**過**ってそれを**取落**しました。(7-62)
呑んでしまいました	すると、ちょうど**傍**に**鵝鳥**が**居**て、**直**ぐそれを**呑**んでしまいました。
探しました 見當りません 盗んだ 思い込んで	**主人**は**其**の**子**が**珠**を**持**って**居**ないのを**見**て、**驚**いてあちこちと**探**しました。けれどもどうしても**見當**りません。そこで、これは、きっと、あの**人**が**盗**んだにちがいないと**思い込**んで、

縛りました	官に訴えるつもりで、尹淮を縛りました。
	尹淮は少しも争わないで、主人がする通りになって居ましたが、たゞ「どうか、其の鵝
繋いで置いて下さい	鳥を私の傍に繋いで置いて下さい。」と言いました。ところが翌朝になると、(7-63)
糞	其の珠が鵝鳥の糞の中にまじって出て來ました。主人は驚いて直ぐに尹淮の縄を解い
詫びました	て、深く詫びました。そうして「なぜ昨日
默って居た	は、あんなに默って居たのですか。」と聞きますと、
いや	「いや、昨日それを言うと、お前があの鳥の腹を割いて、珠を探すであろうから、かわいそうだと思って、默って居たのだ。」と答えました。
	練習
	一、主人はなぜ尹淮を縛りましたか。
	二、尹淮はなぜ默って縛られて居たのですか。

	三、「よんどころなく」「ちがいない」「**多分**」ということばを**用**いて、三つの**短文**をお**作**りなさい。(7-64)
つゞめて	四、**此**の**文**に**書**いてあることを、つゞめて**言**ってごらんなさい。
	五、**次**の**字**に**假名**をおつけなさい。 **淮**。 **唯**。 **博**。 **縛**。 **傳**。

第十八課、假名遣(かなづかい)

假名遣 一般に 即ち 樂器	**假名**の**數**は、あまり**多**くはありませんけれども、それで、どんな**言葉**でも、**自由**に**書**きあらわすことが**出來**るから、**大層便利**です。 けれども**假名**で**言葉**を**書**きあらわすには、**昔**から**一種**の**假名遣**があって、**今日**でも、それが**一般**に**世間**に**行**われて**居**ます。(7-65) **例**えば 　　コドモガ、テヌグ**イ**デ、カ**オ**ヲフイテ**イ**マス。 と**書**いて、**意味**はよく**分**るのですけれども、**世間**では**之**を**次**の**樣**に**書**きます。 　　コドモガ、テヌグ**ヒ**デ、カ**ホ**ヲフイテ**ヰ**マス。 **即**ち「テヌグ**イ**」は「テヌグ**ヒ**」、「カ**オ**」は「カ**ホ**」、「**イ**マス」は「**ヰ**マス」と**書**くのです。 **又**、**學校**は「ガッコウ」、**樂器**は「ガッキ」と**讀**むけれども、**世間**では**之**を「ガ**ク**カウ」

「ガ**ク**キ」と**書**きます。(7-66)

此の**假名遣**は**中々面倒**で、**一々**こんなに**書**くことはむずかしいけれども、**人**の**書**いたのが**讀**めないと**不便**です。

練習

一、**假名**の**便利**なことをお**話**しなさい。

二、**假名遣**にはどんな**面倒**なことがありますか。

第十九課、賢イ子供

水ガメ 雨水 フチ フミハヅシテ 居合ハセタ ウロタヘテ 騷ギマシタ 力任セニ	**或**ル**家**ノニ**ハ**ニ、オ**ホ**キナ**水**ガメガアッテ、**雨水**ガ**一**パイタマッテ**ヰ**マシタ。**一人**ノ**子供**ガ**水**ガメノフチ**へ上**ッテ、(7-67)**遊**ンデ**ヰ**ル**中**ニ、フミハ**ヅ**シテ、カメノ**中**へ**落**チマシタ。**捨**テテオケバ**死**ンデシマ**ヒ**マス。**居合ハ**セタ**子供**ハ、**皆**ウロタ**へ**テ**騷**ギマシタ。**其**ノ**時一人**ノ**子供**ハ**大**キナ**石**ヲ**持**ッテ**來**テ、**力任**セニ、カメニ**投**ゲツケマシタ。ソレガタメ、カメニオ**ホ**キナ**穴**ガアイテ、**水**ガ**流**レ**出**マシタカラ、**子供**ハアヤ**フ**イ**命**ヲ**助**ッタトイ**フ**コトデス。 **練習** 一、**一人**ノ**子供**ガドンナアヤフイメニアヒマシタカ。 二、ホカノ**子供**ガ、ドンナニシテ、ソレヲ**助**ケマシタカ。(7-68)

ホホ	三、次ノ假名文ヲ讀ンデ、其ノ假名遣ニ注意シナサイ。 (イ)イハノウヘニ、マツノキガ、ハエテヰマス。 (ロ)ニハニ、アサガホノハナガ、サイテヰマス。 (ハ)ユフガタハ、ヨホド、スヾシクナリマシタ。 四、次ノ樣ニ「ハ・ヒ・フ・ヘ・ホ」ガ、言葉ノ終又ハ中ニアルトキハ、「ワ・イ・ウ・エ・オ」ト讀ムコトガ多イノデス。 (イ)ニハ(庭)　アハ(粟)　タハラ(俵) (ロ)コヒ(鯉)　アタヒ(價)　タヒラ(平) (ハ)イフ(云)　クフ(食)　アヤフイ(危) (ニ)イヘ(家)　ナヘ(苗)　カヘル(蛙) (ホ)シホ(鹽)　ホホ(頰)　オホキイ(大) (7-69)

第二十課、机ノ物語

物語	
	私ハ机デゴザイマス。私ガ此處ヘマヰッタノ
	ハ、此ノ學校ガ建ッタ年デゴザイマスカラ
カレコレ	今年デモウ、カレコレ十年ニナリマス。其ノ
十人十色	間ニ多クノ子供ヲ見マシタ。十人十色ト申
	シマスガ、マコトニ其ノ通リデ、顔ノチガ
性質	フヤウニ、性質モ色々カハッテ居マシタ。
アクビ	アクビヲシタリ、ワキ見ヲシタリシテヰ
	テ、先生ニ何カ聞カレテモ、答ヘルコトガ
	出來ナイデ、顔ヲ赤クスル子供モゴザイマ
チャント 姿勢	シタ。チャント姿勢ヲヨクシテ、(7-70)
ハッキリト	氣ヲ付ケテヰテ、何ヲ聞カレテモ、ハッキ
	リト答ヘル子供モゴザイマシタ。
コボシタリ 書キソコナッテ	字ヲ書クノニ、筆ヲ落シタリ、墨ヲコボシタ
ホゴ	リ、書キソコナッテ、紙ヲ澤山ホゴニシタリ
ソソッカシイ	スルヤウナ、ソソッカシイ子供モゴザイマ
オチツイテ ヰテ	シタ。ヨクオチツイテヰテ、少シモ書キソ
	コナヒナドヲシナイ子供モゴザイマシタ。

遲刻シタリ	度々缺席シタリ、遲刻シタリシテ、先生ニ叱ラ
叱ラレタ	レタ子供モゴザイマシタ。一日モ缺席モセズ、
	遲刻モシナカッタ子供モゴザイマシタ。(7-71)
キラハレタ	學校デ先生ニ叱ラレ、友ダチニモキラハレ
ツマラナイ	タ悪イ子供ハ、大人ニナッテカラ、大抵ツ
	マラナイ人ニナッテヰマス。
	私ハ一タイ子供ガ好キデゴザイマスガ、八
	九年ノ間ニ、ドウシテモキラヒナ子供ガ、
	七八人ゴザイマシタ。私ノ體ガ、コンナニ、
グラツク	グラツクヤウニナッタノモ、其ノ子供タチ
イタヅラ	ノ、イタヅラカラデゴザイマス。コンナニ
	キタナクナッタノモ、其ノ子供タチガ、澤
	山、墨ヲツケタカラデゴザイマス。(7-72)
	練習
	一、善イ子供ノコトヲオ話シナサイ。悪イ子供ノコトヲオ話シナサイ。
	二、次ノコトバヲ讀ンデ、「イ」ト「ヰ」トノツカヒ方ニ注意シナサイ。

フヱ	(イ)イト(絲)　イル(入)　ソソッカシイ (ロ)ヰド(井戸)　ヰル(居)　マヰル(參) 三、次ノコトバヲ讀ンデ、「ヱ」ト「エ」トノツカヒ方ニ注意シナサイ。 (イ)ヱ(繪)　ツクヱ(机)　ウヱル(植) (ロ)エダ(枝)　フエ(笛)　キエル(消) (7-73)

第二十一課、熊

後足 手ノヒラ ツカミカヽッテ 鋭イ ヒッカキマス	熊ハ強イ獸デス。人ニ向ッテ來ル時ニハ、後足デ立チ上ッテ、大キナ手ノヒラデツカミカヽッテ、鋭イ爪デヒッカキマス。

三日月形 月ノ輪 敷物 シグマ	熊ノ毛色ハ大概マッ黒デ、胸ノ所ダケニ、三日月形ノ白イ毛ガアリマス。之ヲ月ノ輪トイヒマス。熊ノ皮ハ美シクテ、良イ敷物ニナリマス。シグマトイフ熊ハ小馬ホドアッテ、力ガ大層強ウゴザイマス。(7-74) 大抵ノ獸ハ一打デ殺サレテシマヒマス。
イタヅラモノ カズノ子 カツイデ	熊ハイタヅラモノデ、人ノ家カラ、カズノ子ノ俵ヲ盗ンデ、カツイデ逃ゲテ行クコトガアルトイヒマス。

川バタ ツカマヘル 肩 ヌケテ落チル	又、川バタニ行ッテ、魚ヲツカマヘルコトガアリマス。其ノツカマヘタ魚ヲ竹ノ枝ニ通シテ、肩ニカツイデ行キマスガ、後カラ一ツヅツヌケテ落チルノヲ知リマセン。ソレヲ人ガ拾ッテ來ルコトガアリマス。(7-75)

練習

一、熊ノ形ヤ毛色ハドンナデスカ。

二、熊ノイタヅラナコトヲ文ニオ作リナサイ。

三、次ノコトバヲ讀ンデ「ズ」ト「ヅ」トノツカヒ方ニ注意シナサイ。

第七課、世界 (一)

	或ル**時**、**先生**ガ**生徒**ニイロイロ**地理**ノ**話**ヲシテ、**聞**カセテ**居**ラレマスト、**一人**ノ**生徒**ガ**先生**ニ**向**ツテ、
地球 球	「**先生**、**私**ドモノ**住**ンデ**居**ル**世界**ハ**地球**ト**云**ツテ、**大**キナ**圓**イ**球**ダト**云**フコトデスガ、(8-17) ドウシテ**其**ノ**圓**イコトガ**分**リマスカ。」 ト**尋**ネマシタ。
	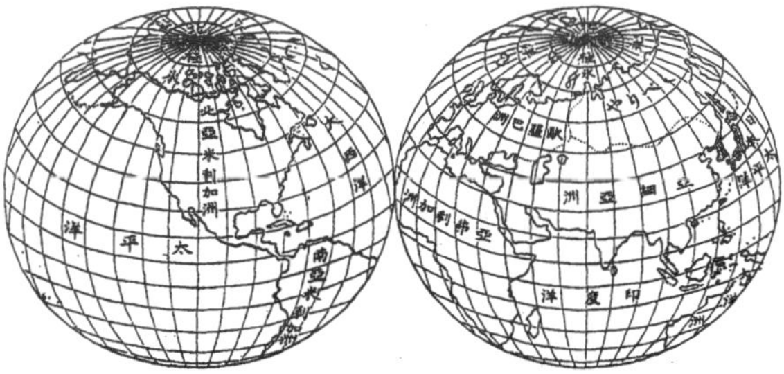
一周	**先生** 「ソレハヨイ**問**デアル。**地球**ノ**圓**イコトハ、**世界**ヲ**一周**スレバ**分**ル。**今日**デハ、**世界**ヲ**一周**スルノハマコトニタヤスイ。

	僅カニ四十日モカヽレバ一周サレル。(8-18)
	我々ハ汽車ニ乘ツタリ、汽船ニ乘ツタリシテ、西ヘ西ヘト進メバ、マタモトノトコロニ歸ツテ來ル。或ハ東ヘ東ヘト進ンデモ、同ジコトデアル。
證據	コレハ地球ノ圓イ證據デアル。若シ
平タイ	地球ガ平タイモノナラバ、行ケバ行クホド、遠クヘ行ツテシマツテ、マ
筈	タモトノ地ニ來ナイ筈デアル。」
尤モダ	生徒等ハ皆先生ノ話ヲ尤モダト思ヒマシタ。
	又、他ノ生徒ガ先生ニ尋ネマシタ。
	「僅カ四十日位デ廻ラレルナラバ、世界ハ思ツタヨリモ小サナ物ノヤウデスガ、一體ドノ位アルノデセウカ。」(8-19)
直徑	先生「地球ノ直徑ハ凡ソ三千二百里デ、其ノ
面積	面積ハ凡ソ三千三百萬方里アル。決シ
方里	テ小サナモノデハナイ。(8-20)
	皆サンハ、我ガ日本ノ面積ハドノ位アルカ、知ツテ居マスカ。」

	生徒 「ソレハイツカ先生ニ教ヘテ戴イタカラ、覺エテ居マス。(8-21)
	タシカ四萬三千方里デアリマシタ。」
	先生「サウダ。四萬三千方里ダ。能ク覺エテ居マシタ。世界ノ面積ニクラベレバ、マコトニ小サイケレドモ、一ツノ國トシテハ、決シテ小サナモノデハナイ。世界ニハ我ガ國ヨリ小サナ國ガイクツモアル。
勿論	勿論、我ガ日本ヨリ大キナ國
ダメダ	モアルガ、國ハタヾ大キイバカリデハダメダ。ソレハ皆サンニモ分リマセウ。」
	生徒 「ハイ、分リマス。大キクテモ、盛ンデナイ國モアリマス。」(8-22)

忠良	**先生**「サウダ。**大**キイバカリデハイカヌ。**第一大切**ナコトハ、**國民**ガ**忠良**デ、ハタラキノアル**人**ニナルコトダ。**皆**サンモ**常**ニ**之**ヲ**忘**レナイデ、**我**ガ**日本國**ヲ益**盛**ンニスルヤウニ、**心掛**ケナケレバナリマセンゾ。」 **練習** 一、**世界**ノ**圓**イコトヲ**文**ニオ**作**リナサイ。 二、**地球**ノ**直徑及**ビ**面積**ハ、**凡**ソ**何程**アリマスカ。 三、**我**ガ**日本**ノ**面積**ハ**何程**アリマスカ。 四、**國**ヲ**盛**ンニスルニ、**第一大切**ナコトハ**何**デスカ。(8-23)

第二十三課、電報

電報	一
火事	或る夜、京城に火事がありましたので、翌朝、信吉の叔父のところへ、(7-80)
	元山の渡邊といふ人が心配して、電報で火事見舞をよこしました。
	サクヤノカジニゴブジカワタナベ
	しかし火事は、信吉の叔父の家からは、よほど離れてありましたのです。
	叔父は信吉に
	「お前一つ、渡邊さんに上げる返事の電報を書いてごらん。」
	と言ひました。
	サクヤノカジニウチハヤケマセンデシタゴアンシンクダサイ(7-81)
	信吉「これでよろしうございませうか。」
長過ぎる	叔父「それでは長過ぎる。電報の文は、成るべく、短く書かなければならない。言葉も電報だから、

	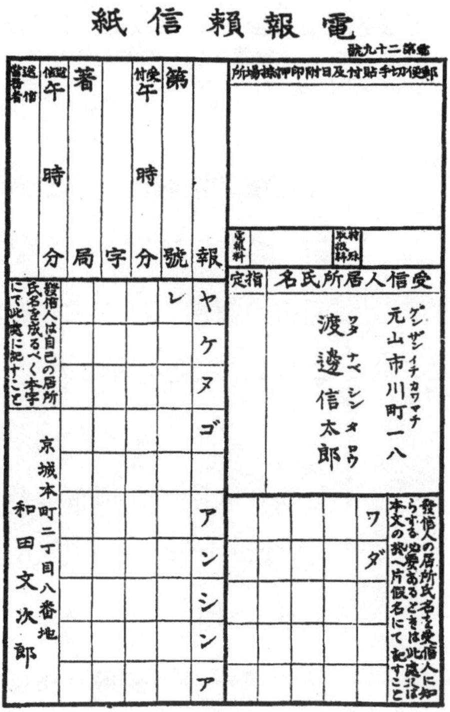 電報頼信紙 電第二十九號 郵便切手貼付及日附印押捺場所 電報料　特別取扱料 受信人居所氏名　指定 元山市川町一八（ゲンザンイチカワマチ） 渡邊信太郎（ワタナベシンタロウ） 報　第　號　受付 午 時 分　字　著局　發信 午 時 分　送信者 ヤケヌゴ アンシンア レ ワダ 發信人は自己の居所氏名を成るべく本字にて此處に記すこと 京城本町二丁目八番地 和田文次郎 發信人の居所氏名を受信人に知らする必要あるときは此處より本文の數へ片假名にて記すこと (7-82)
丁寧に 省く	あまり丁寧に書くことはいらない。 又、成るべく、入らぬ言葉を省くがよい。」 サクヤウチヤケヌゴアンシンアレ **信吉**「これでよろしうございませうか。」 **叔父**「それでもよいが、昨夜、火事のあったことは、もう御存じだから、『サクヤ』

	と書くには及ばない。又、『ウチ』といふことも入らない。
一音信 濁った 氏	電報は十五字までが一音信で、濁った字は二字に數へられるのだ。うちの氏の和田を入れて、十五字より多くならないやうに書いてごらん。」(7-83) ヤケヌゴアンシンアレワダ
	信吉「かうすると、ちょうど十四字になります。」
賴信紙 發信人 欄	叔父「それでよろしい。それを此の賴信紙に書いてごらん。『ワダ』は發信人の欄に書いた方がよい。あちらの氏名や居所は何字あっても、料金はいらぬのだ。」
	練習
	一、釜山から平壤の自分の家へ、五日にかへることを知らせる電報の文をお書きなさい。
	二、次の樣に、「さう」を「そう」、「せう」を「しょう」と讀むことに注意しなさい。(7-84)

	(イ)習ったさうだ。　樂しさうに。 話さう。　さうして。 (ロ)勉强しませう。書きませう。分るでせう。 いらないでせう。　よろしいでせう。 三、次の樣に、「かう」「たう」「なう」「はう」「まう」「らう」を「こう」「とう」「のう」「ほう」「もう」「ろう」と讀むことに注意しなさい。 行かう。　勝たう。　少なう。　歌はう。 讀まう。　折り取らう。
	二
通信	電報は、日本全國、大抵どこへでも出すことができるばかりでなく、又、外國へも出されます。僅かの時間に、遠い所と通信をすることが出來るから、まことに便利です。(7-85)
電報料 増す毎に	電報を出すには、郵便局へ行って賴むのです。電報料は、一音信が、朝鮮内ならば二十錢で、内地へは三十錢です。何れも五字を増す毎に、料金が五錢づつ増すのです。

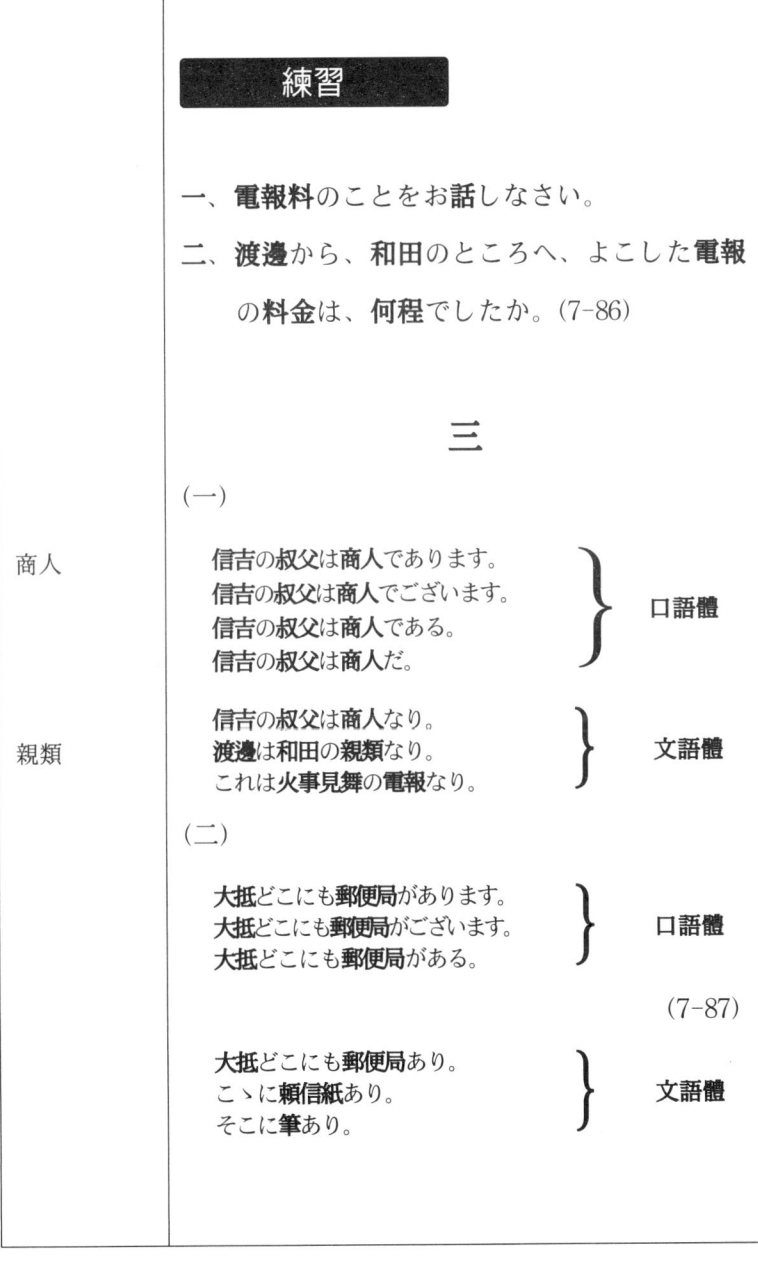

	練習 一、**電報料**のことをお**話**しなさい。 二、**渡邊**から、**和田**のところへ、よこした**電報**の**料金**は、**何程**でしたか。(7-86) **三** (一)
商人	**信吉**の**叔父**は**商人**であります。 **信吉**の**叔父**は**商人**でございます。 **信吉**の**叔父**は**商人**である。 **信吉**の**叔父**は**商人**だ。　} **口語體**
親類	**信吉**の**叔父**は**商人**なり。 **渡邊**は**和田**の**親類**なり。 これは**火事見舞**の**電報**なり。　} **文語體** (二) **大抵**どこにも**郵便局**があります。 **大抵**どこにも**郵便局**がございます。 **大抵**どこにも**郵便局**がある。　} **口語體** (7-87) **大抵**どこにも**郵便局**あり。 こゝに**頼信紙**あり。 そこに**筆**あり。　} **文語體**

	(三)
隣	銀行の隣まで燒けました。 銀行の隣まで燒けた。 } 口語體
命じたり	銀行の隣まで燒けたり。 叔父は信吉に電報の文を書けと命じたり。 信吉は電報を出したり。 } 文語體
	(7-88)
	(四)
	和田の家は燒けません。 和田の家は燒けない。 和田の家は燒けぬ。 } 口語體
	和田の家は燒けず。 今日は雨降らず。 信吉は、遊びに行かず。 } 文語體
	練習
	次の文語體を口語體に改めてごらんなさい。
	(イ)これは普通學校國語讀本卷七なり。
邑内	(ロ)此の邑内には郵便所あり。
	(ハ)貞童は電報を讀みたり。
	(ニ)福童は缺席せず。(7-89)

第二十四課、つとめてやまず

額 はたらく 碎きて いそしむ 榮ゆく 御民 われ あだ 一日 過さめや 撓みなく 勵みなん 荒むな 國民 自ら 彊めて 息まざれ 諭させ給ひし みことのり 肝 きざみて	一、額(ひたい)に汗(あせ)してはたらくも、 心を碎きていそしむも、 同じく御國(みくに)の爲にして、 人の道なり務なり。 二、榮(さか)ゆく御國の御民(みたみ)われ、 あだには、一日(ひとひ)も過さめや。 急がず、やすまず、撓みなく、 心たのしく勵みなん。 三、荒(すさ)むな、國民、怠るな。(7-90) 自(みずか)ら、彊(つと)めて息まざれと、 諭させ給ひしみことのり、 肝(きも)にきざみて忘れめや。 **練習** 一、此の歌の(一)をそらで言ってごらんなさい。さうして其の大意をお話しなさい。

	二、此の歌の(二)をそらで言ってごらんなさい。さうして其の大意をお話しなさい。 三、此の歌の(三)をそらで言ってごらんなさい。さうして其の大意をお話しなさい。(7-91)

第二十五課、鹽と砂糖

	一、鹽	
	(口語體)	(文語體)
鹹い	(一) 鹽は味が鹹(から)い。 (二) 鹽は色が白い。 (三) 鹽は味が鹹くて、色が白い。	(一) 鹽は味鹹し。 (二) 鹽は色白し (三) 鹽は味鹹くして、色白し。
味噌 醬油	(一) 鹽は、食物を料理するに、必要なものである。 (二) 鹽は、味噌・醬油などを造るに、必要なものである。 (三) 鹽は、食物を料理するにも、味噌・醬油などを造るにも、必要なものである。	(一) 鹽は、食物を料理するに、必要なるものなり。(7-92) (二) 鹽は、味噌・醬油などを造るに、必要なるものなり。 (三) 鹽は、食物を料理するにも、味噌・醬油などを造るにも、必要なるものなり。
	(一) 鹽は山からも出る。 (二) 我が國では多く海の水から取る。	(一) 鹽は山よりも出づ。 (二) 我が國にては、多く海の水より取る。 (7-93)

(三) 鹽は山からも出るが、我が國では多く海の水から取る。	(三) 鹽は山よりも出づれども、我が國にては、多く海の水より取る。

二、砂糖

(口語體)	(文語體)
(一) 砂糖は味が甘い。	(一) 砂糖は味甘し。
(二) 其の色は赤いのもあり、黑いのもあるが、上等の品は白い。	(二) 其の色は赤きもあり、黑きもあれど、上等の、品は白し。(7-94)
(三) 砂糖は味が甘くて、其の色は赤いのもあり、黑いのもあるが、上等の品は白い。	(三) 砂糖は味甘く、其の色は赤きもあり、黑きもあれど、上等の品は白し。

(一) 砂糖は、食物を料理するに、入用なものである。	(一) 砂糖は、食物を料理するに、入用なるものなり。
(二) 砂糖は、菓子を製するに、入用なものである。	(二) 砂糖は、菓子を製するに、入用なるものなり。(7-95)
(三) 砂糖は、食物を料理するにも、又、菓子を製するにも、入用なものである。	(三) 砂糖は、食物を料理するにも、又、菓子を製するにも、入用なるものなり。

	(一) 砂糖は甘蔗から製したものが最も多い。 (二) 甘蔗は、我が國では、臺灣・四國・九州などに產する。	(一) 砂糖は甘蔗より製したるもの最も多し。(7-96) (二) 甘蔗は、我が國にては、臺灣・四國・九州等に產す。

練習

次の文を口語體に改めてごらんなさい。

(イ)熊の皮は黑くして美し。

(ロ)熊はいたづらなる獸なり。

(ハ)熊は、人の家より、かずの子の俵を盜みて行くことあり。

(ニ)熊は內地にて最も强き獸なり。

(ホ)熊は內地にて最も强き獸なれども、朝鮮にはこれより强き獸あり。それは虎なり。

(7-97)

第二十六課、森林(シンリン)

森林 材木 **薪** シノグ 薪炭 **採**ル シミ込ミテ 泉	**材木**・**薪**・**炭等**ハ**森林**ヨリ**出**ヅルモノナリ。**若**シ**森林**ナケレバ、**家屋**・**器具等**ヲ**作**ル**材木**ヲ**得**ル**所**モナク、**食物**ヲ**煮**、**寒**サヲシノグ**薪炭**ヲ**採**ル**所**モナカラン。 **又**、**森林**ニハ**水**ヲ**貯**フル**力**アリ。**樹木茂**レル**所**ニ**降**リタル**雨**ハ、**深**ク**地中**ニシミ込ミテ、**泉**ノ**源**トナル。(7-98)

ハゲ山 平日 **一滴** **洪**水	**樹木**ナキハゲ**山**ニハ、**水**ヲ**貯**フル**力**ナキ**故**、**平日**ハ**一滴**ノ**水**モナケレドモ、**大雨**ノ**時**ハ**水急**ニ**流**レ**下**リテ、**恐**ロシキ**洪水**トナル。

和ラグル	又、土地ニ森林アレバ、夏ハ凉シクシテ、冬モアマリ寒カラズ。森林ハヨク氣候ヲ和ラグル効アリ。且ツ山野ニ樹木ノ青々ト茂リタル景色ハ、人ノ心ヲ樂シマシムルコト大ナリ。(7-99) サレバ、樹木ヲ植ヱテ森林ヲ造リ、ヨク之ヲ保護スルハ、マコトニ大切ノコトナリ。 **練習** 一、森林ノ必要ナコトヲオ話シナサイ。 二、森林ガナケレバ、洪水ガ出ルノハナゼデスカ。其ノワケヲ文ニオ作リナサイ。 三、同ジ字ヲ二ツ又ハ三ツ書イテデキタ字ヲ、知ッテ居ルダケ、書イテゴランナサイ。

第二十七課、材木

檜 欅 桐	家屋・器具等ハ多ク材木ニテ造ル。(7-100) 材木ニハ松・杉・樅・檜・栗・欅・桐等アリ。此ノ中、内地ニテ最モ多ク用ヒラルヽモノハ杉ト松ナルガ、朝鮮ニテハ松最モ多ク用ヒラル。
	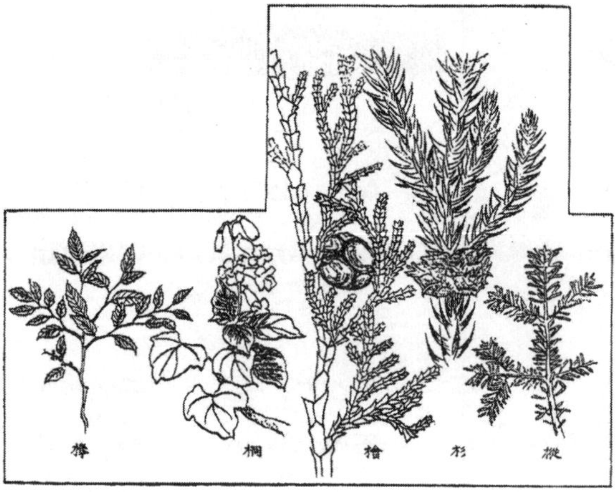
板 桶 樽	松・杉・檜・欅ハ、板又ハ柱トシテ、家ヲ建テ、橋ヲカケ、船ヲ造ル等ニ用フ。杉ハ箱・桶・樽ナドヲ造ルニ用ヒ、又、電信柱ニ用フルコト多シ。(7-101)

土臺 枕木	**栗**ハ**堅**クシテ**長**ク**腐**ラザルガ**故**、**家**ノ**土臺**又ハ**鐵道**ノ**枕木**ナドニ**用**フ。
箪笥 下駄	**桐**ハヤハラカクシテ**弱**キ**木**ナレバ、**家**ヲ**建**ツル**材料**トシテハ、**其**ノ**用少**ナケレドモ、**輕**クシテ**美**シキ**故**、**本箱**・**箪笥**(タンス)・**下駄**ナドヲ**造**ルニヨシ。
杣 指物師	**材木**ヲ**山**ヨリ**伐**リ**出**スモノハ**杣**(ソマ)ナリ。**材木**ヲヒキテ、**板**又ハ**柱**トナスモノハ**木挽**ナリ。**材木**ヲ**用**ヒテ**家**ヲ**建**ツルモノハ**大工**ニシテ、**机**・**本箱**・**箪笥**ナドヲ**造**ルモノハ**指物師**(サシモノシ)ナリ。(7-102)
	練習
	一、**材木**ニハドンナモノガアリマスカ。ソレハ**各各**、ドンナ**役**ニ**立**チマスカ。 二、**次**ノ**文章**ヲ**口語體**ニ**改**メテゴランナサイ。 (イ)**栗**ハ**堅**クシテ**長**ク**腐**ラザルガ**故**、**家**ノ**土臺**又ハ**鐵道**ノ**枕木**ナドニ**用**フ。

	(ロ)**桐**ハヤハラカクシテ**弱**キ**木**ナレバ、**家**ヲ**建**ツル**材料**トシテハ、**其**ノ**用少**ナケレドモ、**輕**クシテ**美**シキ**故**、**本箱**・**簞笥**・**下駄**ナドヲ**造**ルニヨシ。 三、**杣**・**木挽**・**大工**・**指物師**ハ**何**ヲスルモノデスカ。

第二十八課、家

石造 煉瓦造 木造 材	**家**ニハ**石造**モアリ、**煉瓦造**(レンガヅクリ)モアレド、**我**ガ**國**ニテハ**木造最**モ**多**シ。(7-103) **內地**ニテハ、**家**ヲ**造**ルニ、**多**ク**杉**・**松**・**檜**ナドノ**材**ヲ**用**フレドモ、**朝鮮**ニハ**杉**モ**檜**モ**產**セザレバ、**多**ク**松**ヲ**用**フ。
	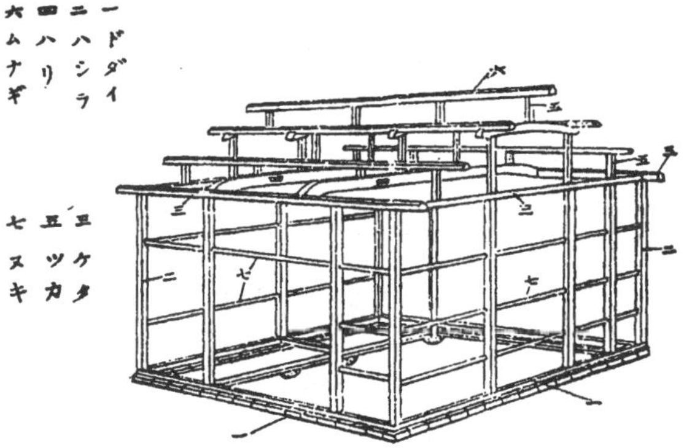
桁 **梁** 棟木 **載**セテ **床**板 **張**リ 設ク 溫突家屋	**材木**ニテ**家**ヲ**造**ルニハ、**先**ヅ**土臺**ヲ**置**キ、**柱**ヲ**立**テ、**桁**(ケタ)・**梁**(ハリ)・**棟木**(ムナギ)ヲ**載**セテ、**床板**ヲ**張**リ、**壁**ヲ**塗**リ、**戶**・**障子**ヲ**立**テ、**窓**ヲ**設**ク。**溫突家屋**(オンドルカオク)ニテハ、**床板**ヲ**張**ラズシテ、**厚**ク**土**ヲ**塗**リ、**其**ノ**上**ニ**紙**ヲ**張**ル。(7-104)

濕氣 擇ブベシ 日光 健康	家ヲ建ツルニハ、濕氣ナキ地ヲ擇ブベシ。濕氣ハ身體ニ害アリ。又、成ルベク日アタリヨキ地ヲ擇ブベシ。日光ハ健康ノタメニ必要ナリ。且ツ家ハ人ノ住居スル所ナレバ、生活スルニ便利ナルヤウニ造ラザルベカラズ。 **練習** 一、家ノ造リ方ヲ、口語體デ、文ニオ作リナサイ。 二、家ヲ造ルニ注意スベキコトヲオ話シナサイ。 三、次ノ文語體ヲ口語體ニ改メテゴランナサイ。 (イ)友ヲ擇ブベシ。 (ロ)友ヲ擇バザルベカラズ。(7-105) (ハ)勉强スベシ。 (ニ)勉强セザルベカラズ。

第二十九課、地方ノ行政

行政 行政上 一道 三府 四十三縣	**我**ガ**國**ハ、**行政上**、**一道三府四十三縣**ニ**分**タレ、**外**ニ**朝鮮**・**臺灣及**ビ**樺太**アリ。 **一道**ハ**北海道**ニシテ、**三府**ハ**東京**・**京都**・**大阪**ナリ。
山口 島根	**四十三縣**ノ**中**、**長崎**・**山口**・**島根**・**福岡**・**廣島**ノ**諸縣最**モ**朝鮮**ニ**近**シ。
府縣廳 北海道廳 樺太廳	**各府縣**ニハ**府縣廳**アリ。**北海道**ニハ**北海道廳**、**樺太**ニハ**樺太廳**アリ。(7-106) **朝鮮**ト**臺灣**トニハ**總督府**アリ。
知事 郡市 郡役所 郡長 市役所 市長	**朝鮮**ト**臺灣**トニハ**總督**ヲ**置**キ、**北海道**ト**樺太**トニハ**長官**ヲ**置**キ、**各府縣**ニハ**知事**ヲ**置**ク。 **北海道及**ビ**各府縣**ノ**下**ニハ**郡市**アリ。**郡**ニハ**郡役所**ヲ**設**ケ、**郡長**ヲ**置**キ、**市**ニハ**市役所**ヲ**設**ケ、**市長**ヲ**置**ク。
町村 町村役場 町村長	**郡**ノ**下**ニハ**町村**アリ。**町村**ニハ**町村役場**ヲ**設**ケ、**町村長**ヲ**置**ク。 **朝鮮**ハ**十三道**ニ**分**タレ、**各道**ノ**下**ニ**府郡**アリ、**郡**ノ**下**ニ**面**アリ。(7-107)

面 面事務所 面長 圖ランガ	道ニハ道廳ヲ設ケ、道長官ヲ置キ、府郡ニハ府郡廳ヲ設ケ、府尹・郡守ヲ置キ、面ニハ面事務所ヲ設ケ、面長ヲ置ク。 カクノ如ク種々ノ役所ヲ設ケ、ソレゾレノ役人ヲ置クハ、ヨク各地方ヲ治メ、人民ノ幸福ヲ圖ランガタメナリ。 **練習** 一、我ガ國ハ、行政上、ドウ分タレテ居マスカ。 二、知事・郡長・市長・町長・村長トハ、ドンナ役デスカ。 **普通學校國語讀本 卷七終** (7-108)

【附　錄】

一、本字振假名

第一課　**廣島縣**(ヒロシマケン)。**廊下**(ロウカ)。**潮**(シオ)。**滿**(ミ)ち。**臨**(ノゾ)んで。**宮城縣**(ミヤギケン)。**仙臺**(センダイ)。**常體**(ジョウタイ)。**崇敬體**(スウケイタイ)。

第二課　**眺**(ナガ)める。**霞**(カスミ)。**疑**(ウタガ)われる。**谷**(タニ)。**悉**(コトゴト)く。**限**(カギ)り。**非常**(ヒジョウ)に。**麓**(フモト)。**峯**(ミネ)。**楓**(カエデ)。**小舟**(コブネ)。**錦**(ニシキ)。

第三課　**金剛山**(コンゴウサン)。**觀**(ミ)ぬ。**語**(カタ)る。**奇妙**(キミョウ)な。**巖**(イワ)。**茂**(シゲ)って。**樅**(モミ)。**綠**(ミドリ)。**濃**(コ)く。**到**(イタ)る。**趣**(オモムキ)。**捨**(ス)て。**崖**(ガケ)。**淵**(フチ)。**底**(ソコ)。**凄**(スサマ)じい。**随分**(ズイブン)。

第四課　**負**(オ)う。**藤**(フジ)。**白露**(シラツユ)。

第五課　**従事**(ジウジ)。**従**(シタガ)ッテ。**何**(イズ)レ。**人蔘**(ニンジン)。**甘蔗**(カンショ・サトウキビ)。**砂糖**(サトウ)。　(1)

第六課　**以上**(イジョウ)。**競**(キソ)ッテ。**至**(イタ)ラナイ。**牧畜業**(ボクチクギョウ)。**水牛**(スイギウ)。**蠶絲**(サンシ)。**一億**(イチオク)。**於**(オ)ケル。**樟腦**(ショウノウ)。**炭坑**(タンコウ)。**發掘**(ハックツ)。**海藻**(カイソウ)。**鰮**(イワシ)。**鯛**(タイ)。

第七課　**茶碗**(チャワン)。**土瓶**(ドビン)。**皿**(サラ)。**鉢**(ハチ)。**膳**(ゼン)。**椀**(ワン)。**盆**(ボン)。**磁器**(ジキ)。**造**(ツク)ル。**粘土**(ネンド)。**粉**(コ)。ネリ**固**(カタ)メ。**花鳥**(カチョウ)。**漆**(ウルシ)。**樹**(キ)。**貝殼**(カイガラ)。**特**(トク)ニ。**高麗燒**

(コウライヤキ)。**研究**(ケンキウ)。

第八課 **曲線**(キョクセン)。**適宜**(テキギ)。**間隔**(カンカク)。**斜**(ナヽメ)ニ。**蟲魚**(チウギョ)。**唐草模様**(カラクサモヨウ)。**例**(タト)エバ。**紅梅色**(コウバイイロ)。**橙色**(ダイダイイロ)。**葡萄色**(ブドウイロ)。**鳶色**(トビイロ)。**繪畫**(カイガ)。**調和**(チョウワ)。

第九課 **大佛**(ダイブツ)。**忠雄**(タヾオ)。**丈**(タケ)。**坐**(スワ)ッテ。**佛像**(ブツゾウ)。**冠**(カンムリ)。**佛**(ホトケ)。**迚**(トテ)モ。**後**(オク)レテ。

第十課 **御馳走**(ゴチソウ)。**存**(ゾン)じ。**御都合**(ゴツゴウ)。**御確定**(ゴカクテイ)。**一寸**(チョット)。**伺**(ウカヾ)い。お**構**(カマ)い。**終日**(シウジツ)。**御遠慮**(ゴエンリョ)。 (2)

第十一課 **營**(イトナ)み。**損失**(ソンシツ)。**分擔**(ブンタン)。**書籍**(ショセキ・ショジャク)。**商**(アキナ)う。**擧**(ア)げ。**扱**(アツカ)ったり。**雙方**(ソウホウ)。**預金**(ヨキン)。**定期預**(テイキアズケ)。**送金**(ソウキン)。

第十二課 **面倒**(メンドウ)。**且**(カ)つ。**速**(スミ)やか。**組**(ク)む。**氏名**(シメイ)。**現金**(ゲンキン)

第十三課 **滋賀縣**(シガケン)。**唯唯**(タヾ)。**伐**(キ)ル。**賣捌**(ウリサバキ)。**哀**(アワ)レナ。**陥**(オチイ)リ。**結果**(ケッカ)。**共同販賣**(キョウドウハンバイ)。**共同購入**(キョウドウコウニウ)。**樂**(ラク)ニ。**融通**(ユウヅウ)。**風俗**(フウゾク)。

第十四課 **手當**(テアテ)。**診察**(シンサツ)。**傳染病**(デンセンビョウ)。**療治**(リョウヂ)。**隠**(カク)シ。**痘苗**(トウビョウ)。**種痘認**

許員(シュトウニンキョイン)。賴(タノ)ム。豫防(ヨボウ)。油斷(ユダン)。盲(メクラ)。涙(ナミダ)。手拭(テヌグイ)。慈惠醫院(ジケイイイン)。經費(ケイヒ)。貧窮(ヒンキウ)。

第十五課 看病(カンビョウ)。掃除(ソウジ)。清潔(セイケツ)。汚(ヨゴ)レタ。障子(ショウジ)。慰(ナグサ)メル。疲(ツカ)レ。病(ヤマイ)。

第十六課 御養生(ゴヨウジョウ)。祈(イノ)リ。

第十七課 博(ヒロ)く。隅(スミ)。珠(タマ)。過(アヤマ)って。呑(ノ)んで。探(サガ)し。縛(シバ)り。繋(ツナ)いで。 (3)

糞(フン)。詫(ワ)び。默(ダマ)って。

第十八課 一般(イッパン)に。卽(スナワ)ち。樂器(ガッキ)。

第十九課 騷(サワ)ギ。力任(チカラマカ)セニ。

第二十課 性質(セイシツ)。姿勢(シセイ)。遲刻(チコク)。叱(シカ)ラレ。

第二十一課 鋭(スルド)イ。三日月形(ミカツキガタ)。月(ツキ)ノ輪(ワ)。敷物(シキモノ)。肩(カタ)。

第二十二課 叔父(オジ)。電柱(デンチウ)。

第二十三課 電報(デンポウ)。火事(カジ)。丁寧(テイネイ)に。省(ハブ)く。濁(ニゴ)った。氏(ウジ)。賴信紙(ライシンシ)。增(マ)す每(ゴト)に。隣(トナリ)。邑内(ユウナイ)。

第二十四課 砕(クダ)れ。撓(タユ)み。息(ヤ)めさせ。諭(サト)させ。

第二十五課 味噌(ミソ)。醬油(ショウユ)。

第二十六課 薪(タキヾ)。薪炭(シンタン)。採(ト)ル。泉(イズミ)。一滴(イッテキ)。洪水(コウズイ)。和(ヤワ)ラグル。 (4)

第二十七課 **檜**(ヒノキ)。**欅**(ケヤキ)。**桐**(キリ)。**板**(イタ)。**桶**(オケ)。樽(タル)。**枕木**(マクラギ)。**下駄**(ゲタ)。

第二十八課 **石造**(セキゾウ)。**載**(ノ)セ。**床板**(ユカイタ)。**張**(ハ)リ。**設**(モウ)ク。**濕氣**(シッキ)。**擇**(エラ)ブ。**健康**(ケンコウ)。

第二十九課 **行政**(ギョウセイ)。**島根**(シマネ)。**圖**(ハカ)ラン。

二、語句解釋

第一課　我が國の景色（一）

常體　敬語ヲ用イナイ文章。

崇敬體　敬語ヲ用イタ文章。

第二課　我が國の景色（二）

吉野山　奈良縣ニアッテ、古來、櫻ノ名所トシテ、其ノ名高ク、花ノ盛リニハ、遊覽者ガ頗ル多クアリマス。又、山中ニハ、舊蹟ガ少ナクアリマセン。 (5)

第三課　我が國の景色（三）

金剛山　江原道ノ東部太白山脈中ニアリマス。太白山脈ハ長白山脈ガ南ニ延ビタモノデ、金剛山ハ其ノ中デ最モ高イ山デス。山中ニハ寺院ガ多ク、頗ル景色ノヨイトコロデス。

第六課　我ガ國ノ產物（二）

牧畜業　馬・牛・豚ナドノ家畜ヲ養ウコト。

炭坑　石炭ヲ掘リ出ス坑(アナ)。

第七課　燒物ト塗物

陶器·磁器　磁器ヲ叩クト、金屬ノ樣ニヨイ音ガシマスガ、陶器ハソウデアリマセン。又、磁器ハ、白硝子ノ樣ニ、半透明(ハントウメイ)ニ見エマスガ、陶器ハ不透明デス。磁器ハ强イ火力デ燒イタモノデ、陶器ハ稍稍、弱イ火力デ燒イタモノデス。 (6)

第八課　模樣ト色

調和　程ヨクトヽノウコト。

第九課 奈良ノ大佛ト恩律ノ彌勒佛

奈良ノ大佛　奈良縣奈良市ノ東大寺(トウダイジ)ニアリマス。大佛ヲ安置シテアル佛殿ハ、木造建築トシテ、世界ニ名高イモノデス。

恩律ノ彌勒佛　湖南線論山驛(忠清南道)カラ、東約一里ノ灌燭寺(カンショクジ)ノ境内ニアリマス。

第十課　出立の日取を問い合わせる手紙

お構い　モテナスコト。

第十三課　組合

共同販賣　共同シテ物ヲ賣リ捌クコト。 (7)

共同購入　共同シテ物ヲ買イ入レルコト。

第十四課 病氣

腸室扶私(チョウチブス)　此ノ病氣ニ罹ルト、腸ガタヾレテ、熱ガ長ク續キマス。此ノ病氣ハ、一種ノ細菌ガ、飲料水ヤ食物ナドト共ニ人體ニ侵入シ、腸內デ盛ンニ繁殖スルカラ起ルノデス。

發疹室扶私(ハッシンチブス)此ノ病氣ニ罹ルト、急ニ高イ熱ガ出テ、皮膚ニ赤色ノ發疹(フキデモノ)ガ非常ニ澤山出來マス。惡性ノ病氣デス。

赤痢(セキリ)　此ノ病氣ニ罹ルト、下痢ガハゲシクナッテ、赤イ便ガ出マス。此ノ病氣モ、腸室扶私ト同ジク、飮食物ト共ニ口カラハイリマス。

猩紅熱(ショウコウネツ)　小兒ハ殊ニ此ノ病氣ニ罹リ易イモノデス。此ノ病氣ニ罹ルト、非常ニ熱ガ出テ、全身ガ紅クナリ、咽喉(ノド)ガ悪クナリマス。

實布垤利亞(ジフテリヤ) コレモ小兒ニ多イ急性ノ傳染病デ、療治ガ手後(テオクレ)ニナルト、 (8)
死ンデシマイマス。此ノ病氣ニ罹ルト、咽喉ガ赤ク腫(ハ)レテ痛ミ、熱ガ出テ、段々、白イ物ガデキ、又、聲ガカレマス。

虎列剌(コレラ) 一種ノ細菌ニヨッテ發生スル劇烈ナ傳染病デ、此ノ病氣ニ罹ルト、ハゲシク吐瀉(トシャ)シマス。

ペスト ペスト菌ニヨッテ發生スル最モ劇烈ナ傳染病デ、此ノ病菌ハ極メテ小サナ傷口カラモハイリマス。鼠ハ最モ多ク此ノ病氣ノ傳染ノ媒介ヲシマスカラ、ヨク之ヲ驅除シナケレバイケマセン。

肺病(ハイビョウ) 肺臟ガ侵サレタ病氣ノ總稱デ、肺結核(ハイケッカク)ハ其ノ中デ最モ恐ルベキ傳染病デス。此ノ病氣ニ罹ルト、咳嗽(セキ)ガ出タリ、氣分ガ勝(スグ)レナクナッタリ、熱ガ出タリ、又、喀血(カッケツ)シタリナドシテ、身體ガ弱リ、顏色ナドモ悪クナリマス。此ノ病氣ハ殊ニ病人ノ痰(タン)・糞便(フンベン)、其の他、病人の使ッタ器物・布片ナドカラ傳染シマス。 (9)

癩病(ライビョウ) 慢性ノ傳染病デ、此ノ病氣ニ罹ルト、皮膚ノ感ジガ鈍(ニブ)クナッテ、顏ノ形ガ醜(ミニク)クナリ、手足ナドモ段々腐リマス。

第十七課 尹淮鵝鳥をあわれむ

尹淮 今カラ五百年バカリ前ノ朝鮮ノ學者。殊ニ文章ノ上手ナ人デアリマシタ。

第十八課　假名遣

樂器　音樂ニ用イルおるがんナドノ類。

第二十四課　つとめてやはぞ

諭させ給ひしみことはぞ　明治四十一年十月十三日、明治天皇ノ御下賜ニナッタ戊申詔書(ボシンショウショ)ヲ申スノデアッテ、其ノ中ニ「宜(ヨロシ)ク上下心(ショウカコヽロ)ヲ一(イツ)ニシ忠實(チウジツ)業(ギョウ)ニ服(フク)シ勤儉(キンケン)産(サン)ヲ治(オサ)メ惟(コ)レ信(シン)惟(コ)レ義醇厚俗(ギジュンコウゾク)ヲ成(ナ)シ華(カ)ヲ去(サ)リ實(ジツ)ニ就(ツ)キ荒怠(コウタイ)相誡(アイイマシ)メ自彊(ジキョウ)息(ヤ)マサ(ザ)ルヘ(ベ)シ」ト仰セラレテアリマス。　(10)

三、 假名遣法要覽

（**上**ノ**如**ク**發音**スル**場合**ニ、**歷史的假名遣**デハ、**下**ノ**如**ク**書**ククトガアリマス。）

いい………いひ・ゐい

きい………きゐ

しい………しひ

じい………ぢい

ちい………ちひ・ちゐ

にい………にひ

ひい………ひひ

くう………くふ

ぐう………ぐふ

すう………すふ

ずう………ずふ・づう

ぬう………ぬふ

ぶう………ぶふ

ゆう………ゆふ・いう・いふ

るう………るふ

えい………えひ・ゑい

めい………めひ (11)

れい………れひ

おう………おふ・おほ・あう・あふ・あを・わう・をう・をお・をふ・をを・はう・はふ

こう………こふ・こほ・かう・かふ・かほ・かを・くわう

ごう………ごふ・ごほ・がう・がふ・ぐわう
そう………そお・そふ・そほ・さう・さふ・さを
ぞう………ぞふ・ぞほ・ざう・ざふ
とう………とお・とふ・とほ・とを・たう・たふ
どう………どふ・どほ・だう・だふ
のう………のふ・のほ・なう・なふ
ほう………ほお・ほふ・ほほ・はう・はふ
ぼう………ぼふ・ぼほ・ばう・ばふ
ぽう………ぽふ・ぱう・ぱふ
もう………もふ・まう・まふ・まを
よう………よふ・よほ・やう・やふ・えう・えふ・ゑう・ゑふ
ろう………ろふ・らう・らふ
きう………きふ・きゆう (12)
ぎう………ぎふ・ぎゆう
しう………しふ・しゆう
じう………じふ・ぢう・ぢふ・じゆう・ぢゆう
ちう………ちふ・ちゆう
にう………にふ・にゆう
ひう………ひふ・ひゆう
びう………びゆう
ぴう………ぴゆう
みう………みゆう
りう………りふ・りゆう
きょう………きやう・けう・けふ

ぎょう………ぎやう・げう・げふ

しょう………しやう・せう・せふ

じょう………じやう・ぜう・ぢよう・ぢやう・でう・でふ

ちょう………ちやう・てう・てふ

にょう………にやう・ねう・ねふ

ひょう………ひやう・へう

びょう………びやう・べう

ぴょう………ぴやう・ぺう

みょう………みやう・めう

りょう………りやう・れう・れふ (13)

四、地方廳管轄國名一覽

地方廳名	管轄國名	地方廳名	管轄國名
北海道廳(ホッカイドウ)	**渡島**(オシマ)·**後志**(シリベシ)·**膽振**(イブリ)·**日高**(ヒダカ)·**石狩**(イシカリ)·**十勝**(トカチ)·**釧路**(クシロ)·**根室**(ネムロ)·**北見**(キタミ)·**天鹽**(テシオ)·**千島**(チシマ)	**兵庫縣**(ヒョウゴ)	**播磨**(ハリマ)·**但馬**(タジマ)·**淡路**(アワジ)·**攝津**(セッツ)(**一部**)·**丹波**(タンパ)(**一部**)
		長崎縣(ナガサキ)	**壱岐**(イキ)·**對馬**(ツシマ)·**肥前**(ヒゼン)(**一部**)
東京府(トウキョウ)	**武藏**(ムサシ)(**一部**)**伊豆**(イズ)(**一部**)	**新潟縣**(ニイガタ)	**越後**(エチゴ), **佐渡**(サド)
京都府(キョウト)	**山城**(ヤマジロ)·**丹後**(タンゴ)·**丹波**(タンパ)(**一部**)	**埼玉縣**(サイタマ)	**武藏**(ムサシ)(**一部**)
大阪府(オウサカ)	**河内**(カワチ)·**和泉**(イズミ)·**攝津**(セッツ)(**一部**)	**群馬縣**(グンマ)	**上野**(コウヅケ)
神奈川縣(カナガワ)	**相模**(サガミ)·**武藏**(ムサシ)(**一部**)	**千葉縣**(チバ)	**安房**(アワ)·**上總**(カズサ)·**下總**(シモウサ)(**一部**)
茨城縣(イバラキ)	**常陸**(ヒタチ)·**下總**(シモウサ)(**一部**)	**長野縣**(ナガノ)	**信濃**(シナノ)
栃木縣(トチギ)	**下野**(シモツケ)	**宮城縣**(ミヤギ)	**陸前**(リクゼン)(**一部**) **磐城**(イワキ)(**一部**)
奈良縣(ナラ)	**大和**(ヤマト)	**福島縣**(フクシマ)	**岩代**(イワシロ)·**磐城**(イワキ)(**一部**)
三重縣(ミエ)	**伊賀**(イガ)·**伊勢**(イセ)·**志摩**(シマ)·**紀伊**(キイ)(**一部**)	**巖手縣**(イワテ)	**陸前**(リクゼン)(**一部**)**陸中**(リクチウ)(**一部**)**陸奥**(ムツ)(**一部**)

愛知縣(アイチ)	**尾張**(オワリ) **三河**(ミカワ)	**青森縣**(アオモリ)	**陸奥**(ムツ)(**一部**)
静岡縣(シズオカ)	**駿河**(スルガ)·**遠江**(トウトウミ)·**伊豆**(イズ)(**一部**)	**山形縣**(ヤマガタ)	**羽前**(ウゼン)·**羽後**(ウゴ)(**一部**)
山梨縣(ヤマナシ)	**甲斐**(カイ)	**秋田縣**(アキタ)	**羽後**(ウゴ)(**一部**) **陸中**(リクチウ)(**一部**)
滋賀縣(シガ)	**近江**(オウミ)	**福井縣**(フクイ)	**若狭**(ワカサ)·**越前**(エチゼン)
岐阜縣(キフ)	**美濃**(ミノ)·**飛騨**(ヒダ)	**石川縣**(イシカワ)	**加賀**(カヾ)·**能登**(ノト)
富山縣(トヤマ)	**越中**(エッチウ)	**愛媛縣**(エヒメ)	**伊豫**(イヨ)
鳥取縣(トットリ)	**因幡**(イナバ)·**伯耆**(ホウキ)	**高知縣**(コウチ)	**土佐**(トサ)
島根縣(シマネ)	**出雲**(イズモ)·**石見**(イワミ)·**隠岐**(オキ)	**福岡縣**(フクオカ)	**筑前**(チクゼン)·**筑後**(チクゴ)·**豐前**(ブゼン)(**一部**)
岡山縣(オカヤマ)	**美作**(ミマサカ)·**備前**(ビゼン)·**備中**(ビッチウ)	**大分縣**(オウイタ)	**豐後**(ブンゴ)·**豐前**(ブゼン)(**一部**)
廣島縣(ヒロシマ)	**備後**(ビンゴ)·**安藝**(アキ)	**佐賀縣**(サガ)	**肥前**(ヒゼン)(**一部**)
山口縣(ヤマグチ)	**周防**(スオウ)·**長門**(ナガト)	**熊本縣**(クマモト)	**肥後**(ヒゴ)
和歌山縣(ワカヤマ)	**紀伊**(キイ)(**一部**)	**宮崎縣**(ミヤザキ)	**日向**(ヒウガ)
徳島縣(トクシマ)	**阿波**(アワ)	**鹿兒島縣**(カゴシマ)	**大隅**(オウスミ)·**薩摩**(サツマ)
香川縣(カガワ)	**讃岐**(サヌキ)	**沖繩縣**(オキナワ)	**琉球**(リウキウ)

五、本邦行政區劃圖

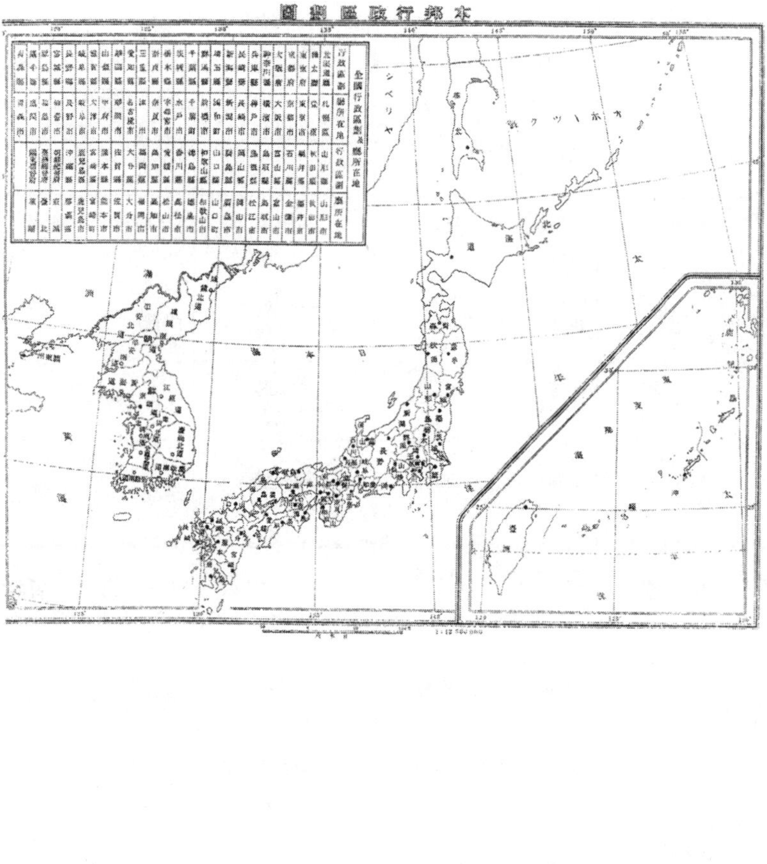

大正四年三月十三日印刷
大正四年三月十五日發行
大正四年十二月二十日三版

定價金六錢

朝鮮總督府

總務局印刷所印刷

朝鮮總督府編纂

普通學校國語讀本 卷八

第4學年 2學期

朝鮮總督府編纂

普通學校國語讀本

卷八

【緖　言】

一、本書ハ普通學校第四學年後半期ノ國語科敎科書ニ充ツルモノナリ。

二、本書ハ振假名ヲ表音的假名遣トセル外、總ベテ歷史的假名遣ニ依レリ。

歷史的假名遣ハ、生徒ヲシテ、之ヲ讀ミ得シメンコトヲ期スルモノニシテ、必ズシモ、之ニ依リ、誤ナク書キ得ルニ至ラシメントスルモノニ非ズ。

又、本書ニハ平易ノ文語體ヲ多ク加ヘタリ。是レ亦、生徒ヲシテ、之ヲ讀ミ且ツ理會シ得シメンコトヲ期スルモノニシテ、必ズシモ、之ヲ以テ、文章ヲ綴リ得ルニ至ラシメントスルモノニ非ズ。 (1)

三、本書第五課及ビ第六課ニハ、漢文ニ返リ點及ビ送リ假名ヲ附セルモノヲ載セテ、漢文訓讀ノ例ヲ示シタリ。尙ホ敎師ハ、普通學校朝鮮語及漢文讀本ヨリ、適宜、平易ノ漢文ヲ採リ、之ヲ訓讀セシムルモ可ナリ。

四、本書ヲ敎授スルニハ、國語ヲ以テ說明ヲ加ヘ、且ツ實物・動作・繪畫等ヲ利用シ、生徒ヲシテ十分ニ其ノ意義ヲ理會セシメ、尙ホ言語或ハ文章ヲ以テ、明瞭ニ之ヲ表出セシムベシ。

五、本書ノ各課ヲ敎授スルニハ、本文ノ讀方・解釋等ニ入ル前、必要ニ應ジテ、該課ノ內容ニ關シ、豫メ國語ニテ問答又ハ說明ヲナスベシ。

六、新出語ハ總ベテ之ヲ上欄ニ揭ゲ、且ツ新出文字ニハ ● 點ヲ附シ、讀替文字ニハ一線ヲ附セリ。

七、練習問題ハ、本書ニ掲グルモノノ外、必要ニ應ジテ、之ヲ補フベシ。(2)

但シ第十課乃至第十七課ノ語法練習ニ於テハ、適宜、他ノ詞ノ活用ニ關スル例題ヲモ課スルヲ妨ゲズト雖モ、其ノ程度・方法ハ、總ベテ該課提出ノ問題ニ準ズベキモノトス。

八、教師ハ、各課ノ教授ニ於テ、機ニ臨ンデ、言語・文字ヲ補ヒ授ケ、又、土地ノ狀況、生徒ノ境遇等ニ依リ、適宜、該課ニ關係アル事項ヲ補ヒ授クベシ。

九、卷末ノ附錄ハ、生徒ヲシテ、豫習・復習ノ際、之ヲ利用セシムベシ。(3)

大正四年九月　　　　朝　鮮　總　督　府

目録

附錄

普通學校國語讀本 卷八

第一課、皇室

神代 瓊瓊杵尊 降して 汝 皇孫 皇位 天壤 窮り	神代の昔、天照大神は御孫瓊瓊杵尊(ににぎのみこと)を降して、我が國を治めしめ給ふ時、 「此の國は我が子孫の君たるべき地なり。 汝皇孫、ゆいて治めよ。皇位のさかんなることは、天壤(あめつち)とともに、窮(きわま)り無かるべし。」 と仰せられました。
御勅 賜はつた	瓊瓊杵尊は此の御勅(おんみことのり)に従ひ、大神から賜はつた (8-1)
鏡 劍 玉 御寶 奉じて お降りになりました 三種の神器 尊い 次々に 必ず お卽きになります	鏡・劍・玉の三つの御寶を奉じて、此の國にお降りになりました。これは三種の神器と申しまして、此の上もない尊い御寶で、皇位の御(ミ)しるしとして、次々に御代々の天皇に傳へられます。 天照大神の御勅の通りに、天皇の御位には、必ず大神の御子孫が、お卽きになります

萬世一系 萬民 思召して 仁政 則ち 臣民 大御心 戴いて居る 幸福な	から、萬世一系の天皇と申し奉ります。 御代々の天皇は、萬民を子の樣に思召(おぼしめ)して、仁政を施されました。仁德天皇が 「民の貧しきは則ち朕の貧しきなり。(8-2) 民の富めるは則ち朕の富めるなり。」 と仰せられましたのは、御代々の天皇の、臣民に對せられる大御心でございます。 かやうに有り難い皇室を、戴いて居る我々日本臣民は、まことに幸福なものでございます。決して其の御恩を忘れてはなりません。 **練習** 一、天照大神の御勅をお述べなさい。 二、三種の神器のことをお話しなさい。 三、萬世一系の天皇と申し奉るわけをお話しなさい。 四、御代々の天皇の、臣民に對せられる大御心をお話しなさい。(8-3)
お述べなさい	

五、左の文を口語體に改めてごらんなさい。

(イ)此の國は我が子孫の君たるべき地なり。

(ロ)皇位のさかんなることは、天壤とともに、窮り無かるべし。

(ハ)民の富めるは則ち朕の富めるなり。

第二課、和歌

和歌	
御製	**明治天皇御製**(ぎょせい)
承けし	**神代**より**承**(う)けし**寶**をまもりにて、
日の本の國	**治**め**來**にけり、**日**の**本**の**國**。(8-4)
	照るにつけ、**曇**(くも)るにつけて**思**ふかな、
民草	**我**が**民草**の**上**はいかにと。
は	
後**醍醐**天皇	**後醍醐天皇**(ごだいごてんのう)**御製**
治まり	**世治**まり、**民安**かれと**祈**るこそ、
こそ	**我**が**身**に**盡**きぬおもひなりけれ。
盡きぬ	
源實朝	**源實朝**(みなもとのさねとも)
裂け	**山**は**裂**(さ)け、**海**は**涸**(あ)せなん**世**なりとも、
涸せなん	**君**に**二心**(ふたごころ)われあらめやも。
二心	
やも	(8-5)
本居**宣**長	**本居宣長**(もとおりのりなが)

敷島 大和心 匂ふ やまざくら	**敷島**(しきしま)**の大和心**(やまとごころ)を**人問**はば、 **朝日に匂**(にお)ふやまざくら**花**。
	練習
二首 御趣意	一、**明治天皇**の**御製二首**をそらで**言**ってごらんなさい。**其**の**御趣意**を**話**してごらんなさい。 二、**後醍醐天皇**の**御製**をそらで**言**ってごらんなさい。**其**の**御趣意**を**話**してごらんなさい。 三、**源實朝**の**歌**をそらで**言**ってごらんなさい。**其**の**意味**を**話**してごらんなさい。 四、**本居宣長**の**歌**をそらで**言**ってごらんなさい。**其**の**意味**を**話**してごらんなさい。(8-6)

第三課、天日槍(あまのひほこ)

天日**槍** 垂仁天皇 **播磨**國 一**艘** 見かけ いやしくない 従者 連れて 上陸しました 使者	**第十一代垂仁天皇**(すいにんてんのう)の**御** **時**、**播磨國**(はりまのくに)の**或**る**海岸**に、 **一艘**の**船**が**着**いて、**見**かけのいやしくない **人**が、**數人**の**従**者を**連**れて**上陸**しました。 やがて**此**の**事**が**朝廷**に**聞**えましたので、**天** **皇**は**使**者をお**遣**はしになつて、 「お**前**は**誰**か。」 とお**尋**ねになりました。すると 「**私**は**新羅**の**王子**で、**天日槍**と**申**すものでございます。**天皇陛下**の**御徳**をお**慕**ひ**申**しまして、(8-7)
お**慕**ひ申しまして	
はるばる	こちらに**住**みたいと**思**つて、はるばる**海**を**渡**つてまゐつたのでございます。」 とお**答**へ**申**しました。さうしていろいろな **珍**らしい**物**を**獻上**いたしました。
獻上いたしました お許しになつて	そこで**天皇**は**其**の**願**をお**許**しになつて、**日槍** に**土地**を**賜**はらうと**仰**せられました。**日槍**は

巡つてみまして	「まことに有り難うございます。それでは私はこれから國々を巡つてみまして、心にかなつた所に、住ませて戴きたうございます。」 と申し上げました。(8-8)
巡り歩いて 但馬國	天皇はそれをお許しになりました。それで日槍は方々を巡り歩いて、但馬國(たじまのくに)が氣に入つたといふので、其の地を戴いて住みました。
名家 永く	日槍の子孫は其の地方の名家になつて、永く皇室につかへました。
	練習
	一、天日槍は天皇の御使に何と答へましたか。又、天皇が其の願をお許しになつた時、何と申し上げましたか。 二、天日槍の子孫のことをお話しなさい。(8-9)

第四課、文字の音(おん)と訓(くん)

文字	國語を書きあらはす文字には、本字と假名
音 訓	とあり。本字は、遠き昔に、支那にて作り
倣ひて	たるものなるが、又、之に倣ひて、内地に
	て作りたるものもあり。假名は全く内地に
	て作りたるものなり。
漢字	支那にて作りたる本字を漢字と云ふ。漢字
	には音と訓とあり。即ち土(ど)・石(せき)・
	木(もく)・金(きん)は音にして、土(つち)・
雨	石(いし)・木(き)・金(かね)は訓、雨(う)・
雲 雪	水(すい)・雲(うん)・雪(せつ)は音にして、
	雨(あめ)・水(みず)・雲(くも)・雪(ゆき)は
併せ用ひらる	訓なり。我が國語には、音と訓と併せ用ひらる。
畠	内地にて作りたる本字は、畠(はた)・噺(は
噺 峠	なし)・峠(とうげ)・働(はたらき)・叺(かま
叺	す)・枡(ます)の類にして、之を和字と云
和字	ふ。和字には多く訓のみありて、(8-10)
	音あるは甚だ少なし。

改正 行爲 行儀 行在所	一の漢字には一の音あるのみにあらずして、二三の音あるものあり。京都(きょうと)・京城(けいじょう)・改正(かいせい)・大正(たいしょう)・行爲(こうい)・行儀(ぎょうぎ)・行在所(あんざいしょ)等を見て之を知るべし。
交ふる 問合 團子 敷地	二つ以上の本字にて、一つの言葉を書きあらはす時には、其の本字をすべて音にて讀むことあり、又、すべて訓にて讀むことあり、或は音と訓とを交ふることあり。京城・行爲・大正の如きは、皆、音にて讀むもの、受取・塗物・問合の如きは、皆、訓にて讀むもの、團子(だんご)・敷地(しきち)・唐箕・重箱の如きは、音訓交へ用ふるものなり。(8-11)
	本字にて書きあらはしたる語の讀み方は、それぞれ皆きまり居るものなれば、勝手に讀むべきものにあらず。

練習

一、二つ以上の本字で、一つの言葉を書きあらはす時の讀み方をお話しなさい。

二、次の本字の讀み方は、どれが音で、どれが訓ですか。

國(こく)、國(くに)。

人(ひと)、人(にん)。

時(じ)、時(とき)。

動(どう)、動(うごく)。

開(かい)、開(ひらく)。

位(くらい)、位(い)。(8-12)

第五課、漢文訓讀 (一)

漢文 訓讀	一、雨降ル。　水出ヅ。 雨降ル。　水出ヅ。
	二、山高シ。　河長シ。 山高シ。　河長シ。
書	三、兄ハ文ヲ作リ、弟ハ書ヲ讀ム。 兄ハ作リレ文ヲ、弟ハ讀ムレ書ヲ。
耕ヤシ 衣	四、男ハ田ヲ耕ヤシ、女ハ衣ヲ縫フ。 男ハ耕ヤシレ田ナ、女ハ縫フレ衣ヲ。
登リテ 看 泛ビテ	五、山ニ登リテ花ヲ看、水ニ泛ビテ月ヲ觀ル。 登リテレ山ニ看レ花ヲ、泛ビテレ水ニ觀ルレ月ヲ。
日月 在リ 山川	六、日月ハ天ニ在リ、山川ハ地ニ在リ。 日月ハ在リレ天ニ、山川ハ在リレ地ニ。(8-13)
光陰 矢 歳月 不	七、光陰ハ矢ノ如ク、歳月ハ人ヲ待タズ。 光陰ハ如クレ矢ノ、歳月ハ不レ待タレ人ヲ。

可ク 忠 孝 兄弟 相愛ス 朋友 相信ズ	八、君ニハ忠ナルベク、父母ニハ孝ナルベク、兄弟ハ相愛スベク、朋友ハ相信ズベシ。 君可忠、父母可孝、兄第可相愛、朋友可相信。
强健 萬事	九、身體ハ强健ナラザルベカラズ、身體ハ萬事ノ本ナリ。 身體不可不强健、身體萬事之本也。 (8-14)
當ニ 報ズ 怨 宜シク	十、恩ハ當ニ報ズベク、怨ハ宜シク忘ルベシ。 恩當報、怨宜忘。
	練習 一、(六)ノ文ヲ口語體ニ書キ改メテゴランナサイ。 二、(七)ノ文ヲ口語體ニ書キ改メテゴランナサイ。 三、(八)ノ文ハドノ漢字ヲ音デ讀ミ、ドノ漢字ヲ訓デ讀ムノデスカ。

第六課、漢文訓讀（二）

莫	一、人之行莫大於孝。
勿 惡 爲 **善**	二、勿以惡小而爲之。勿以善小而不爲。 (8-15)
徐 長者 **謂** 弟 **疾** 不弟	三、徐行後長者謂之弟、疾行先長者謂之不弟。
孫康 嘗 **映**	四、孫康、家貧無油。嘗映雪讀書。
車**胤** 夏月 練**囊** 螢火 **繼**	五、車胤、貧不常得油。夏月以練囊盛數十螢火、照書讀之、以夜繼日。
司馬溫公 **吾** 但 平生 **未**	六、司馬溫公嘗言、吾無過人者。但平生所爲、未嘗有不可對人言者耳。

欲
停

山田古嗣
幼
喪
流涕
禁
卷帙
沾濡

七、樹欲靜而風不停。子欲養而親不待。

往而不來者年也不可再見者親也。

八、山田古嗣幼喪母。嘗讀書、至於樹欲靜而風不停、子欲養而親不待、流涕不禁、卷帙爲之沾濡。(8-16)

練習

一、(二)ノ文ヲ口語體ニ書キ改メテゴランナサイ。

二、車胤ノコトヲオ話シナサイ。

三、(八)ノ文ハドノ漢字ヲ音デ讀ミ、ドノ漢字ヲ訓デ讀ムノデスカ。

第七課、世界 (一)

	或ル**時**、**先生**ガ**生徒**ニイロイロ**地理**ノ**話**ヲシテ、**聞**カセテ**居**ラレマスト、**一人**ノ**生徒**ガ**先生**ニ**向**ツテ、
地球 球	「**先生**、**私**ドモノ**住**ンデ**居**ル**世界**ハ**地球**ト**云**ツテ、**大**キナ**圓**イ**球**ダト**云**フコトデスガ、(8-17)ドウシテ**其**ノ**圓**イコトガ**分**リマスカ。」
	ト**尋**ネマシタ。

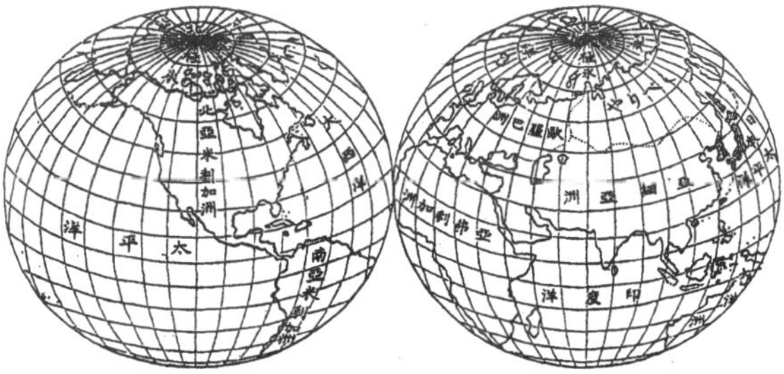

一周	**先生**「ソレハヨイ**問**デアル。**地球**ノ**圓**イコトハ、**世界**ヲ**一周**スレバ**分**ル。**今日**デハ、**世界**ヲ**一周**スルノハマコトニタヤスイ。

	僅カニ四十日モカヽレバ一周サレル。(8-18)
證據 平タイ 筈	我々ハ汽車ニ乘ツタリ、汽船ニ乘ツタリシテ、西へ西へト進メバ、マタモトノトコロニ歸ツテ來ル。或ハ東へ東へト進ンデモ、同ジコトデアル。コレハ地球ノ圓イ證據デアル。若シ地球ガ平タイモノナラバ、行ケバ行クホド、遠クへ行ツテシマツテ、マタモトノ地ニ來ナイ筈デアル。」
尤モダ	生徒等ハ皆先生ノ話ヲ尤モダト思ヒマシタ。
	又、他ノ生徒ガ先生ニ尋ネマシタ。
	「僅カ四十日位デ廻ラレルナラバ、世界ハ思ツタヨリモ小サナ物ノヤウデスガ、一體ドノ位アルノデセウカ。」(8-19)
直徑 面積 方里	先生「地球ノ直徑ハ凡ソ三千二百里デ、其ノ面積ハ凡ソ三千三百萬方里アル。決シテ小サナモノデハナイ。(8-20)
	皆サンハ、我ガ日本ノ面積ハドノ位アルカ、知ツテ居マスカ。」

勿論 ダメダ	 生徒「ソレハイツカ先生ニ敎ヘテ戴イタカラ、覺エテ居マス。(8-21) タシカ四萬三千方里デアリマシタ。」 先生「サウダ。四萬三千方里ダ。能ク覺エテ居マシタ。世界ノ面積ニクラベレバ、マコトニ小サイケレドモ、一ツノ國トシテハ、決シテ小サナモノデハナイ。世界ニハ我ガ國ヨリ小サナ國ガイクツモアル。勿論、我ガ日本ヨリ大キナ國モアルガ、國ハタヾ大キイバカリデハダメダ。ソレハ皆サンニモ分リマセウ。」 生徒「ハイ、分リマス。大キクテモ、盛ンデナイ國モアリマス。」(8-22)

忠良	**先生**「サウダ。**大**キイバカリデハイカヌ。**第一大切**ナコトハ、**國民**ガ**忠良**デ、ハタラキノアル**人**ニナルコトダ。**皆**サンモ**常**ニ**之**ヲ**忘**レナイデ、**我**ガ**日本國**ヲ益**盛**ンニスルヤウニ、**心掛**ケナケレバナリマセンゾ。」 **練習** 一、**世界**ノ**圓**イコトヲ**文**ニオ**作**リナサイ。 二、**地球**ノ**直徑及**ビ**面積**ハ、**凡**ソ**何程**アリマスカ。 三、**我**ガ**日本**ノ**面積**ハ**何程**アリマスカ。 四、**國**ヲ**盛**ンニスルニ、**第一大切**ナコトハ**何**デスカ。(8-23)

第八課、世界 (二)

	ソレカラ、又、先生ハ 「皆サンハ、我ガ日本ノ外ニ、支那ヤ露西亞ナドノアルコトハ、能ク知ツテ居ル筈ダガ、マダ其ノ外ニ、ドンナ國ガアルカ、知ツテ居マスカ。」 ト問ハレマシタ。
英吉利 亞米利加 佛蘭西 獨逸	生徒ノ中ニハ英吉利(イギリス)ヲ知ツテ居タモノモアリ、亞米利加(アメリカ)ヲ知ツテ居タモノモアリ、又、佛蘭西(フランス)・獨逸(ドイツ)ナドヲ知ツテ居タモノモアリマシタガ、先生ハモウ少シ委シク話シテ聞カセヨウト言ツテ、次ノ樣ニ話サレマシタ。(8-24)
亞細亞洲 歐羅巴洲 大洋洲 亞弗利加洲 北亞米利加洲 南亞米利加洲 大西洋 印度洋 南氷洋 北氷洋 墺地利洪牙	「地球上ニハ亞細亞(アジア)洲・歐羅巴(ヨーロッパ)洲・大洋洲・亞弗利加(アフリカ)洲・北亞米利加洲及ビ南亞米利加洲ノ六大洲ガアル。又、太平洋・大西洋・印度洋・南氷洋及ビ北氷洋ノ五大洋ガアル。 我ガ日本ヤ支那ハ亞細亞洲ノ内デ、英吉利・佛蘭西・獨逸・露西亞・墺地利洪牙利

利	(オーストリヤハンガリー)・**伊太利**(イタ
伊太利	リヤ)ナドハ、**歐羅巴洲**ノ**内**デアル。**我々**
北亞米利加	ガ**通例亞米利加**ト**云**フノハ、**北亞米利加**
合衆國	**合衆國**(ガッシウコク)ノコトデアル。**世界**
	ニハ、**此**ノ**外**ニ、マダ**多**クノ**國**ガアル。
同盟國	**世界**ノ**國**ノ**中**デ、**英吉利**ハ**我**ガ**日本**ノ**同**
親シイ	**盟國**デ、**最**モ**親**シイ**間柄**デアル。(8-25)
間柄	ソレカラ**世界**ニハ、**我**ガ**東京**ノ**外**ニ、**大**キナ
倫敦	**都會**ガ**澤山**アルガ、トリワケ**英吉利**ノ**倫敦**
巴里	(ロンドン)、**佛蘭西**ノ**巴里**(パリー)、**獨逸**ノ
伯林	**伯林**(ベルリン)、**亞米利加**ノ**紐育**(ニュー
紐育	ヨーク)ナドハ、**人口**ガ**甚**ダ**多**ク、**商工業**ガ
設備	**盛**ンデ、スベテノ**設備**ガヨク**整**ツテ**居**ル。
整ツテ居ル	

街 市 敦 倫

	我々ハ朝鮮カラ汽車ニ乘ツテ、しべりやヲ通ツテ歐羅巴ニ行キ、(8-26)
横ギツテ 越エテ	又、大西洋ヲ横ギツテ北亞米利加ニ着キ、更ニ太平洋ヲ越エテ、横濱又ハ神戸ニ着イテ、ソレカラ再ビ朝鮮ニ歸ルコトガデキル。ソレニハ前ニ言ツタ通リ、急ゲバ四十日位シカカヽラヌ。モウ少シ日ヲ增セバ、

紐育市街

	歐羅巴ヤ北亞米利加ノ主ナ都會ヲ(8-27)
見物シテ	見物シテ歸ラレル。實ニ便利ナ世ノ中ニナツタモノデアル。」
廳イテ居マシタ	生徒等ハ、地圖ヲ見ナガラ、熱心ニ先生ノ話ヲ聽イテ居マシタ。
	練習
	一、六大洲トハ何々デスカ。
	二、五大洋トハ何々デスカ。
	三、世界ニハドンナ國々ガアリマスカ。
	四、世界ノ主ナ都會ヲ、知ツテ居ルダケ、言ツテゴランナサイ。(8-28)
	五、朝鮮カラしべりやヲ通ツテ、世界ヲ一周スル道筋ヲオ話シナサイ。

第九課、世界 (三)

	先生 「センダツテカラ、**世界**ノコトニツイテ、イロイロ**話**シマシタガ、モウ**少**シ**話**シタイコトガアル。**皆**サンハ**世界中**ニ、**人間**ガドレホド**住**ンデ**居**ルト**思**ヒマスカ。 コレハ**誰**モ**知**リマセンカ。**世界**ノ**人口**ハ**凡**ソ**十六億**アル。**實**ニ**澤山**ナ**數**デセウ。(8-29) ソレデハ**我**ガ**日本**ノ**人口**ハ、ドレホドデスカ。」  蒙古人ノ天幕

	生徒　「凡ソ七千萬人デス。」 先生　「サウダ。ミンナデ七千萬人ホドアル。サウスルト我ガ日本ノ人口ハ、世界ノ人口ノ二十三分ノ一ニ當ルワケダ。面積ニクラベルト、割合ニ人口ガ多イ。獨逸ノ人口ハ日本ヨリ千萬人モ少ナク、佛蘭西ハ三千萬人モ少ナイ。」(8-30)
	 樹上ノ家屋
人間	生徒　「今ハ世ノ中ガ大層進ミマシタガ、ソレデモマダ開ケナイ人間モアリマスカ。」

沙漠地方 天**幕**	**先生**「ソレハアルトモ。**亞細亞**ノ**沙漠地方**ニハ、**天幕**ヲ**張**ツテ**住**ンデ**居**ル**人間**ガアルシ、(8-31) **太平洋**ノ**島**ニハ、**樹**ノ**上**ニ**家**ヲ**造**ツテ**住**ンデ**居**ル**人間**ガアル。**又**、**北亞米利加洲**ノゴク**北**ノ**方**ニ**居**ル**人間**ハ、**氷**ノ**家**ヲ**造**ツテ**居**ル。**此**ノ**外**、**亞弗利加洲**ノ**黑人**ナドモ**野蠻人**デアル。」
黑人 野**蠻**人	
	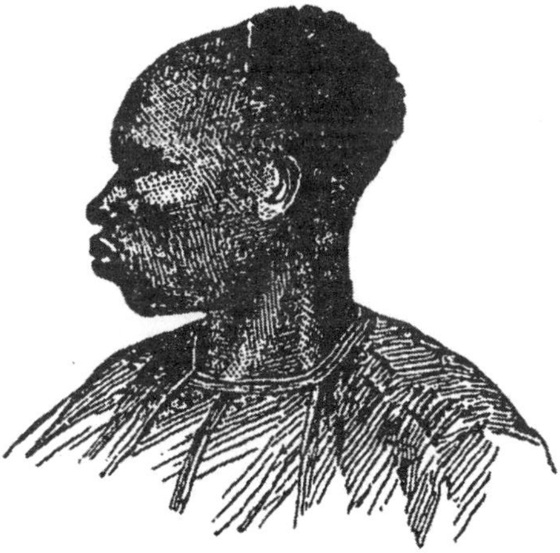 亞弗利加ノ黑人

	生徒等ハ、今ノ世界ニモ、マダソンナ人間ガアルカト思ツテ驚キマシタ。(8-32) **練習** 一、世界ノ人口ハナニホドアリマスカ。 二、日本ノ人口ハナニホドアリマスカ。 三、世界ノ中ニハ、ドンナ開ケナイ人民ガ居マスカ。 四、第七課カラ第九課マデニ習ツタ日本ノコトヲマトメテ、口語文ニオ作リナサイ。

第十課、鵞(あひる)の自慢

鵞 自慢 古池 鴨 鷗 沼 うぬぼれ	古池に育ちたる鵞あり。鴨(かも)・鷗(かもめ)などにさそはれて、沼・川をわたり歩くうちに、羽輕くなりて、少しづつ飛び得るに至れり。されば、おひおひにうぬぼれの心を起し、仲間に向ひて、(8-33)
多藝 まじ 鶯 捕ふ	「世の中に鳥獸は多けれど、我等ほど多藝なるはあるまじ。飛ぶことも、泳ぐことも、歩くことも、歌ふことも、心のまゝなり。鶯(うぐいす)は能く歌へども、泳ぐことを知らず。猫は能く鼠を捕ふれども、飛ぶことも、泳ぐことも出來ず。」
憎し 言ひまかされて つぐみ居たり	などと言ふ。皆々憎しと思へども、言ひまかされて、口をつぐみ居たり。
荷馬 例の如く	或る日、鵞は荷馬の來りて水を飮み居るを見て、例の如く自慢を始め、
御身	「馬どの、御身は體大きくして、其のさま立派なれど、(8-34)

荷ふ	物を荷ふこと、走ることの外に、なほ何か藝ありや。多分、歌も歌へまじ、空高くも飛べまじ。とても我が多藝には及ぶまじ。」
見かへりて	と言ふ。馬は見かへりて、

如何にも	「如何にも御身は多藝なるべし。されど御身の藝は、一として、(8-35)
まがひもの 鵜	まがひものならぬはなし。泳げども、鵜(う)のやうにはあらず。飛べども、鳴・鷗のやうにはあらず。歩むふりは見にくく、鳴く聲は烏よりも聞きぐるしと知らずや。
まし	つまらぬ藝の多からんよりも、善き一藝に高くすぐれたるが遙かにましなり。」 と言ふ。

さすが 恥ぢ入りて こそこそと	さすがの鷲も恥ぢ入りて、こそこそと逃げ行きたり。
	練習
	一、此の鷲のことをまとめてお話しなさい。(8-36) 二、此の課を讀んで、感じたことをお話しなさい。
はたらく	三、詞にははたらくものと、はたらかないものとあります。
例	次の例を讀んで、其の區別に注意しなさい。 はたらかない詞 馬・猫・花・葉・木・石・凡そ・實に・大層。

はたらく詞

(口語)	(文語)
(本を)讀ま(ぬ、ない)	(本を)讀ま(ず)(ば)
(本を)讀み(て) (ん)(で)	(本を)讀み(て)
(本を)讀む	(本を)讀む
(本を)讀む(人)	(本を)讀む(人)
(本を)讀め(ば)	(本を)讀め(ば)
(本を)讀め	(本を)讀め (8-37)
(花が)咲か(ぬ、ない)	(花)咲か(ず)(ば)
(花が)咲き(て) (い)	(花)咲き(て)
(花が)咲く	(花)咲く
(花が)咲く(時)	(花)咲く(時)
(花が)咲け(ば)	(花)咲け(ば)
(花)咲け	(花)咲け

此のやうに、口語・文語とも、「讀む」は「ま・み・む・め」の四段に、「咲く」は「か・き・く・け」の四段にはたらくのです。

第十一課、動物の體色

體色 **棲**む **蛙** 宿る 雨蛙 **蝶** 群がり 大根畑 **潛**み 日暮 蝙蝠 暗黑色 海底 砂 **鰈** 半面 周**圍** 自ら まぎれて **患** 保護色 枯葉	田に棲む蛙は土色にして、木の葉に宿る雨蛙は綠色なり。(8-38) 黃色の蝶は菜種の花に群がり、白色の蝶は大根畑に集る。晝は暗き所に潛み、日暮より出でて飛ぶ蝙蝠は暗黑色にして、海底の砂の上に棲む鰈(かれい)は、其の體の半面、砂の色に似たり。 かくの如く、動物には其の體色周圍の物の色に似て、自ら之とまぎれて、たやすく他の動物に見付けられざるものあり。隨つて此等の動物は敵に襲はるゝ患少なく、我より敵を襲ふには便なり。此の種の體色を保護色と名づく。 動物の中には、周圍の物の色の變ずるに隨つて、保護色の變ずるものあり。(8-39) 或る地方に棲む兎は、其の毛色、枯葉の色と同じけれども、雪の降る頃となれば、全く白色に變ず。又、烏賊は水中に泳ぐ間は

烏賊 水色 岩石 附着する 尙ほ 身ぶり さへ	水色なれども、岩石に附着する時は、岩石と同じ色に見ゆ。保護色の變ずるは既に面白きことなるが、それよりも尙ほ面白きは、其の動物の身ぶりによりて、形さへ其の周圍の物に似るもののあることなり。
	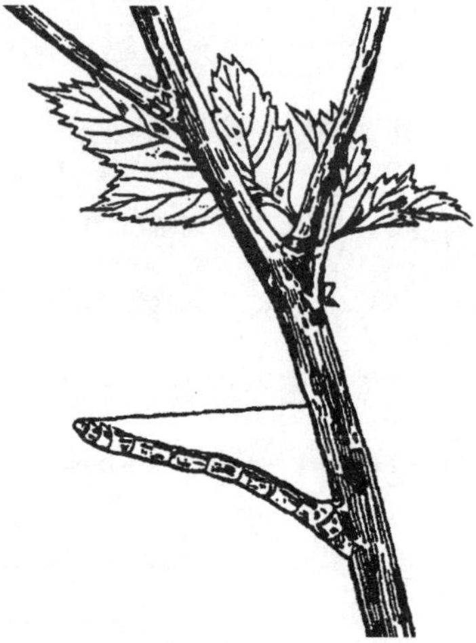 (8-40)
枝しやくとり 附け 突出する 異ならず 農夫	例へば桑の木に居る枝しやくとりは、其の體色の桑の木に似たる上、其の體の後の端を桑の木に附け、體を斜に突出する時は、其の形、桑の小枝に異ならず。農夫などは

見違へ 土瓶割	小枝と見違へ、土瓶を掛け、落して割ることあり。故に或る地方にては、之を土瓶割と云ふ。

練習

一、保護色のことを口語文にお作りなさい。

二、兎と烏賊との保護色のことをお話しなさい。

三、枝しやくとりのことをお話しなさい。

四、「集る」「棲む」といふ詞は、次のやうにはたらきます。(8-41)

(口　語)	(文　語)
(畑に)集ら(ぬ、ない)	(畑に)集ら(ず)(ば)
(畑に)集り(て) (っ)	(畑に)集り(て)
(畑に)集る	(畑に)集る
(畑に)集る(蝶)	(畑に)集る(蝶)
(畑に)集れ(ば)	(畑に)集れ(ば)
(畑に)集れ	(畑に)集れ
(田に)棲ま(ぬ、ない)	(田に)棲ま(ず)(ば)

	(田に)**棲み**(て) (ん)(で) (田に)**棲む** (田に)**棲む**(蛙) (田に)**棲め**(ば) (田に)**棲め**	(田に)**棲み**(て) (田に)**棲む** (田に)**棲む**(蛙) (8-42) (田に)**棲め**(ば) (田に)**棲め**
	此のやうに、**口語**・**文語**とも、「**集る**」は「ら・り・る・れ」の**四段**に、「**棲む**」は「ま・み・む・め」の**四段**にはたらくのです。	

第十二課、書物を借用する手紙

借用する
拝啓
参上致し
相成り
候
農業書
御不用
御座候はば
拝借
お差支
これなく
何卒
草々

(口語文)

拝啓。此の間は参上致し、御馳走になりまして、有り難う存じます。
其の時拝見致しました農業書、只今御不用でございますならば、両三日の間、拝借願ひたうございます。お差支がなければ、どうぞ此の者にお渡し下さい。草々。

(候　文)

拝啓。此の間は参上致し、御馳走に相成り、有り難く存じ候。(8-43)
其の節拝見致し候農業書、只今御不用に御座候はば、両三日の間、拝借願ひたく候。御差支これなく候はば、何卒、此の者に御渡し下されたく候。
草々。(8-44)

同じく返事

折角
下され候處
御申し遣はし
不用に付
ゆるゆる
御覧下さい

(口語文)

拝啓。御手紙拝見致しました。先達ては折角御出で下さいましたのに、一向御構ひ申しませんで、失禮致しました。御申し遣はしの農業書は、只今、自分方では不用でございますから、御使に持たせて差上げます。ゆるゆる御覧下さい。草々。

(候　文)

拝啓。御手紙拝見致し候。先達ては折角御出で下され候處、一向御構ひ申さず、失禮致し候。御申し遣はしの農業書は、只今、自分方にては不用に付、御使に持たせ差上げ候。ゆるゆる御覧下されたく候。草々。(8-45)

練習

左の候文を口語文に書き改めなさい。

(一)、次の日曜日に、御差支これなく候はば、健一君と私方へ御遊びに御出で下されたく候。

(二)、御手紙有り難く拜見致し候。次の日曜日には、差支これなく候に付、健一君と共に參上致したく存じ候。

第十三課、稻橋村(いなはしむら)の美風

稻橋村 美風 愛知縣	**愛知縣**の**稻橋村**といふは、**山中**の**一小村**で、**交通**も**不便**であるし、**名所**などもありませんから、(8-46) **世間**には**一向知**れて**居**ません。けれども**此**の**村**には、**他**に**見**られぬ**種々**の**美風**があります。
仲よく 年が年中 和合して	**此**の**村**は、**人々**が**仲**よくして、**年**が**年中**、**暖**かい**春風**が**吹**き**渡**つて**居**るやうです。さうしてどこの**家**も、よく**和合**して**樂**しく**暮**し、**悪**い**遊**などをするものはありません。
本業 一生**懸**命 造林 繩**綯** 草鞋作 **菰編**	**村**の**人々**は、**誰**も**皆**、**本業**として**居**る**農業**に、**一生懸命**になつて、**骨**を**折**るのは**言**ふまでもなく、**又**、よく**種々**の**副業**をも**務**めます。それですから**農事**は**次第**に**改良**され、**養蠶**・**造林**は**勿論**、**繩綯**(なわない)・**草鞋作**(わらじつくり)・**菰編**(こもあみ)・**製茶**なども**盛**んになりました。(8-47)

額 貯金額 富國扇 懸け 奬勵して居る	此の村の人々は相談して、明治十一年から、めいめい一日に一厘づつの貯金をしましたが、今は其の額が積もつて約三萬圓に達したといふことです。又、世界各國の貯金額を扇に書いて、之を富國扇(ふこくぜん)と名づけて、家々の壁に懸け、貯金を奬勵して居るさうです。
日露戰爭 軍事公債 募集した 應じました	日露戰爭の初に、政府が軍事公債を全國に募集した時、稻橋村は一番先に之に應じました。又、他の村にも金を貸して、便利を計つてやりました。(8-48)
老農 古橋氏 父子 盡力	かういふ美風のできたのは、もとより村の人々の心掛のよいのによるけれども、又、此の村の老農古橋(ふるはし)氏父子の盡力も、少なくないといふことです。
	練習 一、稻橋村にはどんな美風がありますか。

二、次の漢字に振假名をおつけなさい。

(イ)募集。日暮。墓。

(ロ)柱。住居。注意。註文。

(ハ)容易。太陽。場所。腸。湯。

三、「起きる」「下りる」といふ詞は、次のやうにはたらきます。

(口　語)	(文　語)
(早く)起き(ぬ、ない)	(早く)起き(ず)(ば) (8-49)
(早く)起き(て)	(早く)起き(て)
(早く)起きる	(早く)起く
(早く)起きる(人)	(早く)起くる(人)
(早く)起きれ(ば)	(早く)起くれ(ば)
(早く)起き(よ)	(早く)起き(よ)
(山から)下り(ぬ、ない)	(山より)下り(ず)(ば)
(山から)下り(て)	(山より)下り(て)
(山から)下りる	(山より)下る
(山から)下りる(時)	(山より)下るる(時)
(山から)下りれ(ば)	(山より)下るれ(ば)
(山から)下り(よ)	(山より)下り(よ)

此のやうに、「起きる」(口語)は「き」の一段にはたらきますが、(8-50)

「起く」(文語)は「き・く」の二段にはたらきます。「下りる」(口語)もこれと同じく、「り」の一段にはたらきますが、「下る」(文語)は「り・る」の二段にはたらくのです。

四、「見る」「着る」といふ詞は、次のやうにはたらきます。

(口　語)	(文　語)
(花を)み(ぬ、ない)	(花を)み(ず)(ば)
(花を)み(て)	(花を)み(て)
(花を)みる	(花を)みる
(花を)みる(人)	(花を)みる(人)
(花を)みれ(ば)	(花を)みれ(ば)
(花を)み(よ)	(花を)み(よ)

(着物を)き(ぬ、ない)	(着物を)き(ず)(ば) (8-51)
(着物を)き(て)	(着物を)き(て)
(着物を)きる	(着物を)きる
(着物を)きる(人)	(着物を)きる(人)
(着物を)きれ(ば)	(着物を)きれ(ば)
(着物を)き(よ)	(着物を)き(よ)

此のやうに、口語・文語とも、「見る」は「み」の一段にはたらき、「着る」は「き」の一段にはたらくのです。

第十四課、地方金融組合

地方金融組合 金融 一定 區域内 組合員 認可 設立せられたる 組合長 理事 監事 職員 業務 加入 申し込み 一口 出資 要す 貸付する 種子 種苗 農具 委託 生產物 販賣 保管	**朝鮮**にては、**諸方**に**地方金融組合**といふもの ありて、**農民**の**爲**めに**金融**の**便**を**計**る。 **此**の**組合**は、**一定**の**區域内**に**住居**する**農民**を**組合員**とし、(8-52) **朝鮮總督**の**認可**を**得**て**設立**せられたるものにして、**組合長**・**理事**・**監事等**の**職員**ありて**業務**を**行**ふ。 **組合員**となるには**加入**を**申**し**込**み、**一口以上**の**出資**を**爲**すことを**要**す。**一口**の**金額**は**十圓**なり。 **地方金融組合**にて**營**む**業務**に**種々**あり。**組合員**に、**農事上必要**なる**資金**を**貸付**すること、**組合員**の**爲**めに**預**り**金**を**爲**すこと、**種子**・**種苗**・**肥料**・**農具等**の**購入又**は**分配**を**爲**すこと、**農具其**の**他必要**なる**材料**を**貸付**すること、**組合員**の**委託**に**依**り、(8-53) **其**の**生產物**の**販賣又**は**保管**を**爲**すこと**等是**れなり。

	されば金融組合の組合員となる時は、右に
便益	記する如き種々の便益を與へられ、農業上
	に少なからざる助を得べし。
契 稱する	又、朝鮮には、古來、契と稱するものあ
契員	り。是れ亦一種の組合にして、契員は共濟
共濟共助 目的	共助の目的を達する爲めに、金錢・穀類等
牛契 農事契 養蠶契	を出資するなり。牛契・農事契・養蠶契等
神益	其の種類多く、金融上産業上に神益少なか
	らず。然れども其の方法宜しきを得ざる時
往々 弊害	は、往々弊害を生ずることあり。(8-54)

練習

一、地方金融組合は、どんなにして設立されますか。

二、地方金融組合の組合員となるには、どうしますか。

三、地方金融組合では、どんな業務を營みますか。

四、契のことをお話しなさい。

第十五課、慥(タシカ)ナ保證

慥ナ 保證 新聞紙 店員 廣告 志望者 青年 雇ヒ入レル	或ル商店デ、新聞紙ニ店員入用ノ廣告ヲ出シタ。志望者ハ五十人バカリモ來タガ、主人ハ、其ノ中デ、一人ノ青年ヲ雇ヒ入レルコトニキメタ。
知名 御見込	或ル人ガ主人ニ向ツテ、外ニ知名ノ人ノ手紙ヲ持ツテ來タ者モ大勢アツタノニ、(8-55) ドウイフ御見込デ、アノ青年ヲ御用ヒニナツタノデスカト尋ネタ。
	主人ハ答ヘテ、
室 ホコリ 愼ミ深イ 談話最中 老人 椅子 挨拶 生意氣	「アレガ此ノ室ニハイル前、先ヅ着物ノホコリヲ拂ヒ、ハイツテカラハ、靜カニ後ノ戸ヲシメマシタ。キレイズキデ、愼ミ深イコトハ、ソレデヨク分リマシタ。談話最中、一人ノ老人ガハイツテ來マシタガ、直グニ立ツテ、椅子ヲ讓リマシタ。人ニ親切ナコトハ、是レデモ知レルト思ヒマシタ。挨拶(アイサツ)ヲシテモ丁寧デ、少シモ生意氣(ナマイキ)ナ風ガナク、(8-56)

明白ニ シカモ 餘計ナ ハキハキ 禮儀 作法 ワキマヘテ 居ル ワザト 一卷 床 踏ンダ てーぶる 順番 溫順ナ 齒 磨イテ居マシタ 指先 爪垢	何ヲ聞イテモ、一々明白ニ答ヘテ、シカモ餘計ナコトヲ言ヒマセン。ハキハキシテ居テ、禮儀・作法ヲワキマヘテ居ルコトモ、ソレデスツカリ分リマシタ。 私ハワザト一卷ノ書物ヲ、床ノ上ニ投ゲテ置キマシタ。他ノ者ハ少シモ氣ガ付カナイデ、中ニハソレヲ踏ンダ者モアリマシタガ、アノ青年ハ、ハイルト直グニ、書物ヲ取リ上ゲテ、てーぶるノ上ニ置キマシタ。ソレデ注意深イ男トイフコトヲ知リマシタ。(8-57) 人ガ大勢込ミ合ツテ居ル中デ、少シモ人ニ先ンジヨウトハセズ、靜カニ自分ノ順番ヲ待ツテ居マシタ。アレノ溫順ナコトヲヨク現ハシテ居マス。又、着物ハ粗末ナガラ、サツパリシタモノヲ着テ、齒モヨク磨イテ居マシタ。又、字ヲ書ク時ニ、指先ヲ見ルト、爪ヲ短ク切ツテ、爪垢ナドタメテ居マセンデシタ。他ノ者ハ着物ダケハ美シカツタガ、爪ノ先ハミンナマツ黑ニナツテ居マシタ。

見定メマシタ 平生	カウイフヤウナ、色々ナ善イ性質ヲモツテ居ルコトヲヨク見定メマシタ上、(8-58) 尙ホ平生ノ行ヲシラベテ、雇フコトニ致シマシタ。立派ナ人ノ手紙ヨリモ、何ヨリモ、本人ノ行ガ慥ナ保證デス。」 ト言ツタ。 **練習** 一、主人ハ、ドウシテ、青年ガ愼ミ深クテ、親切デアルコトヲ知リマシタカ。 二、此ノ青年ハ挨拶ヲスル時ドンナデシタカ。 三、主人ハ、ドウシテ、此ノ青年ガ注意深クテ、溫順デアルコトヲ知リマシタカ。 四、此ノ青年ハ齒ヤ爪ヲドンナニシテ居マシタカ。 五、主人ガ青年ヲ雇ツタワケヲオ話シナサイ。 (8-59)

第十六課、日本海ノ海戰

回復 全力 組織シ	日露戰役ニ、露國ハ連敗ノ勢ヲ回復セン爲メ、本國ニ於ケル海軍ノ殆ンド全力ヲ擧ゲテ、大艦隊ヲ組織シ、遠ク之ヲ浦潮斯德ニ送ラントス。
	明治三十八年五月二十七日、此ノ大艦隊ハ朝鮮海峽ニ現ハレタリ。
東鄕司令長官 出動 信號旗 揭ゲテ 曰ク 皇國 興廢 各員 奮勵努力セヨ	東鄕司令長官ハ全軍ニ出動ヲ命ジ、信號旗ヲ揭ゲテ曰ク、 「皇國ノ興廢此ノ一戰ニアリ。各員一層奮勵努力セヨ。」(8-60) ト。
彼我 相迫ル 砲火 めーとる 應戰ス 戰列 叫ビ 波浪	彼我ノ艦隊相迫ルヤ、敵艦先ヅ砲火ヲ開キシガ、我ハ之ニ應ゼズ、次第ニ近ヅキテ、六千めーとるニ至リテ、始メテ應戰ス。敵ノ艦隊忽チ亂レ、早クモ戰列ヲ離ルヽモノアリ。
砲手 物トモセズ 砲擊ス	風叫ビ、海怒リテ、波浪山ノ如クナレドモ、我ガ砲手ハ物トモセズシテ、シキリニ砲擊

續々 火災 火煙 オホフ 逃レ去ラントス 前路 **遮**リテ 攻擊ス 多大 損害 沈沒セル	ス。**敵艦續々火災**ヲ**起**シ、**火煙海**ヲオホフ。**敵**ハカナハジト、**俄**カニ**路**ヲ**變**ヘテ、**逃**レ**去**ラントス。**我**ハ**急**ニ**其**ノ**前路**ヲ**遮**リテ**攻擊**ス。**敵**ノ**諸艦多大**ノ**損害**ヲ**受**ケ、(8-61) **沈**沒セルモノ**亦多**シ。

鬱陵島 附近 包圍ス ねぼかとふ 小**將** 白旗 戰艦 四**隻** 降服シ ろじぇすと うぇんすきー 中將 **傷** 擊沈セラレ 捕**獲**セラレ 逃ゲオホセタル 死傷 捕虜	**明**クレバ**二十八日**、**我**ガ**艦隊**ハ**鬱陵島**(ウツリョウトウ)**附近**ニ**集**リテ**敵艦**ヲ**待**チ、**之**ヲ**包圍**ス。ねぼかとふ**小將**ハ**白旗**ヲ**揭**ゲ、**戰艦四隻**ヲ**擧**ゲテ**降服**シ、**司令長官**ろじぇすとうぇんすきー**中將**ハ**傷**ヲ**負**ヒテ**捕**ヘラレタリ。(8-62) **此**ノ**兩日**ノ**戰**ニ、**敵艦或**ハ**擊沈**セラレ、**或**ハ**捕獲**セラレテ、**三十八隻**ノ**中**、**逃**ゲオホセタルハ**僅**カニ**數隻**ノミ。**敵**ノ**死傷及**ビ**捕虜**ハスベテ**一萬六百餘人**。シカモ**我**ガ**軍**ノ**死傷甚**ダ**少**ナク、

<table>
<tr><td>水雷艇</td><td>

沈沒シタルハ**水雷艇三隻**ニ**止**レリ。(8-63)

練習

一、**二十七日**ノ**海戰**ノ**樣子**ヲオ**話**シナサイ。

二、**二十八日**ノ**海戰**ノ**樣子**ヲ**口語文**ニオ**作**リナサイ。

三、**日本海**ノ**海戰**ニ、**敵艦**ノ**受**ケタ**損害**ヲオ**話**シナサイ。

四、**次**ノ**詞**ヲ**讀**ンデ、**其**ノ**意味**ヲ**言**ツテゴランナサイ。

(イ)**包圍**。**周圍**。

(ロ)**運動**。**勞働**。**出動**。

(ハ)**收穫**。**捕獲**。**捕虜**。

五、「**離**レル」「**變**ヘル」トイフ**詞**ハ、**次**ノヤウニハタラキマス。

(口　語)　　(文　語)

(列ヲ)**離レ**(ヌ、ナイ)　　(列ヲ)**離レ**(ズ)(バ)
(列ヲ)**離レ**(テ)　　(列ヲ)**離レ**(テ)
(列ヲ)**離レル**　　(列ヲ)**離ル**(8-64)
(列ヲ)**離レル**(人)　　(列ヲ)**離ルル**(人)
(列ヲ)**離レレ**(バ)　　(列ヲ)**離ルレ**(バ)
(列ヲ)**離レ**(ヨ)　　(列ヲ)**離レ**(ヨ)

(路ヲ)**變ヘ**(ヌ、ナイ)　　(路ヲ)**變ヘ**(ズ)(バ)
(路ヲ)**變ヘ**(テ)　　(路ヲ)**變ヘ**(テ)

</td></tr>
</table>

	(路ヲ)變ヘル　　(路ヲ)變フ (路ヲ)變ヘル(人)　　(路ヲ)變フル(人) (路ヲ)變ヘレ(バ)　　(路ヲ)變フレ(バ) (路ヲ)變ヘ(ヨ)　　(路ヲ)變ヘ(ヨ) 此ノヤウニ、「離レル」(口語)ハ「レ」ノ一段ニハタラキ、「離ルル」(文語)ハ「ル・レ」ノ二段ニハタラキマス。又、「變ヘル」(口語)ハ「ヘ」ノ一段ニハタラキ、「變フ」(文語)ハ「フ・ヘ」ノ二段ニハタラクノデス。(8-65) 六、「出席スル」「命ジル」トイフ詞ハ、口語ト文語トニヨツテ、其ノハタラキガチガヒマス。次ノ例ヲオ讀ミナサイ。 (口　語)　　(文　語) (壽男ハ)出席 { セ(ヌ) / シ(ナイ) }　　(壽男ハ)出席セ(ズ)(バ) (壽男ハ)出席シ(テ)　　(壽男ハ)出席シ(テ) (壽男ハ)出席スル　　(壽男ハ)出席ス (壽男ガ)出席スル(時)　　(壽男ガ)出席スル(時) (壽男ガ)出席スレ(バ)　　(壽男ガ)出席スレ(バ) (壽　男)出席セ(ヨ)　　(壽　男)出席セ(ヨ) (壽男ニ)命ジ(ヌ、ナイ)　　(壽男ニ)命ゼ(ズ)(バ)(8-66) (壽男ニ)命ジ(テ)　　(壽男ニ)命ジ(テ) (壽男ニ)命ジル　　(壽男ニ)命ズ (壽男ニ)命ジル(時)　　(壽男ニ)命ズル(時) (壽男ニ)命ジレ(バ)　　(壽男ニ)命ズレ(バ) (壽男ニ)命ジ(ヨ)　　(壽男ニ)命ゼ(ヨ)

第十七課、まつち

價	まつちハ價安ケレドモ、甚ダ便利ナルモノナリ。
使ヒ慣レタル サホド	平生まつちヲ使ヒ慣レタル人ハ、サホドニモ思ハザレド、此ノ物ノナカリシ昔ヲ思ヒ出ス時
今更ニ	ハ、今更ニ其ノ便利ナルニ驚カザルヲ得ズ。(8-67)
	まつちノ製造ニハ、非常ナル手數ノカヽルモ
木材 湯氣 軸木	ノナリ。先ヅ木材ヲ切リテ湯氣ニテ蒸シ、次ニ之ヲ細ク割リテ軸木トシ、更ニ火ニ乾カシテ頭ニ藥ヲ着ケ、其ノ固マルヲ待チテ
木片	箱ニ入ル。箱ハ薄キ木片ヲ折リ、其ノ上ニ紙ヲ張リテ造リ、外ガハニ藥ヲ塗ルナリ。
スキ	此ノ外、山ヨリ木ヲ伐リ出シ、紙ヲスキ、藥ヲ製スル等ノ手數マデ數ヘ上グレバ、一箱ノまつちガ我等ノ手ニ入ルマデニハ、數十人ノ手ヲ要スルヲ知ルベシ。之ヲ思ハバ、一本ノまつちモ粗末ニハ使フベカラズ。(8-68)
發明セラレタル 專ラ	まつちハ、今ヨリ凡ソ百年前ニ、發明セラレタルモノナリ。我ガ國ニテハ、初ハ專ラ

輸入品 重要ナル	輸入品ヲ用ヒタリシガ、明治八年ヨリ、國內ニテ之ヲ製造スルニ至レリ。今日ニテハ、神戸·大阪等ノ各地ニ於テ、其ノ製造甚ダ盛ンニシテ、外國へ輸出スルモノノミニテモ、一年間ニ一千萬圓以上ノ金高ニ達シ、我ガ國輸出品中ノ重要ナルモノノ一ツトナレリ。 **練習** 一、次ノ文ヲ口語文ニ書キ改メナサイ。(8-69) 平生まつちヲ使ヒ慣レタル人ハ、サホドニモ思ハザレド、此ノ物ノナカリシ昔ヲ思ヒ出ス時ハ、今更ニ其ノ便利ナルニ驚カザルヲ得ズ。 二、まつち製造ノ手數ヲオ話シナサイ。 三、我ガ國ノまつち製造ノ、盛ンナコトニツイテオ話シナサイ。 四、「安イ」トイフ詞ハ、次ノヤウニハタラキマス。

	(口　語) (まつちが)**安ク**(**買**ハレル) (まつちが)**安イ** **安イ**(まつち) (まつちが)**安ケレ**(バ) (文　語) (まつちが)**安ク**(**買**ハル)(バ) (まつちが)**安シ** **安キ**(まつち) (まつちが)**安ケレ**(バ) **此**ノヤウニ、「**安**イ」(**口語**)ハ「ク・イ・ケレ」トハタラキマスガ、「**安**シ」(**文語**)ハ「ク・シ・キ・ケレ」トハタラクノデス。(8-70)

第十八課、分業ト共同

分業 共同 大工 商人 手分 **複**雜ナル	**世**ニハ**農夫**アリ、**大工**アリ、**商人**アリ、**又**、**醫**者·**學**者**等**アリテ、ソレゾレ**手分**シテ、**世間必要**ノ**業務**ヲ**爲**ス。**之**ヲ**分業**トイフ。**又**、まつち**製造**ノ**如**ク、**複雜**ナル**手數**ヲ**要**スル**仕事**ヲ、**多**クノ**人々**ガ**手分**シテ**爲**スモ、**同**ジク**分業**ナリ。
出來バエ **己**	**分業**ニテ**仕事**ヲ**爲**セバ、**一人**ニテ**悉**ク**之**ヲ**爲**スヨリモ、**其**ノ**出來**バエ**甚**ダ**良**シ。(8-71)**且**ツ**人々己**ニ**適**スル**仕事**ヲ**爲**スコトヲ**得**ベク、**又**、**常**ニ**同**ジ**仕事**ヲ**爲**スニヨリテ、**自**ラ**之**ニ**熟**スルニ**至**ルベシ。
共同一致 相**妨**グル	**分業**ト**共**ニ**必要**ナルハ**共同**ナリ。**分業**ハ**人々**ガ**手分**シテ**仕事**ヲ**爲**スモノナレバ、**共同一致**ヲ**必要**トス。まつちヲ**製造**スルニモ、**人々思**フガマヽノ**事**ヲ**爲**シテ、**其**ノ**間**ニ**一致**ナクバ、まつちハ**終**ニ**出來**ザルベシ。**又**、**農工商等**ニ**從事**スル**人々**ガ、**互**ニ**相助**クルコトナク、**却**リテ**相妨**グルガ**如**キ

	コトアラバ、何レノ業モ遂ニ盛ンニナルコト無カルベシ。 サレバ分業ト共同トノ二ツハ、社會ノ進步ヲ計リ、人民ノ幸福ヲ進ムルニ、(8-72) 極メテ大切ナルモノナリ。 **練習** 一、分業トハドンナコトデスカ。之ヲ口語文ニオ作リナサイ。 二、分業ノ利益ヲオ話シナサイ。 三、共同ノ必要ナコトヲオ話シナサイ。 四、次ノ文ヲ口語體ニ改メテゴランナサイ。 (イ)我ガ國ニテハ、明治八年ヨリ、まつちヲ製造スルニ至レリ。 (ロ)まつち製造ノ手數ヲ一々數ヘ上グレバ、一箱ノまつちガ我等ノ手ニ入ルマデニハ、數十人ノ手ヲ要スルヲ知ルベシ。(8-73) (ハ)我ガ國ニ於ケルまつち製造ハ甚ダ盛ンニシテ、今日ニテハ、外國ヘ輸出スルモノノミニテモ、一年間ニ一千萬圓以上ニ達ス。

第十九課、道路

運輸	道路ヲ開イテ、運輸・交通ノ便ヲ計ルハ、世ノ進步ニ極メテ必要ナコトデアル。
凸凹 修繕サレテ	昔ノ道路ハ幅ガ狹ク、凸凹ガ多クテ、甚ダ不便デアツタ。殊ニ峠ヲ越エ、河ヲ渡ル時ナドノ困難ハ、一通リデハナカツタ。然ルニ有リ難イ御代ノオ蔭デ、今日ハ大キナ道路ガ澤山デキ、古イ道路モ修繕サレテ、大變ニ良クナツタ。(8-74)
等外 一等道路 二等道路 三等道路 等外道路	道路ニハ一等・二等・三等・等外ノ四種ガアル。一等道路ハ幅ガ最モ廣クテ四間以上、二等道路ハ之ニ次イデ三間以上、三等道路ハ二間以上アル。等外道路ノ幅ハ、所ニヨツテ一定シテ居ナイ。
路面 路側 水溜リ	道路ハ荷車ナドノ爲メニ凸凹ガ出來タリ、雨・雪ナドノ爲メニ、イタンダリスルコトガ少ナクナイ。又、路面ヤ路側ノ水溜リカラ、破損スルコトモ往々アル。若シ此等ヲ棄テテ置クト、遂ニ大破損トナツテ、一般ノ

	不便ヲ來タスモノデアルカラ、(8-75)
	早ク修繕シナケレバナラヌ。
	又、洪水ノ場合ナドニハ、人民ハ共同シテ
橋梁	道路ヤ橋梁ナドノ、コハレルノヲ防ガナケ
忽ニスル	レバナラヌ。之ヲ忽ニスルト、非常ナ災難
招ク	ヲ招クコトガアル。
保存	並木ハ道路ノ保存ニ必要デアルノミナラ
夏季	ズ、又、景色ヲ添へ、夏季ニハ通行人ニ日
通行人	蔭ヲ與ヘル効モアルカラ、ヨク之ヲ愛護シ
愛護シナケレバナラヌ	ナケレバナラヌ。
	練習
	一、道路ノ種類ヲオ話シナサイ。
	二、道路ニツイテ注意スベキコトヲオ話シナサイ。(8-76)
	三、左ノ漢字ニ振假名ヲオツケナサイ。
	幸福。副業。道幅。
	沿道。療治。
	通行。通帳。

	四、次ノ漢字ノ形ノチガヒニ注意シナサイ。 逐 — 遂。 載 — 戴。 底 — 紙。 僅・謹 — 漢・難。 假・暇 — 殿・段 — 没・歿 — 服・報。

第二十課、塙保己一(はなわほきいち)

塙保己一 あきめくら	世にはあきめくらとて、目は見えながら、文字の讀めざる者あり。又、文字は讀めても、多くの書物を讀み、(8-77) 博く知識を得たる者は少なし。然るに目の見えずして、大學者となりし人あり。塙保己一是れなり。
一心に 記憶力 著はせり 江戶 番町 就きて	保己一は五歲の時盲となりしが、深く學問を好み、人に書物を讀ましめ、一心に之を聞きて勉强したり。記憶力强く、一たび聞きたることは、決して忘れざるほどなりしかば、遂に名高き學者となり、非常に多くの書物を著はせり。保己一の家は、今の東京、其の頃の江戶(えど)の番町にありき。多くの弟子保己一に就きて學びしかば、時の人 (8-78) 「番町で目あき目くらに物をきき。」 といひたりといふ。

講義 ともしび	或る夜、弟子を集めて書物の講義をせし時、風俄かに吹き來りて、ともしび消えたり。保

	己一は、それとも知らず、講義を續けたれば、弟子どもは 「先生、少しお待ち下さい。今、風であかりが消えました。」(8-79) といふ。保己一は笑ひて、
さてさて	「さてさて、目あきといふものは不自由なものだ。」 といひたりとぞ。

盲人	**練習** 一、左の文を口語體に改めてごらんなさい。 (イ)塙保己一は盲人(モウジン)なりしも、世に珍らしき大學者となれり。 (ロ)保己一は自ら書物を讀む能はざりしも、人に讀ませて之を聞き、よく記憶して忘れざりき。 二、保己一が書物の講義をした時のことをお話しなさい。(8-80) 三、はたらく詞は、普通に其のはたらく部分を送り假名とするものです。 讀まず　學びて　好む　行けば　等 四、稀にははたらかぬ部分にも、讀みやすいやうに、送り假名をつけることがあります。 表(あら)はす……表(ひょう)す 滅(ほろ)ぼす……滅(めっ)す 出(い)だす……出(だ)す　等 五、はたらかぬ詞にも、讀みやすいやうに、送り假名をつけることがあります。 且つ　甚だ　若し　能く　直ぐに　直ちに　等　(8-81)

第二十一課、金剛石(こんごうせき)

金剛石	**照憲皇太后御歌**
	金剛石もみがかずば、
	珠のひかりはそはざらむ。
	人もまなびて後にこそ、
あらはる	まことの徳はあらはるれ。
	時計の針のたえまなく
ときのま	めぐるが如く、ときのまの
	日かげをしみて勵みなば、
業	如何なる業(わざ)かならざらむ。(8-82)
	練習
	一、此の御歌をそらでお讀みなさい。
	二、此の御歌の御趣意をお話しなさい。

第二十二課、暦

暦	今日は何月何日にして、又、何曜日なるか。此等は暦を見て知ることを得べし。野蠻人の間には暦なき故、彼等は、月日のみならず、
年齢	己の年齢をも知らざるなり。
節氣 干支	又、暦には祝日・祭日・節氣、毎日の干支等を記し、其の外種々の入用なる事を載す。
	(8-83)
作物 播き	農家は節氣に従ひて作物の種子を播き、苗を植ゑ、又、これが收穫を爲さざるべからず。故に農家に取りて、暦は甚だ大切なるものなり。
	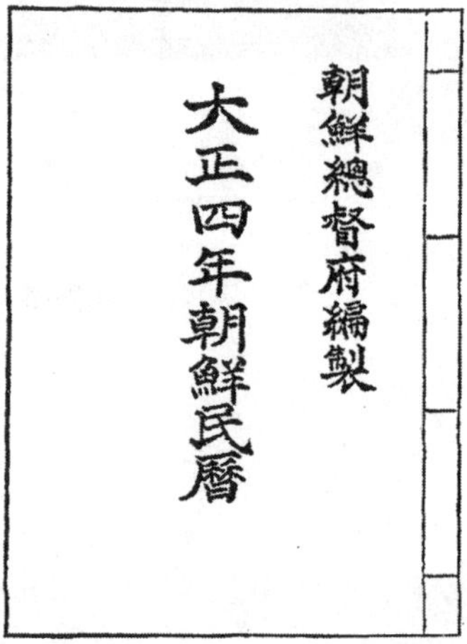

民間 罰せらる	民間にては暦を作ることを得ず。之を作る時は罰せらる。
朝鮮民暦 陽暦 陰暦 掲載せり 舊暦	朝鮮民暦には、陽暦と共に、陰暦をも掲載せり。陰暦は卽ち舊暦なり。朝鮮に於ては、久しく陰暦の行はれ居るを以て、民間の便を計り、之を載せ置くなり。(8-84)
公事 編製し 賣り捌かしむ	然れども、公事には陰暦を用ふることなし。朝鮮民暦は總督府にて編製し、價を安くして、民間に賣り捌かしむ。
	練習 一、暦にはどんなことが書いてありますか。 二、農家に暦の必要なわけをお話しなさい。 三、朝鮮民暦に、陰暦をも載せて置くわけをお話しなさい。

第二十三課、舊師に送る手紙

舊師 謹啓 御機嫌よく 私事 憚ながら 在學中 御教授 有益なる 用事 辨ずる 豫て 御教訓 暇 時下 御自愛 專一 敬具 一入 御壯健	謹啓。寒氣甚だしく候處、益御機嫌よく入らせられ候御事と賀し奉り候。其の後、私事も無事に暮し居り候間、(8-85) 憚ながら御安心下されたく候。在學中御教授下され候事は、何れも皆有益なるものに之あり。殊に國語は日常の用事を辨ずるにも非常に便利にて、益深く先生の御恩の有り難きを感じ申し候。豫ての御教訓を守り、職業の暇には、少しづつにても書物を讀み、知識をみがき候樣心掛け居り候。時下御自愛專一に祈り奉り候。敬具。(8-86) 同じく返事 御手紙拜見致し候。近頃は寒氣も一入相增し候へども、愈御壯健の趣賀し

貴君 御出精なされ 閑暇 結構 希望	上げ候。自分も幸に無事に候間、御安心下さるべく候。貴君には、其の後日々家業に御出精なされ、又、閑暇の節には讀書をもなされ候由。何より結構の事に候。尚ほ、今後も相變らず、御勵精相成るやう希望致し候。草々。 **練習** 手紙の文には、次のやうに、いろいろ變つた書き方があります。(8-87) 之を讀んでごらんなさい。 一、送り假名を省くもの。 申し上げ候 …… 申上候 拜見致し候 …… 拜見致候 賀し上げ候 …… 賀上候 感じ申し候 …… 感じ申候 心掛け居り候 …… 心掛居候

哉 反つて	二、假名の代りに、漢字で書くもの。 致したく候 …… 致度候 甚だしく …… 甚敷 御座なく候や …… 御座なく候哉 候へども …… 候得共 三、漢字ばかりで書いて、反(かへ)つて讀むもの。 之あり …… 有之 下さるべく候…… 可被下候 祈り奉り候 …… 奉祈候 相變らず …… 不相變 有り難く …… 難有 (8-88)

第二十四課、日記

日記 手間 綿密 習慣 格別	日記ト云フモノハ、一寸考ヘルト、書クノニ手間ガカヽルバカリデ、別ニコレト云フ利益モナイヤウデアルガ、實ハサウデナイ。日記ニ書イテ置イタ事ハ、後ニナツテ、役ニ立ツコトガ多ク、又、之ヲ讀ムト、何年ノ何月何日ニハ、コンナ事ヲシタナドトオモヒ出シテ、愉快ヲ感ジルモノデアル。ソレバカリデナク、毎日、日記ヲツケルト云フコトハ、物事ヲ綿密ニスル習慣ヲ養フモノデ、若イ者ニ取ツテハ、格別善イ事デアル。(8-89)
簡單ニ 崔允明	日記ハ簡單ニ分リ易ク書ク方ガ善イ。細カク書クト、餘計ニ手間ガカヽルカラ、長續キガシナイ。次ニアルノハ、崔允明ノ日記ノ一部デアル。
	二月 九日　月曜　曇

昨夜	昨夜カラ西風ガ強ク吹イタ。父上ハ、家内ノ
父上 家内	モノニ、火ノ用心ヲヨクセヨト命ジラレタ。
	十日　火曜　晴
寒暖計	天氣ガ大層寒クテ、朝ハ寒暖計ガ零下二十
零下二十度	度ニサガツタ。(8-90)
	明日ハ紀元節ダカラ、學校デ紀元節ノ唱歌
	ノ練習ガアツタ。
	十一日　水曜　晴　紀元節
	朝早ク起キテ、國旗ヲ立テタ。午前十時
校長先生	ニ、學校ニ紀元節ノ儀式ガアツテ、校長先
	生カラ、神武天皇ノオ話ガアツタ。先生ノ
	オ話デ、神武天皇ノ御恩ノ、非常ニ深イコ
李洪一サン	トヲ感ジタ。學校カラ歸ツテ、李洪一サン
	ト遊ンダ。平壤ノ叔父サンニ、手紙ヲ上ゲ
	タ。(8-91)
	十二日　木曜　雪
	朝起キテ見ルト、雪ガ降ツテ居タ。學校ノ
李準弘サン	往キ來ニハ、途ガ惡カツタ。隣ノ李準弘サ

	ンハ、小サナ弟ノ手ヲヒイテ、一ショニ學校ヘ連レテ行ツタ。弟ヤ妹ニ親切ニシテヤルノハ、マコトニ善イコトダト思ツタ。
	十三日　金曜　曇
齋藤サン 大東面	學校カラ歸ツテカラ、父上ノ御用デ、齋藤サンノ家ヘ使ニ行ツテ來タ。父上ハ急ニ用事ガ出來テ、大東面ヘ行カレテ、夜オソク歸ラレタ。(8-92)
	十四日　土曜　晴
ガマ口 拾ツタ 屆書 鍾路警察署	今朝學校ヘ往ク途中デ、ガマ口ヲ拾ツタ。中ニ金ガ壹圓貳拾五錢ハイツテ居タ。先生カラ教ヘテ戴イテ、屆書ヲ書イテ、鍾路警察署ニ屆ケタ。
	十五日　日曜　晴
氷スベリ 突キ當ツタ	イツモノ河デ、氷スベリヲシテ遊ンダ。洪奇一サンガ、チヨツト人ノ突キ當ツタノヲ、大層オコツタノハ、善クナイコトダト思ツタ。

練習

一、日記ヲ書クト、ドンナ益ガアリマスカ。

二、日記ノ書キ方ヲオ話シナサイ。(8-93)

三、次ノ詞ニ、送リ假名ノマチガヒガアルナラバ、オ直シナサイ。

招ネク　作クル　遊ビテ　格別ツ

夜ル　思モフ　歸ル

第二十五課、拾物屆

拾物屆	**二月十四日**ノ**朝**、**崔允明**ハ**學校**ヘ**行**ク**途中**デ、ガマ**口**ヲ**拾**ヒマシタノデ、ソレヲドウシテヨイカ、**先生**ニ**尋**ネマシタ。
	先生ハ
憲兵隊	「**拾物**ハ**必**ズ**警察署**カ**憲兵隊**ニ**屆**ケナケレバナラナイ。**屆**ケルニハ、(8-94)
口頭	**口頭**デモ**差支**ナイガ、**屆書**ノ**方**ガヨイ。」
書式	ト**言**ツテ、**其**ノ**書式**ヲ**教**ヘラレマシタ。
	ソコデ**允明**ハ**左**ノ**屆書**ニガマ**口**ヲ**添**ヘテ、**警察署**ニ**持**ツテ**行**キマシタ。
	拾物屆
一箇	**一**、ガマ**口**　　　**一箇**
	金壹圓貳拾五錢入
壽松洞	**右本日午前八時**半**壽松洞**ニ**於**テ**拾**ヒ
	取候間御屆申上候也 (8-95)

安國洞 御中	京城府安國洞百十七番地 大正四年二月十四日　　　崔允明 京城鐘路警察署御中 **練習** 一、拾物ヲシタ時ノ心得ヲオ話シナサイ。 二、ガマ口ヲ拾ツタ時ノ屆書ヲ、書イテゴランナサイ。(8-96)

第二十六課、勞働

勞働 覺悟 誤 片時 格言 富家 空シク 慈善 不幸ニシテ 貧家 非ズシテ 耕作スル 工匠	人ハ己ノ力ニテ生活スル覺悟ナカルベカラズ。勞働ヲ賤シキモノト思ヒ、何事ヲモ爲サデ暮スヲ善キコトノヤウニ考フルハ、大イナル誤ナリ。「額ニ汗(アセ)シテ食ヘ。」トハ、人ノ片時モ忘ルベカラザル格言ナリ。 タトヒ幸ニシテ富家ニ生レタリトモ、決シテ空シク日ヲ送ルベカラズ。職業ヲ務メテ、益其ノ財產ヲ殖ヤシ、之ヲ公益慈善ニ用フベシ。又、若シ不幸ニシテ貧家ニ生レタランニハ、(8-97)大イニ其ノ職業ヲ勵ミテ財產ヲ作リ、身ヲ立テ、世ヲ益スルヤウ心掛ケザルベカラズ。 職業ノ爲メニ心身ヲ勞スルハ、タヾ苦シキノミニハ非ズシテ、マタ大イニ樂シキモノナリ。卽チ農夫ガ田畑ヲ耕作スル時、工匠ガ器物ヲ製作スル時、商人ガ物品ヲ賣買スル時等ニハ、其ノ間自ラ樂シミアルモノナリ。終日働キテ、其ノ職務ヲ盡シタル後ニ、

經驗スル	一種ノ愉快ヲ感ズルハ、何人モ經驗スルトコロナルベシ。
加之 保ツ	加之(シカノミナラズ)、勞働ハ人ノ健康ヲ保ツニ必要ナルモノナリ。(8-98)
安逸 耽ル 病身 命	安逸ニ耽ル者ハ多ク病身ニシテ命短ク、勞働スル者ハ健康ニシテ命長シ。
神聖 五體 心身 自活セン 職工 敢テ	勞働ハ神聖ナリ。人ハ五體ノミニテ生レ來レルモノト心得、心身ヲ勞シテ、自活センコトヲ計ルベシ。農夫トシテ働ケ。職工トシテ働ケ。或ハ商人トシテ働ケ。其ノ他何ナリトモ、已ニ適スル職業ニ就キテ働ケ。其ノ職業ノ何タルカハ、敢テ問フヲ要セザルナリ。
	練習 一、「額ニ汗シテ食ヘ。」トハ、ドウイフコトデスカ。(8-99) 二、勞働ノ樂シイコトヲオ話シナサイ。 三、勞働ノ健康ニ必要ナコトヲオ話シナサイ。

第二十七課、註文狀

註文狀 御發送 正に 當地方 迄 到着 御出荷 老人向 子供向 地質 色合 御見計らひ 見本	拜啓。去月二十八日御發送の反物貳拾反、本日正に受取り申し候。右は當地方にて、賣れ行き宜しき品と存じ候間、更に參拾反、本月十五日迄に到着致し候樣、至急御出荷相成度候。尙ほ同時に、老人向及び子供向の木綿反物、地質・色合等御見計らひの上、(8-100) 各二三反づつ、見本として御送り下され度候。右御註文まで。草々。
御引立 扨 御査收	**右返事** 拜復。本月一日附御書面、正に拜見仕り候。每度御引立を蒙り、有り難く存じ奉り候。扨、重ねて御註文下され候反物參拾反、本日發送仕り候間、御査收下され度候。尙ほ御申し越しの老人

當時 好況 同便 御用命 以上	**向及び子供向**の**木綿反物**、**當時好況**の**品**、**同便**にて、**各各**、(8-101) **三種**づつ、**見本**として**差上**げ**候間**、**御覽**の**上**、**何**れなりとも**御用命下**され**度願**ひ**上**げ**候**。 **以上**。 **練習** 一、**次**の**詞**をお**讀**みなさい。 **見本**として**御送**り**被下度候**。 **御引立**を**蒙**り、**難有奉存候**。 **御用命被下度願上候**。 二、**書籍註文**の**手紙**をお**書**きなさい。

第二十八課、孔子と孟子

孔子 **孟**子	**今**より**凡**そ**二千五百年前**、**支那**に**孔子**といふ**人出**でしが、(8-102)
圓滿 聖人	**智德圓滿**にして、**能**く**人**を**教**へ、**道**を**明**らかにし、**世**に**聖人**と**稱**せらる。
	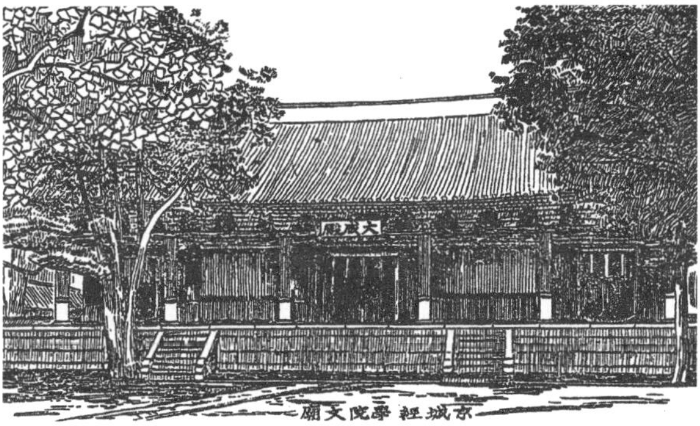
魯 幼少 遊**戲**せり	**孔子**は**支那**の**魯**(ろ)といふ**國**に**生**れ、**幼少**の**頃**、**常**に**禮儀**・**作法**の**稽古**などして**遊戲**せり。
小吏 任	**長**じて**小吏**となりしが、**能**く**其**の**任**を**盡**したり。(8-103)

	 孔子
高官 國勢 辭せり	後には高官に進みて魯の政治を行ひ、大いに國勢を盛んにせり。然れども魯の君、長く孔子を用ふること能はず。孔子遂に官を辭せり。
	孔子には弟子三千人ありしが、其の中、又、特にすぐれたる者、七十二人ありき。
歿後 言行 記し 後世	論語は、弟子等が、孔子の歿後、(8-104) 其の言行を記したる書にして、後世に益を與ふること極めて大いなり。

孟子の後、約百年にして孟子出づ。孔子の孫、子思の門人なり。孔子の道を傳へて、世に大賢と稱せらる。早く父をうしなひ、母に育てらる。孟子の母は稀なる賢婦人にして、(8-105)深く我が子の教育に心を用ひ、孟子をして善からぬ事を視聽きせしめざる爲めに、三たび其の居を遷せりといふ。孟母三遷の教とは是れなり。

孟子歳長じて、出でて學びしが、業未だ成らずして歸り來れり。母たまたま機上にあり。直ちに其の機を斷ち、孟子を戒めて言

子思
門人
大賢

稀なる
賢婦人

視聽き
遷せり
三遷の教

歳
たまたま
斷ち
戒めて

廢する 學業 一世 大**儒** 終身 **說**き 孟子 孔孟 儒教	ひけるやう、「**今汝**の**學**を**廢**するは、**我**が**此**の**機**を**斷**つが**如**し。」と。**孟子深**く**感**じ、これより**大**いに**學業**を**勵**み、遂に**一世**の**大儒**となれり。かくて**終身道**を**說**き、**弟子甚**だ**多**かりき。**其**の著はしたる**孟子**といふ**書**は、(8-106) **論語**と**共**に**長**く**世**に**行**はる。 **孔孟**の**道**は**卽**ち**儒教**にして、**早**く**我**が**國**にも**傳**はれり。 **練習** 一、**孔子**のことをお**話**しなさい。 二、**孟子**の**母**のことを**口語文**でお**書**きなさい。 三、**論語**はどんな**書物**ですか。**孟子**はどんな、**書物**ですか。

第二十九課、菅原道眞(すがわらのみちざね)

菅原道眞 天神樣	**内地**には**到**る**所**に、**天神樣**の**社**があつて、**其**の**社**には**多**く**梅**の**木**が**植**ゑてある。(8-107) 
忠義	これは**菅原道眞**といふ、**忠義**の**心**のごく**深**くて、**學問**の**大層博**かつた**御方**を**祀**つたものである。
神童 **詩** 武藝	**道眞**は**生**れつき**賢**くて、**子供**の**時**には**神童**といはれ、**僅**かに**十一歳**で、**梅**の**花**の**詩**を**作**つた。**道眞**は**學問**にすぐれたばかりでなく、**武藝**にも**達**して**居**た。(8-108)

師 通學して 同門 射くらべ さまざまに 辭退した つがへて 射放した ねらひ 的 眞中 射ぬいた はづさなかつた	**道眞**が**師**の**所**に**通學**して**居**た**頃**、**同門**の者どもが、**學問**ではとてもかなはないから、**弓**の**射**くらべをして、**道眞**に**恥**を**與**へようとはかつた。**道眞**はさまざまに**辭退**したけれども、**皆**がきかないから、**弓**に**矢**をつがへて**射放**した。するとねらひたがはず、**的**(まと)の**眞中**(まんなか)を**射**ぬいた。**何**べん**射**ても、**一度**もはづさなかつたので、**皆**が**驚**いて、**道眞**が**弓矢**の**道**にも、すぐれて**居**るのに**感心**した。
成長して	**道眞**は**成長**してから**段々出世**して、**天子樣**に**重**く**用**ひられ、遂に**高官**にのぼつたが、(8-109)
忠誠無二 名臣 惜しまず 惡臣 嫉んで 讒言	まことに**忠誠無二**の**名臣**であつて、**身**を**惜**しまず**政治**に**力**を**盡**した。**然**るに**惡臣**どもは**道眞**を**嫉**んでたびたび**讒言**を**申**し**上**げた。それで**道眞**は**終**に**罪**を**受**け、**官**をおとされて、**京都**から**九州**へ**遷**された。
露ほども	けれども**道眞**は、**露**ほども**天子樣**を**怨**み**奉**る**心**はなく、**常**に**其**の**御恩**の**深**いことを、

	有り難く思つて忘れなかつた。
薨じた	道眞は終に九州で薨じたが、後に天子樣は其の罪をおゆるしになつたばかりでなく、高い位をお贈りになつた。日本中の人々は皆道眞の德を慕つて、(8-110) 方々に社を建てて、學問の神として祀つて居る。道眞は大層梅の花を好んだから、今でも其の社には、多く梅の木を植ゑて置くのである。 **練習** 一、道眞が學問にすぐれて居たことをお話しなさい。 二、道眞が武藝に達して居たことをお話しなさい。 三、道眞が忠義の心の大層深かつたことをお話しなさい。 四、天神樣の社のことをお話しなさい。

第三十課、大日本帝國（一）

	我ガ大日本帝國ハ、萬世一系ノ天皇ノ治メ給フ國ナリ。(8-111)
中央政府 內閣 外務 內務 大藏 陸軍 海軍 司法 文部 農商務 遞信 九省	中央政府ハ天皇陛下ノ仰ヲ承ケテ、帝國ノ政治ヲ行フトコロニシテ、內閣ト外務・內務・大藏・陸軍・海軍・司法・文部・農商務・遞信ノ九省トヨリ成ル。
大臣	各省ニハ大臣アリテ、其ノ省ノ長官トナリ、ソレゾレノ政務ヲ行フ。
國務大臣 內閣總理大臣 首班 政務 統一ス	各省大臣ハ國務大臣トシテ、內閣ヲ組織シ、內閣總理大臣ハ其ノ首班トナリテ、政務ヲ統一ス。
	地方ニハ各府縣ニ知事ヲ置キ、北海道及ビ樺太ニハ長官ヲ置ク。 (8-112)
都督	又、朝鮮ト臺灣トニハ、各總督ヲ置キ、關東州ニハ都督ヲ置ク。
帝國議會 貴族院 衆議院 法律案 豫算案 議決ス	帝國議會ハ貴族院ト衆議院トヨリ成リ、法律案及ビ豫算案ヲ議決ス。

御裁可 實行セラル 訴訟 大審院 控訴院 區裁判所 屬スル	帝國議會ニテ議決シタル法律案ハ、天皇陛下ノ御裁可ヲ經テ法律トナリ、豫算ハ天皇陛下ノ御裁可ヲ經テ實行セラル。 裁判所ハ法律ニ依リテ訴訟ヲ裁判ス。大審院・控訴院・地方裁判所・區裁判所ノ別アリ。朝鮮及ビ臺灣ニハ總督府ニ屬スル裁判所アリ、關東州ニハ都督府ニ屬スル裁判所アリ。 (8-113) **練習** 一、九省トハ何々デスカ。 二、地方ニハドンナ役人ヲ置キマスカ。 三、帝國議會ハドンナコトヲシマスカ。 四、裁判所ノコトヲオ話シナサイ。

第三十一課、大日本帝國（二）

條約 大使 公使 外交 修メ 領事 通商 **掌**ラシム 小學校 中學校 高等女學校 實業學校 專門學校 大學 高等普通學校 女子高等普通學校 軍備 十九箇師團 常備軍 五十萬**噸** 艦艇 精鋭ナル 航行シ	**我**ガ**國**ハ**諸外國**ト**條約**ヲ**結**ビ、**其**ノ**國**々ニ、**大使或**ハ**公使**ヲ**遣**ハシテ**外交**ヲ**修**メ、**領事**ヲ**遣**ハシテ**通商**ニ**關**スルコトヲ**掌**ラシム。 **我**ガ**國**ノ**教育**ハ**頗**ル**進歩**シ、**小學校**・**中學校**・**高等女學校**・**實業學校**・ (8-114) **專門學校**・**大學等**アリ。**又**、**朝鮮**ニハ**特**ニ**普通學校**・**高等普通學校**・**女子高等普通學校**・**實業學校**・**專門學校等設**ケラル。 **軍備**ハ**甚**ダ**盛**ンニシテ、**十九箇師團**ノ**常備軍**ト、**五十萬噸**ノ**艦艇**トアリ。**其**ノ**精鋭**ナルコトハ、**日清**・**日露**ノ**兩戰役**ニ**於**テ、**世界**ニ**知**レ**渡**レリ。 **交通**ハ**極**メテ**便利**ニシテ、**陸上**ニハ**汽車**・**電車等往來**シ、**水上**ニハ**汽船航行**シ、**郵便**・**電信**・**電話**ノ**利用**モ**日**ニ**盛**ンナリ。 **農業**ハ**古來頗**ル**開**ケタルガ、**近來殊**ニ**盛**ンニナリ、(8-115)

仁慈 揚リ 隆昌	商業・工業モ亦大イニ進メリ。外國貿易ハ、横濱・神戸ノ二港ノ外、内地・朝鮮・臺灣ノ諸港ニテ行ハレ、一箇年ノ輸出入額ハ約十億圓ニ達ス。 我ガ大日本帝國ハ、上ニ仁慈ノ天皇陛下ヲ戴キ奉リ、下ニ忠良ノ臣民アリ。國威日ニ揚リ、國力月ニ進ム。國民タルモノ益奮勵努力シテ、皇恩ノ萬分ノ一ニ報イ奉リ、國運ノ隆昌ヲ圖ラザルベカラズ。 **練習** 一、外國ニハドンナ役人ヲ遣ハシテ置キマスカ。(8-116) 二、教育ノコトヲオ話シナサイ。 三、軍備ノコトヲオ話シナサイ。 四、交通ノコトヲオ話シナサイ。 五、農工商業ノコトヲオ話シナサイ。 六、國民ノ心得ヲオ話シナサイ。(8-117) **普通學校國語讀本 卷八終** (8-118)

【附　録】

一、神代御略系及ビ天皇御歴代表

神代御略系

○天照大神(アマテラスオウミカミ)――――――――――――――

――――天忍穂耳尊(アメノオシホミミノミコト)――――――

天津彦彦火瓊瓊杵尊(アマツヒコヒコホノニニギノミコト)―――

――――彦火火出見尊(ヒコホホデミノミコト)――――――――

彦波瀲武鸕鷀草葺不合尊(ヒコナギサタケウガヤフキアエズノ

ミコト)―(神武天皇)　(1)

天皇御歴代表

御代數	天 皇	御代數	天 皇	御代數	天 皇	御代數	天 皇
一	**神武**天皇 (ジンム)	九	**開化**天皇 (カイカ)	十七	**履中**天皇 (リチウ)	二五	**武烈**天皇 (ブレツ)
二	**綏靖**天皇 (スイゼイ)	十	**崇神**天皇 (スジン)	十八	**反正**天皇 (ハンショウ)	二六	**繼體**天皇 (ケイタイ)
三	**安寧**天皇 (アンネイ)	十一	**垂仁**天皇 (スイニン)	十九	**允恭**天皇 (インギョウ)	二七	**安閑**天皇 (アンカン)
四	**懿德**天皇 (イトク)	十二	**景行**天皇 (ケイコウ)	二〇	**安康**天皇 (アンコウ)	二八	**宣化**天皇 (センカ)
五	**孝昭**天皇 (コウショウ)	十三	**成務**天皇 (セイム)	二一	**雄略**天皇 (ユウリャク)	二九	**欽明**天皇 (キンメイ)
六	**孝安**天皇 (コウアン)	十四	**仲哀**天皇 (チウアイ)	二二	**清寧**天皇 (セイネイ)	三〇	**敏達**天皇 (ビダツ)
七	**孝靈**天皇 (コウレイ)	十五	**應神**天皇 (オウジン)	二三	**顯宗**天皇 (ケンソウ)	三一	**用明**天皇 (ヨウメイ)
八	**孝元**天皇 (コウゲン)	十六	**仁德**天皇 (ニントク)	二四	**仁賢**天皇 (ニンケン)	三二	**崇峻**天皇 (スシュン)

三三	**推古**天皇(スイコ)	四四	**元正**天皇(ゲンショウ)	五五	**文德**天皇(モントク)	六六	**一條**天皇(イチジョウ)
三四	**舒明**天皇(ジョメイ)	四五	**聖武**天皇(ショウム)	五六	**淸和**天皇(セイワ)	六七	**三條**天皇(サンジョウ)
三五	**皇極**天皇(コウギョク)	四六	**孝謙**天皇(コウケン)	五七	**陽成**天皇(ヨウゼイ)	六八	**後一條**天皇(ゴイチジョウ)
三六	**孝德**天皇(コウトク)	四七	**淳仁**天皇(ジュンニン)	五八	**光孝**天皇(コウコウ)	六九	**後朱雀**天皇(ゴスザク)
三七	**齊明**天皇(サイメイ)	四八	**稱德**天皇(ショウトク)	五九	**宇多**天皇(ウダ)	七○	**後冷泉**天皇(ゴレイゼイ)
三八	**天智**天皇(テンヂ)	四九	**光仁**天皇(コウニン)	六○	**醍醐**天皇(ダイゴ)	七一	**後三條**天皇(ゴサンジョウ)
三九	**弘文**天皇(コウブン)	五○	**桓武**天皇(カンム)	六一	**朱雀**天皇(スザク)	七二	**白河**天皇(シラカワ)
四○	**天武**天皇(テンム)	五一	**平城**天皇(ヘイゼイ)	六二	**村上**天皇(ムラカミ)	七三	**堀河**天皇(ホリカワ)
四一	**持統**天皇(ジトウ)	五二	**嵯峨**天皇(サガ)	六三	**冷泉**天皇(レイゼイ)	七四	**鳥羽**天皇(トバ)
四二	**文武**天皇(モンム)	五三	**淳和**天皇(ジュンナ)	六四	**圓融**天皇(エンユウ)	七五	**崇德**天皇(ストク)
四三	**元明**天皇(ゲンミョウ)	五四	**仁明**天皇(ニンミョウ)	六五	**花山**天皇(カザン)	七六	**近衛**天皇(コノエ)

(3)

七七	**後白河**天皇 (ゴシラカワ)	八九	**後深草**天皇 (ゴフカクサ)	一〇一	**後花園**天皇 (ゴハナゾノ)	一一三	**中御門**天皇 (ナカミカド)
七八	**二條**天皇 (ニジョウ)	九〇	**龜山**天皇 (カメヤマ)	一〇二	**後土御門**天皇 (ゴツチミカド)	一一四	**櫻町**天皇 (サクラマチ)
七九	**六條**天皇 (ロクジョウ)	九一	**後宇多**天皇 (ゴウダ)	一〇三	**後柏原**天皇 (ゴカシワバラ)	一一五	**桃園**天皇 (モモゾノ)
八〇	**高倉**天皇 (タカクラ)	九二	**伏見**天皇 (フシミ)	一〇四	**後奈良**天皇 (ゴナラ)	一一六	**後櫻町**天皇 (ゴサクラマチ)
八一	**安德**天皇 (アントク)	九三	**後伏見**天皇 (ゴフシミ)	一〇五	**正親町**天皇 (オウキマチ)	一一七	**後桃園**天皇 (ゴモモゾノ)
八二	**後鳥羽**天皇 (ゴトバ)	九四	**後二條**天皇 (ゴニジョウ)	一〇六	**後陽成**天皇 (ゴヨウゼイ)	一一八	**光格**天皇 (コウカク)
八三	**土御門**天皇 (ツチミカド)	九五	**花園**天皇 (ハナゾノ)	一〇七	**後水尾**天皇 (ゴミズノオ)	一一九	**仁孝**天皇 (ニンコウ)
八四	**順德**天皇 (ジュントク)	九六	**後醍醐**天皇 (ゴダイゴ)	一〇八	**明正**天皇 (ミョウショウ)	一二〇	**孝明**天皇 (コウメイ)
八五	**仲恭**天皇 (チウキョウ)	九七	**後村上**天皇 (ゴムラカミ)	一〇九	**後光明**天皇 (ゴコウミョウ)	一二一	**明治**天皇 (メイヂ)
八六	**後堀河**天皇 (ゴホリカワ)	九八	**後龜山**天皇 (ゴカメヤマ)	一一〇	**後西院**天皇 (ゴサイイン)	一二二	**今上**天皇 (キンジョウ)
八七	**四條**天皇 (シジョウ)	九九	**後小松**天皇 (ゴコマツ)	一一一	**靈元**天皇 (レイゲン)		
八八	**後嵯峨**天皇 (ゴサガ)	一〇〇	**稱光**天皇 (ショウコウ)	一一二	**東山**天皇 (ヒガシヤマ)		

(4)

二、本字振仮名

第一課 **降**(クダ)し。**汝**(ナンジ)。**賜**(タマ)はつた。**鏡**(カヾミ)。**劍**(ツルギ)。**玉**(タマ)。**御寶**(オンタカラ)。**尊**(タット)い。**必**(カナラ)ず。お**卽**(ツ)き。**萬世一系**(バンセイイッケイ)。**則**(スナワ)ち。**戴**(イタヾ)いて。**幸福**(コウフク)な。お**述**(ノ)べ。

第二課 **和歌**(ワカ)。**御趣意**(ゴシュイ)。

第三課 **一艘**(イッソウ)。**連**(ツ)れて。お**慕**(シタ)ひ。**獻上**(ケンジョウ)。お**許**(ユル)し。**巡**(メグ)つて。**步**(アル)いて。**永**(ナガ)く。

第四課 **文字**(モジ)。**倣**(ナラ)ひて。**併**(アワ)せ。

第五課 **耕**(タガ)ヤシ。**衣**(コロモ)。**登**(ノボ)リテ。**看**(ミ)。**泛**(ウカ)ビテ。**在**(ア)リ。**光陰**(コウイン)。**矢**(ヤ)。**不**(ズ)。**可**(ベ)ク。**兄弟**(ケイテイ)。**朋友**(ホウユウ)。**當**(マサ)ニ。**怨**(ウラミ)。**宜**(ヨロ)シク (5)

第六課 **莫**(ナ)シ。**勿**(ナカ)レ。**惡**(アク)。**爲**(ナ)ス。**善**(ゼン)。**徐**(オモム)ロニ。**謂**(イ)フ。**疾**(ト)ク。**嘗**(カ)ツテ。**映**(エイ)ジテ。**車胤**(シャイン)。**練囊**(レンノウ)。**螢火**(ケイカ)。**繼**(ツ)ゲリ。**吾**(ワレ)。**未**(イマ)ダ。**欲**(ホッ)ス。**停**(ヤ)マズ。**古嗣**(フルツグ)。**喪**(ウシナ)ヘリ。**流涕**(リウテイ)。**禁**(キン)ゼズ。**卷帙**(カンチツ)。**沾濡**(テンジュ)。

第七課 **證據**(ショウコ)。**筈**(ハズ)。**尤**(モット)モ。**直徑**(チョッケイ)。**面積**(メンセキ)。**勿論**(モチロン)。

第八課 **印度洋**(インドヨウ)。**南氷洋**(ナンビョウヨウ)。**同盟國**(ドウメイコク)。**親**(シタ)シイ。**間柄**(アイダガラ)。**整**(トヽノ)ツテ。**越**(コ)エテ。**聽**(キ)イテ。

第九課 **沙漠地方**(サバクチホウ)。**天幕**(テンマク)。**野蠻人**(ヤバンジン)。

第十課 **自慢**(ジマン)。**沼**(ヌマ)。**多藝**(タゲイ)。**捕**(トロ)ふ。**憎**(ニク)し。**荷**(ニノ)ふ。**如何**(イカ)にも。**恥**(ハ)ぢ。

第十一課 **棲**(ス)む。**蛙**(カエル)。**蝶**(チョウ)。**群**(ムラ)がり。**潜**(ヒソ)み。**蝙蝠**(コウモリ)。**暗黑色**(アンコクショク)。**海底**(カイテイ)。**周圍**(シウイ)。**自**(オノズカ)ら。 (6)

患(ウレエ)。**烏賊**(イカ)。**岩石**(ガンセキ)。**附着**(フチャク)。**尙**(ナ)ほ。**附**(ツ)け。**異**(コト)ならず。

第十二課 **候**(ソウロウ)。**拜啓**(ハイケイ)。**致**(イタ)し。**相成**(アイナ)り。お**差支**(サシツカエ)。**何卒**(ナニトゾ)。**折角**(セッカク)。**處**(トコロ)。**御覽**(ゴラン)。

第十三課 **美風**(ビフウ)。**一生懸命**(イッショウケンメイ)。**懸**(カ)け。**奬勵**(ショウレイ)。**軍事公債**(グンジコウサイ)。**募集**(ボシウ)。**盡力**(ジンリョク)。

第十四課 **區域內**(クイキナイ)。**認可**(ニンカ)。**申**(モウ)し**込**(コ)み。**貸付**(タイフ)。**委託**(イタク)。**契**(ケイ)。**稱**(ショウ)する。**共濟共助**(キョウサイキョウジョ)。**目的**(モクテキ)。裨益(ヒエキ)。**弊害**(ヘイガイ)。

第十五課 **廣告**(コウコク)。**志望**者(シボウシャ)。**雇**(ヤト)ヒ。**愼**(ツヽシ)ミ。**談話最中**(ダンワサイチウ)。**老人**(ロウジン)。**椅子**(イス)。**挨拶**(アイサツ)。**餘計**(ヨケイ)ナ。**作法**(サホウ)。**踏**(フ)ンダ。**齒**(ハ)。**磨**(ミガ)イテ。**爪垢**(ツメアカ)。

第十六課 **組織**(ソシキ)。**東鄕司令長官**(トウゴウシレイチョウカン)。**揭**(カヽ)ゲ。**日**(イワ)ク。**興廢**(コウハイ)。**奮勵努力**(フンレイドリョク)。**彼我**(ヒガ)。**相迫**(アイセマ)ル。**叫**(サ

ケ)ビ。**波浪**(ハロウ)。**砲撃**(ホウゲキ)。**續々**(ゾクゾク)。**遮**(サエギ)リ。 (7)
沈没(チンボツ)。**包圍**(ホウイ)。**少將**(ショウショウ)。**四隻**(シセキ)。**傷**(キズ)。**捕獲**(ホカク)。**死傷**(シショウ)。**捕虜**(ホリョ)。**水雷艇**(スイライテイ)。

第十七課 **價**(アタイ)。**使**(ツカ)ヒ**慣**(ナ)レ。**軸木**(ジクギ)。**専**(モッパ)ラ。

第十八課 **複雜**(フクザツ)。**己**(オノレ)。**共同一致**(キョウドウイッチ)。**相妨**(アイサマタ)グル。

第十九課 **凸凹**(トツオウ)。**修繕**(シウゼン)。**路側**(ロソク)。**水溜**(ミズタマ)リ。**橋梁**(キョウリョウ)。**忽**(ユルガセ)ニ。**招**(マネ)ク。**保存**(ホゾン)。

第二十課 **記憶力**(キオクリョク)。著(アラ)はせり。**就**(ツ)きて。

第二十二課 **暦**(レキ)。**年齢**(ネンレイ)。**播**(マ)き。**罰**(バッ)せらる。**掲載**(ケイサイ)。**編製**(ヘンセイ)。**賣**(ウ)り**捌**(サバ)かしむ。

第二十三課 **御機嫌**(ゴキゲン)。**憚**(ハヾカリ)。**御教授**(ゴキョウジュ)。**辨**(ベン)ずる。**豫**(カネ)て。**暇**(イトマ)。**専一**(センイツ)。**一入**(ヒトシオ)。**御壯健**(ゴソウケン)。**閑暇**(カンカ)。**結構**(ケッコウ)。**希望**(キボウ)。

第二十四課 **綿密**(メンミツ)。**習慣**(シウカン)。**格別**(カクベツ)。**簡單**(カンタン)ニ。**崔允明**(サイインメイ)。**零下**(レイカ)。**李洪一**(リコウイチ)。**李準弘**(リジュンコウ)。**齋藤**(サイトウ)。**拾**(ヒロ)ツタ。 (8)

第二十五課 **一箇**(イッコ)。**壽松洞**(ジュショウドウ)。

第二十六課 **覺悟**(カクゴ)。**誤**(アヤマリ)。**空**(ムナ)シク。**非**(アラ)ズ。**耕作**(コウサク)。**工匠**(コウショウ)。**經驗**(ケイケン)。**保**(タモ)ツ。**耽**(フケ)ル。**命**(イノチ)。**神聖**(シンセイ)。**敢**(アエ)テ。

第二十七課 **註文狀**(チウモンジョウ)。**正**(マサ)に。**迄**(マデ)。**御出荷**(ゴシュッカ)。**扨**(サテ)。**好況**(コウキョウ)。

第二十八課 **孔子**(コウシ)。**孟子**(モウシ)。**遊戯**(ユウギ)。**辭**(ジ)せり。**記**(シル)し。**子思**(シシ)。**大賢**(タイケン)。**稀**(マレ)なる。**視聽**(ミキ)き。**遷**(ウツ)せり。**歲**(トシ)。**斷**(タ)ち。**戒**(イマシ)めて。**大儒**(タイジュ)。**說**(ト)き。

第二十九課 **詩**(シ)。**射**(イ)くらべ。**辭退**(ジタイ)。**忠誠無二**(チウセイムニ)。**惜**(オ)しまず。**嫉**(ネタ)んで。**讒言**(ザンゲン)。**薨**(コウ)じた。

第三十課 **大藏**(オウクラ)。**九省**(クショウ)。**首班**(シュハン)。**貴族院**(キゾクイン)。**訴訟**(ソショウ)。**大審院**(ダイシンイン)。**控訴院**(コウソイン)。

第三十一課 **條約**(ジョウヤク)。**修**(オサ)メ。**掌**(ツカサド)ラシム。**噸**(トン)。**精銳**(セイエイ)。**揚**(アガ)リ。**隆昌**(リウショウ)。

三、語句解釋

第一課　皇室

神代　我ガ國ノ開ケ始メカラ、神武天皇ノ御代ニ至ル間。

鏡・劍・玉　八咫鏡(ヤタノカガミ)・草薙劍(クサナギノツルギ)・八坂瓊勾玉(ヤサカニノマガタマ)ノコト。

第二課　和歌

御製　天皇ノ御詩歌ヲ御製ト申シ、皇族方ノ御詩歌ヲ御詩又ハ御歌ト申ス。

民草　人民ノコト。草ノ生ヒシゲルヤウニ、人民ガサカヘルトイフ意味デ、草ニタトヘテイツタ語。

後醍醐天皇　第九十六代ノ天皇。

源實朝　七百年ホド前ノ武將デ、忠義ノ心ガ厚ク、且ツ和歌ノ上手ナ人。 (10)

本居宣長　百餘年前ノ人デ、深ク我ガ國ノ古語・歷史等ニ通ジタ最モ有名ナ學者。

敷島ノ大和心　大和ハ近畿地方ノ國ノ名デアルガ、又、日本トイフ詞ノ代リニモ用ヒラレル。ソレダカラ大和心トハ、日本國民ニ固有ナ忠孝節義ヲ重ンズル心ノコトデアル。敷島モ或ル地方ノ名デアルガ、コヽデハ大和心トイフ詞ノ飾(カザリ)ニ用ヒタノデ、之ヲ枕詞(マクラコトバ)トイフ。敷島ノ大和心トハ、ツマリ大和心トイフニ同ジデアル。

第三課　天日槍

天日槍　天日槍ノ話ハ、今カラ二千年ホド前ニ出來タ日本書紀(ニホンショキ)トイフ我ガ國ノ古書ニ書イテアル。

播磨國　中國地方ノ國ノ名。今ハ兵庫縣ニ屬シテ居ル。 (11)

但馬國　中國地方ノ國ノ名。今ハ兵庫縣ニ屬シテ居ル。

第四課　文字の音と訓

行在所　天皇ガ他所ニ行幸遊サレタトキ、御留リニナル假リノ御殿（ゴテン）。

第六課　漢文訓讀

孫康　千五百年ホド前ノ支那ノ學者。

車胤　千四百餘年前ノ支那ノ學者。

司馬溫公　八百餘年前ノ支那ノ有名ナ學者。

山田古嗣　千五十餘年前ノ我ガ國ノ學者。

卷帙　書籍ノコト。

第七課　世界（一）

方里　一方里トハ一里四方ノコト。 (12)

第八課　世界（二）

同盟國　條約ヲ結ンデ、互ニ助ケ合フベキコトヲ約束シタ國。我ガ國ト英國トハ同盟國デ、明治三十五年ニ條約ヲ結ンダ。

第十三課　稻檣村の美風

軍事公債　軍費ニアテルタメノ公債。公債トハ政府ガ金ヲ借リ入レルコト。

第十六課　日本海ノ海戰

東鄕司令長官　海軍大將東鄕平八郎ノコト。司令長官ハ多クノ艦隊ヲ司令スル長官デアル。

信號旗　命令ヲ傳ヘルタメニ用ヒル旗。

六千めーとる　一めーとるハ我ガ國ノ三尺三寸ニ當ル。故ニ六千めーとるハ約一里半デアル。 (13)

第二十課　塙保己一

塙保己一　百年ホド前ノ有名ナ我ガ國ノ學者。

第二十二課　暦

干支　十干十二支ノコトデ、之ヲ配合シテ、年ト日ニ當テ用ヒル。
十干トハ甲(キノエ・コウ)・乙(キノト・オツ)・丙(ヒノエ・ヘイ)・丁(ヒノト・テイ)・戊(ツチノエ・ボ)・己(ツチノト・キ)・庚(カノエ・コウ)・辛(カノト・シン)・壬(ミズノエ・ジン)・癸(ミズノト・キ)
十二支トハ子(ネ・シ)・丑(ウシ・チウ)・寅(トラ・イン)・卯(ウ・ボウ)・辰(タツ・シン)・巳(ミ・シ)・午(ウマ・ゴ)・未(ヒツジ・ピ)・申(サル・シン)・酉(トリ・ユウ)・戌(イヌ・ジュツ)・亥(イ・ガイ)

陽暦　地球ガ太陽ヲ一周スル時間ニ基ヅキテ、一年ヲ三百六十五日トシ、四年目毎ニ閏年ヲ置キ、閏年ニハ一日ヲ増シテ、二月ヲ二十九日トスル暦。

陰暦　月ガ地球ヲ一周スル時間ニ基ヅキテ、一箇月ヲ二十九日ト三十日トニ分チ、 (14)
合ハセテ十二箇月三百五十四日ヲ一年トシ、二年乃至三年ニ一箇月ノ閏月ヲ置イテ、季節ニ合ハセル暦。

第二十八課　孔子と孟子

孔子　姓ハ孔、名ハ丘(キウ)。孔子トハ尊ンデイフノデアル。七十三デ歿シタ。

孟子　姓ハ孟、名ハ軻(カ)。孟子トハ尊ンデイフノデアル。八十四デ歿シタ。

子思　名ハ伋(キウ)。子思ハ其ノ字(アザナ)デアル。中庸(チウヨウ)トイフ書物ヲ作ツタ人デアル。

第二十九課　菅原道眞

同門　同ジ先生ニツイテ、共ニ學ブ仲間ノ人タチ。 (15)

大正四年十月十三日印刷
大正四年十月十五日發行
大正五年一月十五日再版

定價金六錢

朝鮮總督府

總務局印刷所印刷

찾아보기

편자소개(원문서)

김순전 金順槇

소속 : 전남대 일문과 교수, 한일비교문학・일본근현대문학 전공

대표업적 : ①저서 : 『韓日 近代小說의 比較文學的 研究』, 태학사, 1998년 10월
②저서 : 『일본의 사회와 문화』, 제이앤씨, 2006년 9월 외 다수
③역서 : 조선총독부 제Ⅰ기 『초등학교 일본어 독본』 1~4, 제이앤씨, 2009년 5월

박제홍 朴濟洪

소속 : 전남대 일문과 강사, 일본근현대문학 전공

대표업적 : ①논문 : 「日帝末 문학작품에 서사된 金玉均像-『청년 김옥균』「배안에서」『김옥균의 死』를 중심으로」, 『日本語教育』 48집, 한국일본어교육학회, 2009년 6월 외 다수
②편저 : 『朝鮮總督府編纂訂正普通學校國語讀本原文 上・下』, 제이앤씨, 2010년 7월 외 다수

장미경 張味京

소속 : 전남대 일문과 강사, 일본근현대문학 전공

대표업적 : ①논문 : 「조선총독부 발간 『여자고등보통학교수신서』의 여성상, 『日本學研究』 21집, 檀國大學校 日本研究所, 2007년 5월 외 다수
②편저 : 『學部編纂日語讀本上・下』, 제이앤씨, 2010년 7월 외 다수

박경수 朴京洙

소속 : 전남대 일문과 강사, 일본근현대문학 전공

대표업적 : ①논문 : 「鄭人澤の日本語小說研究 -「清凉里界隈」と「覺書」を中心に-」, 『日本語文學』 제33집, 한국일본어문학회, 2007년 6월 외 다수
②저서 : 『조선인 일본어소설 연구』-일제강점기 한국문학의 거세된 정체성 재건을 위하여-, 제이앤씨, 2010년 6월 외 다수

사희영 史希英

소속 : 전남대 일문과 강사, 일본근현대문학 전공

대표업적 : ①논문 : 「식민지하 教師養成과 『師範學校修身書』 研究」, 『日本語文學』 제36집, 한국일본어문학회, 2007년 2월 외 다수
②저서 : 『제국의 식민지수신』-조선총독부 편찬 <修身書>연구-, 제이앤씨, 2008년 3월 외 다수

朝鮮總督府編纂『普通學校國語讀本』原文 下

초판인쇄 2011년 7월 14일
초판발행 2011년 7월 25일

편 자 김순전 박제홍 장미경 박경수 사희영 공편
발 행 인 윤석헌
발 행 처 제이앤씨
등록번호 제7-220호
책임편집 박채린
마 케 팅 류준호

우편주소 132-702 서울시 도봉구 창동 624-1 북한산현대홈시티 102-1206
대표전화 (02) 992-3253(대)
전 송 (02) 991-1285
홈페이지 www.jncbms.co.kr
전자우편 jncbook@hanmail.net

ISBN 978-89-5668-861-9 94190
978-89-5668-859-6 (전2권)

정가 30,000원